KNAUR.LEBEN

DR. MED. FRANZISKA RUBIN

Gudrun Strigin

11 NATURHEILMITTEL ERSETZEN EINE APOTHEKE

200 Anwendungen
für fast alle
Beschwerden

KNAUR.LEBEN

Die in diesem Buch enthaltenen Rezepte und Hinweise wurden von der Autorin und dem Verlag sorgfältig geprüft und haben sich in der Praxis bewährt. Jedoch wird keine Gewähr für deren Richtigkeit, Vollständigkeit oder Aktualität übernommen. Druckfehler und Irrtümer bleiben vorbehalten. Die Umsetzung der Anweisungen erfolgt auf eigenes Risiko. Haftungsansprüche gegen die Autorin und/oder den Verlag sind ausgeschlossen, es sei denn, es liegt Vorsatz, grobe Fahrlässigkeit oder Arglist vor. Dieser Haftungsausschluss gilt nicht für Schäden an Leben, Körper oder Gesundheit.

Besuchen Sie uns im Internet:
www.knaur-leben.de

MIX
Papier | Fördert gute Waldnutzung
FSC® C083411
FSC www.fsc.org

Originalausgabe August 2025

Ein Imprint der Verlagsgruppe
Droemer Knaur GmbH & Co. KG
Landsberger Straße 346, 80687 München

Redaktion: Anke Schenker
Covergestaltung: Zero Werbeagentur, München
Coverabbildung: Composing unter Verwendung von Motiven von Shutterstock.com
Alle Illustrationen im Innenteil von Shutterstock.com außer Seiten 291–298, 300, 302, 303 von dieKLEINERT.de/Sascha Bierl;
Foto auf Seite 8 von Susanne Schramke
Satz und Layout: Adobe InDesign im Verlag
Druck und Bindung: CPI Books GmbH, Leck
ISBN 978-3-426-56321-2

Kontaktadresse nach EU-Produktsicherheitsverordnung:
produktsicherheit@droemer-knaur.de

10 12 13 11 9

Inhalt

Vorwort

Liebe Leserin, lieber Leser,

seitdem ich begonnen habe, mich mit der Kraft der Pflanzen und Lebensmittel zu beschäftigen, komme ich aus dem Staunen nicht mehr raus. Die Natur hat uns quasi alles gegeben, was wir brauchen, um uns gesund zu halten oder es wieder zu werden.

Schon der gute alte Hippokrates wusste: »Lass Nahrung deine Medizin sein und Medizin deine Nahrung.« Heute würde man sagen: Essen hält uns gesund und kann uns sogar wieder heilen. Was daran liegt, dass man Pflanzen und Lebensmittel nicht nur innerlich verwenden kann, sondern auch äußerlich. Und wir verstehen immer mehr durch wissenschaftliche Forschung, was in ihnen wirkt und wie. Natürlich auch, wie stark die Wirkung im Vergleich zu Medikamenten sein kann und welche Dosierung die richtige ist.

In diesem Buch finden Sie elf naturheilkundliche Powermittel, die zu einem gesunden Lebensstil einfach dazugehören und die Ihnen helfen, wenn Sie krank werden. Alle Naturheilmittel sind günstig, Sie können sie gut längere Zeit aufbewahren und, wenn sie Spaß haben, sich daraus einige verlässliche Medikamente selbst herstellen. Oder Sie essen sie einfach.

Genießen *und* gesünder werden? Ja! Wussten Sie, dass Honig den Knochen stärkt und Sie mit Zitronensaft laut aktueller Forschung tatsächlich den Blutdruck senken können? Dass Sie mit (wenn Sie möchten, selbst hergestelltem) Rosmarinöl die Funktion von Leber und Galle anregen können? Dass Heilerde (auch wenn die nicht gerade ein

Gourmeterlebnis verspricht) viel Cholesterin aus der Nahrung binden kann, sodass Ihre Blutwerte sinken?

Auch gegen Schmerzen ist so einiges gewachsen: Die Ingwer-Auflage z. B. verschafft Ihnen wieder Beweglichkeit im Gelenk. Innerlich ist Ingwer aber besonders interessant – als täglicher, gut schmeckender Sirup auch gegen chronische Schmerzen.

Kamille hilft bei Blasenentzündungen, Leinöl macht die Gefäße geschmeidiger und schützt vor oder hilft bei Arteriosklerose, Rosmarin bringt uns bei Erschöpfung wieder in Schwung, in Kombination mit Zitrone und kalten Waschungen kann man sogar chronische Erschöpfung deutlich mildern.

Auch für Hauterkrankungen hat die Natur vieles zu bieten: Mit Honig und Kamille können Sie eine Neurodermitis beruhigen und mit Leinöl Entzündungen einbremsen wie bei der Schuppenflechte. Apfelessig hilft nicht nur beim Abnehmen, sondern verbessert auch einen Diabetes.

Die Ausgaben der gesetzlichen Krankenkassen für Medikamente betrugen im Jahr 2023 gut 50 Milliarden Euro. Für rezeptfreie Arzneimittel haben Privathaushalte rund 8 Milliarden Euro ausgegeben. Dazu kommt ein stetig wachsender Nahrungsergänzungsmittelmarkt mit 3 bis 5 Milliarden Euro im Jahr – in der Hoffnung, mit all den Mittelchen die Gesundheit stützen zu können und Ernährungsfehler auszugleichen. Allerdings ist die aktuelle Studienlage hier ziemlich klar – und enttäuschend, der Beweis für den Nutzen der Nahrungsergänzungsmittel bleibt oft aus. Dazu kommt, dass in den Schachteln meistens nur ungefähr so viel drin ist wie draufsteht. Das muss es laut Gesetzgeber ja auch nicht.

Bei den uns bekannten heilenden Pflanzen oder Lebensmitteln ist das anders. Immer mehr universitäre Studien

belegen deren gesundheitlichen Nutzen für das ganze Lebensmittel. Deshalb lassen Sie sich anstecken und essen Sie sich täglich gesund mit (meist) gut schmeckenden Lebensmitteln. Und wenn Sie krank sind, greifen Sie einfach in den Kühlschrank – mit dem richtigen Rezept für eine schnelle Linderung. Das macht richtig Laune, fühlt sich gut an durch Self-Empowerment, spart Geld und schont auch noch die Umwelt. Besser geht's nicht – oder doch? Die Wirkungen sind in vielen Fällen sogar wissenschaftlich bewiesen!
Zum Schluss gibt es noch ein kleines Extra zu einem Naturheilmittel der besonderen Art: die Hände. Die haben Sie immer bei sich. Mit dem richtigen Druck auf die richtige Stelle – man nennt das Akupressur – können Sie Schmerzen aller Art, Juckreiz, Schlafstörungen und vielen anderen Beschwerden ebenfalls zu Leibe rücken.

Alles Gute
Ihre Franziska Rubin

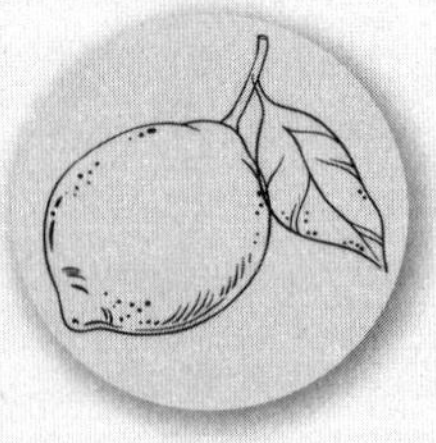

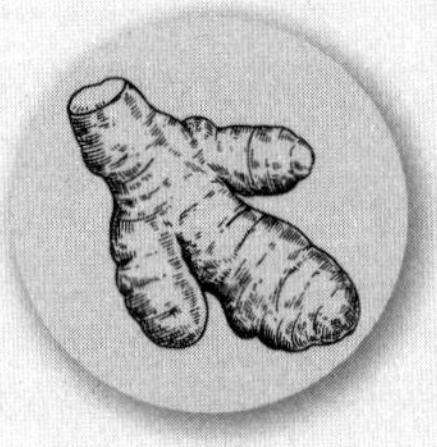

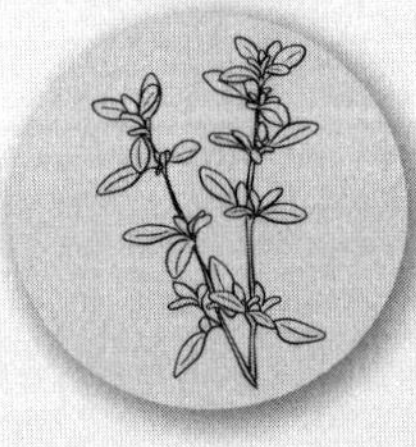

DIE KRÄFTE DER POWERHEILER

Steckbriefe –

von Apfelessig bis Zitrone

Die Gattung Mensch wandelt ja schon ziemlich lange auf diesem Planeten. Der erste Vertreter, der *Homo rudolfensis,* betrat vor 2,5 Millionen Jahren die Bühne der Erde und gilt als Erfinder des Faustkeils. Als ausgesprochener Überlebenskünstler gegen alle Widrigkeiten der Natur erwies sich der *Homo sapiens,* der, wie jüngste Funde zeigen, seit wahrscheinlich 300 000 Jahren Menschheitsgeschichte schreibt. Der Hauptgrund für seine große Überlebensfähigkeit ist die hohe Kunst, die er erlangt hat, sich auch gegen Krankheiten zu wehren und Verletzungen zu behandeln. Dabei konnte die medizinische Versorgung jahrtausendelang nur mit jenen Mitteln erfolgen, die den Menschen vor Ort zur Verfügung standen: Pflanzen, Wasser, Erde, Honig und Salz.

So waren bereits die Ägypter berühmt für die Verwendung von Kräutern, ihre exzellenten Wassertherapien (alles keine Erfindung der Neuzeit) und ihre chirurgischen Kenntnisse. Die Griechen haben sich davon eine Menge abgeguckt: Ihre Ärzte erfanden dann eine Art Wassergymnastik gegen Gelenkerkrankungen oder verordneten kalte Güsse für körperliche und geistige Fitness.

Essig, Salz, Honig und ätherische Öle nutzten die Altvorderen zur Behandlung von Krankheiten und zur Wundversorgung.

Die große Naturapotheke der ayurvedischen Medizin setzt seit jeher auf die Kraft heilsamer Pflanzen wie etwa den Ingwer.

Im europäischen Raum verdanken wir der Klostermedizin wichtige Erkenntnisse über die Anwendung von Kräutern wie Kamille, Rosmarin oder Thymian. Vieles davon hat die wissenschaftliche Phytotherapie bestätigt und entdeckt auf der Suche nach Medikamenten der Zukunft ganz neue Potenziale.

Mit den elf Naturheilmitteln, die in diesem Buch beschrieben werden, haben Sie eine wirksame Hausapotheke zur Hand.

Apfelessig

Wertvoller saurer Bräu

In den riesigen Wäldern des südlichen Tian-Shan-Gebirges war und ist der Urapfel beheimatet. Dieses Gebiet, das zu Kasachstan gehört, gilt als eine von zwölf Regionen, aus denen viele unserer heutigen Obst- und Nusssorten stammen, darunter auch der Apfel. Seine weltweite Verbreitung ist eng mit dem Handel über die Seidenstraße verbunden. So alt wie das Kulturgut Apfel ist auch seine Nutzung – als Obst, Saft, Wein und natürlich in Form von Essig.

Eine Erfindung der Natur

Essig ist im wahrsten Sinne des Wortes eine Naturerfindung. Er entsteht ganz einfach und ohne menschliches Zutun – in vergangenen Zeiten meistens zufällig, wenn Luft in die oft undichten Fässer drang und Wein oder andere alkoholische Getränke kippten. Das Wort für Essig geht sowohl im Englischen *(vinegar)* als auch im Französischen *(vinaigre)* auf das Wort Wein zurück. Ärmere Bevölkerungsschichten, die sich teuren Weinessig nicht leisten konnten, verwendeten vermutlich Apfelessig.
Die erfinderische Leistung der Menschen bestand darin, zu

erkennen, wofür man dieses saure Gebräu alles nutzen kann. Denn wegschmeißen kam für unsere Vorfahren absolut nicht infrage. Essig diente zum Konservieren, Würzen und als Heilmittel. In der Antike wurde er zum Desinfizieren von Wunden oder in Form von Essigumschlägen zur Behandlung von Verletzungen und Schlangenbissen eingesetzt. In verdünnter Form war er ein beliebtes Erfrischungsgetränk – eine Art Limo, die römische Soldaten in Feldflaschen bei sich trugen.
Rezepturen von Essigzubereitungen mit Kräutern wie Salbei oder Rosmarin wurden jahrhundertelang als »Pestessig« gehandelt, in dem Pestärzte ihre Masken tränkten. Noch bis Mitte des 20. Jahrhunderts gab es in den Apotheken Acetum aromaticum (verdünnten Essig) zum Gurgeln gegen Halsschmerzen.

Inhaltsstoffe

Vitamine: A, B_1, B_2, B_6, B_9 (Folsäure), C und E
Mineralien: Kalium, Magnesium, Eisen, Natrium, Kalzium, Phosphat, Fluorid, Jod, Zink, Kupfer, Selen
Sekundäre Pflanzenstoffe: Betacarotin (wird im Körper in Vitamin A umgewandelt)
Apfelsäure, Essigsäure, Zitronensäure

Wirkung

Antibakteriell, antiviral, antimykotisch (also gegen Bakterien, Viren und Pilze wirksam), blutzuckerregulierend, entzündungshemmend, hautpflegend, immunstärkend

Anwendungen innerlich

Erkältung, Blasenentzündung, Diabetes, erhöhtes Cholesterin, Gewichtsreduktion, Sodbrennen, Verstopfung

Anwendungen äußerlich

Akne, Haarpflege, unreine Haut, Insektenstiche, Kopfschmerz, Pilzinfektionen, Rosacea (Gesichtsrose), Schweißfüße, Sonnenbrand, Warzen, Wundbehandlung, Zahnfleischentzündungen

Gegenanzeigen

Trinken Sie keinen unverdünnten Apfelessig. Die enthaltene Säure kann den Zahnschmelz und die Schleimhäute des Verdauungstrakts angreifen. Vorsicht bei der Verwendung für Menschen mit Fruktoseintoleranz oder einer (Apfel-) Allergie. Wer als Diabetiker auf Apfelessig zu therapeutischen Zwecken zurückgreifen möchte, bespricht das vorher am besten mit seinem behandelnden Arzt.
Gegen eine Verwendung zu Küchenzwecken ist nichts einzuwenden, frei nach dem Zungenbrecher: Selten ess ich Essig – ess ich Essig, ess ich Essig im Salat.

Das ist nicht alles Essig – Mythen und Fakten

Apfelessig wird oft als Wunder- oder Allheilmittel gehypt. Und auch die sozialen Medien sind voll davon. Zur Untermauerung werden gerne berühmte Mediziner der Vergangenheit zitiert. Doch gerade beim Apfelessig ist die Datenlage eher dünn, wie der Historiker Dr. Georg Thalmeier feststellen musste, als er sich im Rahmen seiner Doktorarbeit mit der Kulturgeschichte des Essigs beschäftigte. Fakt ist, dass Plinius der Ältere (24–79 n. Chr.) in seinen Schriften Apfelwein und Essig erwähnte. Es ist jedoch ein Mythos, dass Hildegard von Bingen (1098–1179) Apfelessig wegen seiner verdauungsfördernden Wirkung empfohlen hat.

Fakt ist auch, dass Apfelessig die Menschen seit vielen Tausend Jahren als Hausmittel begleitet. Was dabei jedoch genau wie wirkt, ist noch immer Gegenstand der Forschung, und vieles bleibt ungeklärt. In jedem Fall ist sein Wirkspektrum anders als das eines normalen Apfels, der ja laut einem englischen Sprichwort den Doktor ersetzen kann. Sind es beim frischen Apfel die Vitamine, Mineralien und Ballaststoffe, die den gesundheitlichen Nutzen ausmachen, sind es bei der Essigvariante verschiedene Essigsäuren, Milchsäurebakterien, sekundäre Pflanzenstoffe und Enzyme wie »medium-sized alpha-glycan« (NMalphaG). Dieses Polysaccharid zeigte in Laborversuchen an Mäusen eine tumorbekämpfende Wirkung.

Fakt ist: Apfelessig regt die Produktion von Verdauungssäften an und kann innerlich und äußerlich Bakterien, Viren sowie Pilze bekämpfen. Er eignet sich zur Desinfektion kleinerer Wunden und leistet bei Erkältungen wertvolle Hilfe. Die Essigsäure wirkt regulierend auf den Blutzuckerspiegel und könnte, wie einige kleinere Studien hoffen lassen, bei der Gewichtsabnahme helfen. Die Milchsäurebakterien halten unerwünschte Bakterien im Darm in Schach und stärken so das Mikrobiom.

Nahrungsergänzungsmittel mit Apfelessigkonzentrat sehen Verbraucherschützer kritisch, und die angepriesenen

Wirkungen gehören eher ins Reich der Mythen. Fakt ist, dass die Ergebnisse von Studien zu Apfelessig nicht auf Nahrungsergänzungsmittel übertragbar sind. Übrigens stammt der Vitamingehalt dieser Produkte aus zugesetzten Vitaminen und nicht von Äpfeln.

Auf die Güte kommt es an

Ein guter Apfelessig ist immer trüb und enthält oft auch Schwebstoffe sowie die sogenannte Essigmutter. Diese glibberige Wolke ist ein Zeichen für Qualität. Sie enthält wertvolle Milchsäurebakterien und die antioxidativ wirkende Gallus- und Chlorogensäure. Greifen Sie deshalb zu einem Bioessig, der naturtrüb und nicht gefiltert ist.

Apfelessig selber machen

Dafür benötigen Sie nur zwei Zutaten und etwas Geduld, um auf das Ergebnis zu warten.

Das brauchen Sie
4 Bioäpfel
1 l Wasser
1 größeres Glas
1 kleiner Teller
1 sauberes Tuch

So geht's
Spülen Sie das Glas mit kochendem Wasser aus, um es zu sterilisieren. Vierteln Sie die Äpfel und geben Sie sie ins Glas. Übergießen Sie die Früchte mit abgekochtem kaltem

Wasser, bis sie gut bedeckt sind. Damit die Äpfel unter Wasser bleiben, beschweren Sie sie mit einem sauberen Teller oder einem anderen Keramikgegenstand. Zwischen der Flüssigkeit und dem oberen Glasrand muss etwas Platz sein.

Decken Sie nun das Glas mit einem sauberen Küchentuch zu, machen es mit einem Bindfaden fest und lassen es für sechs Wochen stehen. Rühren Sie anfangs einmal täglich mit einem Löffel um, den Sie zuvor unter heißem Wasser abgewaschen haben, um Schimmelbildung zu vermeiden. Beginnt sich leichter Schaum zu bilden (dafür ist der Platz zwischen Flüssigkeit und Abdeckung wichtig), ist das ein Zeichen, dass die Fermentation eingesetzt hat.

Nach sechs Wochen haben Sie allerfeinsten Bioapfelessig, und wenn alles gut gelaufen ist auch noch die sogenannte Essigmutter. Die sieht zwar zugegeben etwas unappetitlich aus, ist aber eine feine Sammlung von Essigsäurebakterien. Die können Sie einfach drinlassen oder in einem extra Glas in etwas Essig aufbewahren und beim nächsten Mal als Starterkultur verwenden.

Heilerde

Mehr als Staub

Die wenigsten haben wohl schon einmal von »Geophagie« gehört. Dabei handelt es sich nicht etwa um eine Krankheit oder eine seltene Wissenschaft, sondern um die Gewohnheit, Erde zu essen. Klingt erst einmal ziemlich abgefahren, ist aber bis heute in vielen Kulturen rund um den Erdball zu beobachten. Die Hintergründe sind vielfältig: religiöse Motive, Magen-Darm-Erkrankungen, Hungersnöte oder die instinktive Suche nach Mineralstoffen.

So wertvoll wie Goldstaub

Bereits im Altertum wurden verschiedene Heilerden zur Behandlung von Krankheiten genutzt. Mineralische Erden galten beispielsweise jahrhundertelang als wirksame Arznei gegen Vergiftungen, und mitunter wurde Heilerde sogar mit Gold aufgewogen.
Heute wird in Kliniken der integrativen Medizin Heilerde vor allem zur Behandlung von Reizmagen, Reizdarm und Sodbrennen eingesetzt. In der Naturheilkunde sind Lehmwickel ein bewährtes Mittel bei unterschiedlichen Beschwerden.

Schulmediziner bemängeln die ungenügende Studienlage und tun sich schwer mit der Anerkennung dieses Heilmittels aus der Erfahrungsmedizin.

SUCHT NACH ERDE

Sehr verbreitet ist die Geophagie in Afrika, wo es einen regelrechten Handel mit Erden, vor allem Lehm, gibt. Dort werden täglich große Mengen von 100 bis 400 g verzehrt, was laut einer Studie der Universität Wien suchtähnlichen Charakter hat – vergleichbar mit Heißhunger auf Süßes hierzulande. Besonders beliebt sind die Erdklumpen bei Schwangeren.

Das ist durchaus bedenklich. Einerseits wird die Ware nicht unter hygienischen Bedingungen hergestellt, andererseits können die Erden hohe Mengen an Schwermetallen wie Blei oder Quecksilber enthalten.

Inhaltsstoffe

Mineralien: Aluminiumsilikat, Kieselsäure, Kalium, Kalzium, Magnesium, Selen, Eisen, Zink, Fluor und Kupfer
Je nach Herkunft: Mix aus Kieselsäure, Quarz, Dolomit, Kalk- und Feldspat

Wirkung

Absorbierend (die Fähigkeit, etwas zu entziehen und aufnehmen zu können), adsorbierend (die Fähigkeit, etwas an sich zu binden), antientzündlich, abschwellend, austrocknend, beruhigend, entgiftend, Juckreiz stillend, Säure bindend, schmerzlindernd, verdauungsfördernd

Anwendungen innerlich

Blähungen, erhöhtes Cholesterin, Durchfall, Erschöpfung, Histaminintoleranz, Reizmagen und Reizdarm, Sodbrennen

Anwendungen äußerlich

Akne, Abszess, Bluterguss, Ekzem, Heiserkeit, Furunkel, Insektenstiche, Juckreiz, Krampfadern, Mandelentzündung, Nesselfieber, Psoriasis (Schuppenflechte), Sonnenbrand, Schmerzen, unreine Haut, Venenprobleme

Gegenanzeigen

Bei offenen, nässenden oder eitrigen Wunden sowie Entzündungen mit offenen Hautstellen ist Vorsicht geboten, da es sonst zu Verschlimmerungen oder Infektionen kommen kann.
Wer Medikamente einnimmt, sollte beachten, dass bestimmte Wirkstoffe im Magen von Heilerde gebunden werden können. Deshalb sollten zwischen der Einnahme von Medikamenten und der von Heilerde mindestens 30 Minuten liegen.
Aufgrund des hohen Aluminiumgehalts wird von der inneren Einnahme von Heilerde während der Schwangerschaft und Stillzeit abgeraten.

Heilsame Pampe – Mythen und Fakten

Im 19. Jahrhundert erfuhren Behandlungen mit Lehm durch Sebastian Kneipp, den »Lehmpastor« Emanuel Felke und den Naturheiler Adolf Just, der später die Heilerde-Gesellschaft gründete, eine Renaissance. Pfarrer Sebastian Kneipp (1821–1897) war ein großer Fan von Lehmauflagen bei ganz unterschiedlichen Beschwerden von Angina bis Verstauchungen.
Emanuel Felke (1856–1926) erfand ein ganzes Kursystem, bei dem das Lehmtreten und Lehmbaden in speziell dafür ausgehobenen Gruben unter freiem Himmel im Mittelpunkt standen. Die Felke-Kur wird heute noch angeboten, allerdings dürfen die Kurgäste in der kalten Jahreszeit ihre Bäder mittlerweile im Warmen einnehmen. Die therapeutischen Erfolge wie verbesserte Durchblutung, die Ausscheidung von Harnsäure und Cholesterin oder Entsäuerung werden den basischen Eigenschaften der Lehm-Heilerde zugeschrieben.
Inspiriert wurde Felke übrigens vom Dritten im Bunde, Adolf Just (1859–1936), ebenfalls ein Seiteneinsteiger, der sich nach einer Karriere als Buchhändler wegen eines Nervenleidens der Naturheilkunde zuwandte. 1896 gründete er im Harz die Kuranstalt »Jungborn«, wo neben Licht, Luft und Wasser auch Erde zu den Heilmitteln gehörte. Damit die Kurgäste im wahrsten Sinne des Wortes geerdet wurden, wohnten sie in primitiven Lichtlufthütten ohne verschließbare Fenster und Türen.
Felke und Just schworen auf das sogenannte Erdschlafen – entweder direkt auf der Erde oder auf einer dünnen Unterlage. Zudecken durfte man sich nur mit Decken. Es sollte die Nerven stärken und den Körper »wetterhart« machen. Na ja, ob das zur Gesundung beigetragen hat, könnte in das Reich der Mythen gehören.

Im Harz fand Just dann einen Löß, der sich für die innerliche und äußerliche Anwendung eignete. 1918 gründete er die Heilerde-Gesellschaft und produzierte »Adolf Justs Luvos-Heilerde«. Zu Beginn des 20. Jahrhundert geriet das »Erdessen« jedoch mehr oder weniger in Vergessenheit und wurde von der Wissenschaft als abergläubischer Mythos abgelehnt.

MIT TONERDE CHOLERA BEKÄMPFEN

Unbeeindruckt von der Ablehnung seitens der etablierten Medizin gegenüber dem Erdessen verdanken wir Prof. Julius Stumpf (1856–1932) die Entdeckung, dass kaolinhaltige Tonerde bakterienhemmende Eigenschaften besitzt. Als Gerichtsmediziner hatte er bei der Obduktion einer Leiche, die bereits drei Jahre in der Erde gelegen hatte, festgestellt, dass sie kaum Spuren der Verwesung aufwies. Seine scharfsinnige Schlussfolgerung: Es lag an der Erde.

Stumpf wagte den Einsatz von weißem Ton (Bolus alba) bei Geschwüren, Biss- und Schusswunden und setzte das gleiche Präparat innerlich bei sich selbst und seiner greisen Mutter gegen Brechdurchfall ein. Schließlich reiste er in die von Cholera heimgesuchten Gebiete im damaligen Westpreußen und flößte dort den Kranken sein Präparat ein. Die Heilreaktion stellte sich umgehend ein. Aus wissenschaftlicher Sicht beschrieb er die medizinischen und physikalischen Eigenschaften von Tonerde gründlich und setzte die Aufnahme des »Bolus alba«, einer Tonheilerde, in das Arzneibuch und die Lehmtherapie in die Schulmedizin durch. Noch heute wird Bolus alba (Apotheke) bei Magen-Darm-Erkrankungen, Durchfall und Erbrechen in der anthroposophischen Medizin verwendet.

Grüße aus der Eiszeit

Der Ausgangsstoff für die gängige Heilerde ist Löß, eine Lehmart, die aus den Resten eiszeitlicher Gletscher der letzten Eiszeit stammt. Auf ihrem Weg von Skandinavien nach Deutschland wurde das Gestein bis zur Pulverform zerkleinert. Löß besteht hauptsächlich aus Silikatkristallen, die die Eigenschaft haben, andere Stoffe an sich zu binden. Der Lehm wird abgebaut, gereinigt, gemahlen, bei 130 °C getrocknet und sterilisiert. Nur so darf Heilerde als Medizinprodukt oder zugelassenes Arzneimittel in den Handel kommen.

Heilerde besitzt einen hohen Feinheitsgrad und damit eine große Oberfläche mit einem besonderen Bindungsvermögen. Dadurch kann sie mit anderen Stoffen in Wechselwirkung treten und diese ad- oder absorbieren (anlagern oder wie ein Schwamm aufsaugen). Sie eignet sich daher für die innere Anwendung bei Störungen im Magen-Darm-Bereich sowie äußerlich bei Hauterkrankungen. Als Auflage oder Wickel bei schmerzhaften Erkrankungen nutzt man zusätzlich die thermischen Eigenschaften.

Medizinprodukte aus Heilerde sind frei verkäuflich in Drogerien und großen Supermärkten oder im Online-Handel erhältlich. Einige Präparate zur inneren Anwendung (etwa gegen Durchfall und Sodbrennen) haben eine Zulassung als Arzneimittel und können daher nur in Apotheken erworben werden.

Verschiedene Erdarten für Heilzwecke

Zu den für Heilzwecke genutzten Erdarten zählen Fango, Lehm, Löß, Moor, Schlick (Meer, Flüsse), Ton, Torf. Spezielle Gesteinspulver wie Aiona, das zu 70 Prozent aus Kaliumoxid besteht und von der Schweizerin Emma Kunz entdeckt wurde, oder Zeolith, eine aluminiumhaltige Erde vulkanischen Ursprungs, werden ebenfalls für therapeutische Zwecke eingesetzt.

Bis auf Fango und Schlick sind die meisten innerlich und äußerlich anwendbar. Lehm, Moor, Torf und Fango werden vorrangig in Kureinrichtungen und Rehakliniken, aber auch in der Physiotherapie genutzt. Für den Hausgebrauch sind vor allem Heilerde und Tonerde sinnvoll.

Honig

Süße Medizin

In altägyptischen medizinischen Texten sind etwa 500 Anwendungen mit Honig dokumentiert: gegen Wunden, Eiter, Verbrennungen, Bisse oder Augenerkrankungen. Auch zur Einbalsamierung von Toten wurde er verwendet. Das kann man gut verstehen, denn Zucker konserviert, und Honig besteht zu 80 Prozent aus Zucker. Das klingt erst einmal nicht wirklich gesund, doch es handelt sich um Einfachzucker wie Glukose und Fruktose. Diese passieren problemlos die Darmwand und gehen direkt ins Blut über. Mithilfe von Insulin können die Muskeln und das Gehirn – die beiden Hauptabnehmer für Glukose – schnell Energie daraus gewinnen. Deshalb sind ein Stück Traubenzucker oder ein Löffel Honig eine wichtige Notfallmedizin für Diabetiker bei einer Unterzuckerung.
Der reine Fruchtzucker wird hingegen nur langsam aus dem Darm aufgenommen. Deshalb sind fruktosereiche Honigsorten wie Akazie oder Robinie auch für Diabetiker geeignet. Fruchtzucker hat zudem eine schleimbildende Wirkung, die einen schützenden Einfluss auf Magen- und Darmschleimwände ausübt.
Welche und wie viele Zuckerarten im Honig enthalten sind, hängt von der Nahrungsquelle der Bienen ab.

Enzyme und Inhibine – starke Kämpfer

Aus dem Speichel der Bienen gelangen Enzyme, also Katalysatoren, die biochemische Prozesse beschleunigen, in den Honig. Sie wirken antibakteriell und verdauungsfördernd.

Als Inhibine bezeichnet man Stoffe, die die Wirkung anderer Stoffe hemmen, also das Gegenteil von Enzymen bewirken. Das wichtigste Inhibin im einheimischen Honig ist das antibakteriell wirkende Wasserstoffperoxid. Eine Besonderheit weist der neuseeländische Manuka-Honig auf, der neben Wasserstoffperoxid auch noch das antibakteriell hochwirksame Methylglyoxal (MGO) enthält.

Weitere Inhibine sind Flavonoide, also Farbstoffe aus den Pflanzen, sowie Hydroxybenzoate. Ihnen verdanken wir die entzündungshemmende Wirkung bei Infektionen und sogar gegen Herpesviren.

Inhaltsstoffe

Vitamine: B_1, B_2, B_5 (Pantheonsäure), B6, Vitamin B_9 (Folsäure), Vitamin C und H (Biotin)
Mineralien: Kalium, Kalzium, Eisen, Kupfer, Mangan
Sekundäre Pflanzenstoffe: Flavonoide
Fruktose und Glukose
Enzyme und Inhibine
Aminosäuren
Aromastoffe
Spuren von Blütenpollen und Bienenwachs

Wirkung

Antibakteriell, antimykotisch, antioxidativ, antiviral, antitussiv (hustenstillend), appetitanregend, entzündungshemmend, gefäßschützend, immunstimulierend, verdauungsfördernd, wundheilend

Anwendungen innerlich

Durchfall, Husten, Immunsystem, Kopfschmerzen, Leberstärkung, Schlafprobleme, Verstopfung

Anwendungen äußerlich

Abszesse, Akne, Gelenkbeschwerden, Husten, Wunden, Zahnfleischentzündungen

Gegenanzeigen

Kinder unter einem Jahr dürfen keinen Honig essen, da sich Sporen des Bakteriums *Clostridium botulinum* in ihm befinden können. Da der Darm von Babys noch nicht völlig ausgereift ist, kann er das Bakterium nicht abwehren, was zu Vergiftungen führen kann.

Süße Blütenkraft – Mythen und Fakten

Dem Honig, so die griechische Mythologie, verdanken die Götter angeblich ihre Unsterblichkeit. Die alten Germanen schrieben ihre robuste Gesundheit dem Trinken von Honigwein zu und glaubten zudem, dass er eine Art Anti-Aging-Mittel sei. Schon damals ein Thema und natürlich ein Mythos. Die Germanen wurden im Durchschnitt zwischen 35 und 40 Jahre alt, und ihr Leben war von Hungersnöten, Kämpfen und Krankheiten geprägt. Fakt ist aber, dass der Met, wie die Germanen das Getränk nannten, reichlich von ihnen getrunken wurde.

Im Mittelalter pries die Benediktinerin Hildegard von Bingen (1098–1179) den Honig, einschließlich Met, als Universalheilmittel. Kneipp, der ansonsten ein strikter Gegner von Alkohol war, befürwortete ebenfalls das Trinken von Honigwein, sowohl zur Genesung als auch zur Prophylaxe. Auch Honig-Gurgelwasser, Honig-Augenwasser oder Honig-Salbe gehörten zu seinem Repertoire.

Fakt ist, dass Honig bei der Wundheilung helfen kann. Es gibt inzwischen spezielle Pflaster mit medizinischem Honig, die in der Wundversorgung eingesetzt werden. Eine Studie konnte zeigen, dass Honig Husten bei Kindern genauso lindern kann wie Dextromethorphan, also ein

MANUKA-HONIG – EIN BREITBANDANTIBIOTIKUM

»Manuka« nennen die Maori in Neuseeland den dort heimischen Teebaum. Die Ureinwohner verwenden die Blätter, Rinde und Samen unter anderem gegen Blasenerkrankungen, als Einschlafhilfe, bei Erkältungen, Magen-Darm-Infekten und als Wundauflage. Der Honig aus den Blüten des Baumes übertrifft die antibakteriellen Eigenschaften von anderen Honigsorten um das Hundertfache. Das liegt am entzündungshemmenden Methylglyoxal, einem Abbauprodukt von Zucker, das in herkömmlichem Honig nur in geringen Mengen vorkommt. Eine ähnliche Wirkkraft entfaltet auch der Honig aus dem australischen Teebaum.

Medikament gegen Reizhusten, vor allem, wenn er vor dem Schlafengehen eingenommen wird. Und Honig kann sogar den Blutzucker regulieren sowie die Blutfette verbessern, wie in neueren Studien beschrieben.

Nur guter Honig hat Heilkraft

Aber was ist guter Honig? Am besten erwerben Sie Honig direkt vom Imker. Das geht heute auch problemlos per Internet. Im Supermarkt ist ausschließlich Honig mit dem Siegel des Deutschen Imkerbundes zertifiziert und von bester Qualität. Dieser wird auch nur in Gläsern angeboten und nicht in Plastikverpackungen. So wird ausgeschlossen, dass gesundheitsschädliche Stoffe aus dem Plastik in den Honig übergehen.
Viele industriell verarbeitete Honigsorten bleiben durch Filtern und starke Erwärmung lange Zeit flüssig, dadurch gehen aber wertvolle Inhaltsstoffe verloren. Imker hingegen rühren den Honig nur cremig, damit die Kristallisation nicht so schnell voranschreitet. Fester Honig ist also ein Qualitätsmerkmal. Lagern Sie ihn kühl und dunkel, da Licht und Wärme die antibakteriellen Peroxidsubstanzen zerstören. Das antibakterielle Methylglyoxal im Manuka-Honig bleibt hingegen auch bei Licht und Wärme stabil.
Sie können heimische Imker übrigens unterstützen, indem Sie eine Patenschaft für ein Bienenvolk übernehmen. Als Dank werden Sie von den Imkern mit reichlich Honig beschenkt. Weitere Informationen und Angebote dazu finden Sie im Internet.

Was die Bienenapotheke noch alles zu bieten hat

Alles, was Bienen für die Honigproduktion oder zur eigenen Gesunderhaltung herstellen, ist auch für uns von unschätzbarem Wert.

Propolis – die Abwehrmedizin für die Bienen

Der Baustoff, den die Bienen aus Baumrinden und Knospen zum Versiegeln von Ritzen sowie Wänden des Bienenstocks und zur Desinfektion des Einfluglochs herstellen, heißt Propolis. Dieser Stoff hat es in sich. Er wehrt gefährliche Schädlinge wie Bakterien, Viren und Pilze ab und sorgt so dafür, dass es zu keiner Epidemie im Bienenvolk kommt.
Die über 270 Inhaltsstoffe von Propolis wirken auch beim Menschen gegen genau diese Keime. Propolis-Tinkturen auf wässriger oder alkoholischer Basis bekommt man beim Imker, in Reformhäusern, Naturkostläden und Apotheken. In homöopathischer Form gibt es eine Urtinktur. Ich bin ein großer Fan von Propolis als Hausmittel – ein Fläschchen habe ich immer zur Hand, genauso wie das Glas Honig.

Gelée royale – der exquisite Saft für die Königin

Der Futtersaft der Bienenkönigin enthält neben essenziellen Aminosäuren und hohen Anteilen an Eiweiß auch Vitamine und Mineralien. Er sorgt dafür, dass die Königin deutlich länger lebt als die übrigen Bienen des Volkes. Für Menschen ist Gelée royale, dieser königliche Saft, besonders empfehlenswert nach überstandener Krankheit: Er wirkt appetitanregend, fördert die Sauerstoffaufnahme in den Muskeln sowie im Gewebe und stärkt die geschwächte Widerstandskraft.

Blütenpollen – starke Minipillen

Setzen sich Bienen auf Blüten, bleibt ein Teil des befruchteten Blütenstaubs an ihren Beinen hängen. Im Bienenstock wird er abgestreift und trägt zur Ernährung des Bienenvolks bei. Neben Blütenstaub enthalten die Pollen geringe Mengen an Nektar und Speichel der Bienen – eine Mischung, die reich an Nährstoffen, Vitaminen, Mineralien, Enzymen und Antioxidantien ist.
Durch den Speichel der Bienen haben die Pollen zusätzlich eine antibakterielle und antivirale Wirkung. Außerdem helfen sie durch die Komplexität ihrer Zusammensetzung bei der Zellregeneration und erhöhen die Leistungsfähigkeit.

Anti-Aging-Kur

DIY – DO IT YOURSELF

Machen Sie mehrmals jährlich eine vierwöchige Kur mit Ihrem selbst gemachten exquisiten Anti-Aging-Mix.

Das brauchen Sie (für eine Wochenration)
3,5 g Gelée royale
7 TL Honig
1 TL Blütenpollen
1 TL Propolis

So geht's
Vermischen Sie alles und nehmen Sie täglich 1 TL davon ein. Behalten Sie den Honig dabei möglichst lange im Mund beziehungsweise unter der Zunge, da die Wirkstoffe sehr gut über die Schleimhäute im Mund aufgenommen werden.

THERAPIE MIT DER LUFT AUS DEM BIENENSTOCK

Seit etlichen Jahren bieten verschiedene Imkereien auch die sogenannte Bienenstocklufttherapie an. Sie soll vor allem Menschen mit Atemwegserkrankungen wie Asthma, chronischer Bronchitis oder Heuschnupfen helfen. Dabei inhaliert der Patient, der neben dem Bienenstock entweder im Freien oder in einem kleinen Holzhaus sitzt, die rund 35 °C warme, sehr feuchte Luft des Bienenstocks, die die Bienen mit ihren Flügelschlägen umwälzen. Das Atmen erfolgt über eine Inhalationsmaske mit angeschlossenem Schlauch, wobei die Luft über einen Ventilator aus dem Stock transportiert wird. Durch einen eingebauten Filter können weder Bienen noch Pollen in den Schlauch gelangen. Saison ist von Mai bis September bei einer Außentemperatur von mindestens 18 °C, bei entsprechend ausgerüsteten Imkern.

Nun interessiert sich auch die Wissenschaft dafür. Eine erste Untersuchung von Chemikern der TU Dresden konnte über 50 verschiedene Inhaltsstoffe identifizieren, wobei es sich dabei überwiegend um Verbindungen aus dem Bienenharz (Propolis) und dem Bienenwachs handelt. Für den häuslichen Gebrauch kann man sich einen Propolisverdampfer zulegen, um Propolis ganzjährig vernebeln zu können.

Ingwer

Der heilsame Scharfmacher

Die krautige Pflanze stammt aus den tropischen und subtropischen Gebieten Ost- sowie Südostasiens. In der Küche und Heilkunde spielt jedoch die Wurzel die Hauptrolle, wobei das eine falsche umgangssprachliche Bezeichnung ist. Genau genommen geht es um das dicke Stück zwischen Stängel und den fein verästelten Wurzeln, das sogenannte Rhizom. Das hat es allerdings in sich. Die feurige Schärfe dieses Pflanzenteils ist für eine Vielzahl heilsamer Wirkungen verantwortlich. Innerhalb des ayurvedischen Medizinsystems, in dem Nahrung und Medizin eine untrennbare Einheit bilden, wird Ingwer als »Vishwabhesaj« bezeichnet, was übersetzt »Universalarznei« bedeutet. Neuere Forschungen bestätigen die vielfältigen Einsatzmöglichkeiten.

Moderne Karriere eines alten Heilmittels

Etwa 500 Inhaltsstoffe von Ingwer *(Zingiber officinale)* sind bislang bekannt. Allein im ätherischen Öl sind mehr als 150 Bestandteile entschlüsselt, die unter anderem eine positive Wirkung auf den Verdauungstrakt haben – wie

Zingiberen, Borneol und Cineol. Zu den weiteren gut untersuchten Stoffen gehören die Scharfstoffe Gingerol beziehungsweise Shogaol, die den Entzündungsbotenstoff Prostaglandin hemmen. So wirken sie – ähnlich wie die bekannten Schmerzmittel Ibuprofen oder Diclofenac – Entzündungen und den damit verbundenen Schmerzen entgegen, allerdings fast ohne Nebenwirkungen.
Die Weltgesundheitsorganisation (WHO) erkennt Ingwer als Mittel gegen entzündliche Erkrankungen wie Magengeschwüre und rheumatische Beschwerden an. Sogar ins deutsche Arzneibuch hat es der Ingwer geschafft, was wirklich eine große Hürde ist. Dort wird er bei Völlegefühl, Magenkrämpfen, Bauchschmerzen sowie Reisekrankheit empfohlen.
Gut belegt ist auch der Nutzen von Ingwer als Hustenstiller bei Erkältung, als Mittel gegen Kopfschmerzen und Migräne, bei Menstruationsproblemen sowie Verdauungsbeschwerden. Ingwer stimuliert den Stoffwechsel und das Immunsystem.

Inhaltsstoffe

Vitamine: B_1, B_2, B_6, B_9 (Folsäure), Vitamin C, Betacarotin
Mineralien: Natrium, Kalium, Kalzium, Eisen, Kupfer, Mangan, Schwefel, Phosphor, Fluorid, Zink
Scharfstoffe: Gingerol und Shogaol
Ätherische Öle (z. B. Zingiberen, Borneol und Cineol)
Aminosäuren (z. B. Asparaginsäure, Arginin, Glutaminsäure, Tryptophan u. v. m.)

Wirkung

Antibiotisch, antiemetisch (gegen Übelkeit und Erbrechen), antioxidativ (zellschützend), cholesterinsenkend, durchblutungsfördernd, immunstimulierend, verdauungsfördernd, wärmend

Anwendungen innerlich

Erbrechen, Husten, Infekte, Menstruationsbeschwerden, Mundgeruch, Übelkeit, Verdauungsbeschwerden

Anwendungen äußerlich

Blasenentzündung, Bronchitis, Herpes, Kopfschmerzen, Migräne, Muskelkater, Schlafstörungen, Schmerzen

Gegenanzeigen

Gegen Übelkeit in der Schwangerschaft sollte die Dosis von 2 g Ingwer (½ TL in getrockneter Form oder 2 Scheiben frischer Ingwer) pro Tag nicht überschritten werden, ebenso bei einem empfindlichen Magen und der Einnahme blutverdünnender Medikamente.
Wer Gallensteine hat, sollte Ingwer nicht innerlich anwenden, da er eine galletreibende Wirkung hat.

Die Superknolle – Mythen und Fakten

Einer indischen Legende zufolge verleiht die Pflanze dem Menschen eine derartige Kraft, dass er sogar imstande ist, den Tiger zu zähmen und auf ihm zu reiten. Diesen Test überlasse ich den Mutigen unter uns, fest steht, dass Ingwer seit etwa 3000 Jahren ein wichtiges Gewürz und Arzneimittel Asiens ist.

In der klassischen chinesischen Medizin gilt die Ingwerwurzel als »warm« und hilft nach diesem Verständnis bei Krankheiten, die mit Kälte zu tun haben, wie Husten oder Rheuma. Tatsächlich bestätigen Studien diese jahrtausendealten Erfahrungen.

Nach ayurvedischem Verständnis (indische Medizin) stärkt Ingwer das Verdauungsfeuer »Agni« und sorgt so dafür, dass alle lebenswichtigen Stoffe in die Zellen gelangen und schädliche Substanzen entsorgt werden. Und siehe da, es ist kein Mythos. Die verdauungsfördernde Wirkung wird auch durch heutige Forschungsergebnisse bestätigt, weswegen Ingwer bei unterschiedlichen Beschwerden im Magen-Darm-Trakt empfohlen wird.

Im Mittelalter war Ingwer auch in Europa sehr beliebt und wurde in vielen Kräuterbüchern für medizinische Zwecke empfohlen. Europäische Herrscher vom französischen Sonnenkönig Ludwig XIV. bis zu Friedrich dem Großen liebten Ingwer über alles. Im Verlauf des 18. Jahrhunderts kam Ingwer allerdings in Verruf, und man hängte ihm – möglicherweise wegen der Schärfe – das Label »höllische Zutat« an. Dieser Mythos führte dazu, dass die Wurzelknolle für lange Zeit von der Bildfläche verschwand.

In der arabischen Volksmedizin findet Ingwer Anwendung zur Verbesserung der Gedächtnisleistung. Möglicherweise ist da etwas dran, denn er wirkt leicht blutverdünnend. Es gibt einige wenige Studien, die sich auch im Hinblick auf Alzheimer mit Ingwer beschäftigen, doch die bisherige Datenlage ist noch ziemlich dünn.

Das Interesse der Wissenschaft an Ingwer ist so groß, dass derzeit zahlreiche Studien durchgeführt werden, so beispielsweise in Bezug zu Multiple Sklerose, rheumatoider Arthritis oder Übelkeit bei Chemotherapie.

INGWER MACHT SPEICHEL KEIMTÖTEND

Münchner Forscher haben herausgefunden, dass Gingerol die Eiweißzusammensetzung im Speichel verändert. Dadurch wird die verstärkte Produktion von Hypothiocyanat, einem der wirkungsvollsten Keim- und Pilzkiller, angeregt und so das Abwehrsystem in der Mundhöhle unterstützt.

Gemahlen oder frisch

Ingwer ist in vielen verschiedenen Varianten auf dem Markt zu finden: frisch, getrocknet (Apotheke), kandiert, gemahlen, eingelegt oder als Frischsaft (Reformhaus, Naturkostladen). Das getrocknete Pulver verleiht beispielsweise Lebkuchen das charakteristische Aroma oder ist in Currymischungen enthalten.

Die frische Wurzel und das daraus hergestellte Ingwerpulver unterscheiden sich in ihrer chemischen Zusammensetzung. Wird die Wurzel getrocknet, entstehen – insbesondere aus Gingerolen – neue Stoffe wie Shogaol oder Zingeron und damit auch ein etwas anderer Geschmack und eine andere Wirkung. Dies erklärt auch, warum es in Indien für frischen und getrockneten Ingwer zwei unterschiedliche Begriffe gibt: »Sonth« (getrocknet) und »Adrakh« (frisch).

Die Shogaole haben ebenso das Interesse der Wissenschaft geweckt, inwiefern sie eventuell das Fortschreiten von Alzheimer beeinflussen oder in der Tumorbekämpfung eine Rolle spielen könnten. Doch keine Sorge, wer die frische Wurzel als Küchenzutat bevorzugt, profitiert ebenso von den gesundheitlichen Vorzügen der Shogoale. Denn sie entstehen auch beim Kochen.

DER INGWER-SHOT UNTER DER LUPE

Ingwer ist in, und das regt die Fantasie der Lebensmittelindustrie an. So boomen in jüngerer Zeit Ingwer-Shots. Ein Trend, der aus den USA kommend auch bei uns Fuß gefasst hat. Und sie kosten ordentlich Geld. Da lohnt ein etwas genauerer Blick auf die Zutatenlisten. Und siehe da, wirksame Ingweranteile sind – je nach Hersteller – zwischen vier und maximal 30 Prozent vorhanden (was übrigens auch für andere Shots gilt). Hauptbestandteil sind Apfel- beziehungsweise Orangensaft oder ein Mix aus beiden. Der Preis allerdings ist happig: Hochgerechnet auf einen Liter kommt man auf 30 bis 50 Euro. Also lieber selber machen. Ein Rezept finden Sie unter »Abnehmen«.

Bioqualität garantiert Güte

Deutschland hat laut Statistischem Bundesamt im Jahr 2021 knapp 31 600 Tonnen Ingwerwurzeln importiert. Beim Kauf von Ingwerprodukten ist es wichtig, auf die Qualität zu achten. Um die Belastung durch Schwermetalle, Insektizide und Verunreinigungen zu vermeiden, sollte stets Ingwer aus biologischem Anbau gewählt werden – das gilt auch für das Pulver. Bioingwer ist in der Regel frei von

schädlichen Pestiziden und wird unter strengeren Umwelt- sowie Qualitätsstandards angebaut.
Achten Sie beim Kauf auf eine glatte und leicht glänzende Haut. Die Wurzel sollte zudem fest sein und keine Triebe besitzen, denn dann hat sie schon eine lange Lagerzeit hinter sich. Ungeschält und an einem dunklen Ort gelagert hält sich die Wurzel mehrere Wochen.
Seit 2017 wird Ingwer übrigens auch in Deutschland angebaut. Inzwischen ist im Gewächshaus gezogener Bioingwer aus Deutschland oder Österreich erhältlich und garantiert pestizidfrei.

Bioingwer selber ziehen

Ingwer lässt sich recht einfach selber ziehen.

Das brauchen Sie
1 Stück Bioingwer mit Austriebsknospen (kleine weißliche oder grüne Verdickungen)
1 großer Blumentopf (Pflanze wird groß)
Blumenerde

So geht's
Schneiden Sie einige mehrere Zentimeter lange Stücke ab und legen Sie sie über Nacht in Wasser ein. Befüllen Sie den Blumentopf mit Erde und setzen Sie die Stücke mit den Knospen nach oben hinein. Gießen Sie regelmäßig, aber nicht zu viel. Die Triebe schlagen aus, und es wächst viel Ingwerkraut in die Höhe (die Pflanze kann etwa 1 m hoch werden). Wird das Kraut im Herbst allmählich gelb, kann man weniger gießen und dann ganz einstellen. Graben Sie das Rhizom (das dicke Stück zwischen Kraut und Wurzeln)

aus, übergießen Sie es kurz mit heißem Wasser und lassen Sie den Ingwer einige Tage an der Sonne trocknen. Genießen Sie danach Ihren eigenen Bioingwer.

Kamille

Kleine Blüte mit großer Kraft

Die Kamille gehört zur Familie der Korbblütler *(Asteraceae)* wie auch das Gänseblümchen. Das macht sie schon mal sympathisch. Doch dann wird es etwas verwirrend. Es gibt nämlich viele Arten mit vielen Namen wie Babuna-Kamille, Echte Kamille, Deutsche Kamille, Marokkanische Kamille, Römische Kamille, Ungarische Kamille oder Hundskamille, um nur einige zu nennen. Da kann einem der Kopf schwirren. Aber es wird dann doch relativ einfach, denn von gesundheitlichem Nutzen sind vor allem die Echte Kamille (auch Deutsche Kamille genannt) und die Römische Kamille (auch Englische Kamille genannt), was allerdings dazu führt, dass diese beiden Kamillenarten nun jeweils zwei lateinische Bezeichnungen haben, nämlich *Chamomilla recutita* beziehungsweise *Matricaria chamomilla* (heute weltweit gebräuchlich) sowie *Chamaelum nobilis* beziehungsweise *Anthemis nobilis*.
Unabhängig vom Wirrwarr der Namensgebungen hat sich die ursprünglich in Süd- sowie in Osteuropa und in Vorderasien beheimatete Pflanze über die Jahrhunderte in ganz Europa, in Nordamerika und sogar in Australien verbreitet.

Täglich Millionärin

Volkstümliche Namen wie Mägdeblume oder eine der beiden lateinischen Bezeichnungen, nämlich *Matricaria chamomilla,* deuten darauf hin, dass die Echte Kamille in der Volksheilkunde seit Langem gegen Frauenbeschwerden eingesetzt wurde. Denn Matricaria leitet sich von dem Wort »matrix« ab, das aus dem Lateinischen kommt und »Gebärmutter« bedeutet. Übrigens wird die Kamille noch heute bei Menstruationsbeschwerden und bei Entzündungen im Genitalbereich empfohlen. Auch die traditionellen Anwendungen bei Magen-Darm-Beschwerden, Haut- und Schleimhautproblemen oder Atemwegserkrankungen sind heute unumstritten.
Nicht von ungefähr ist Kamillentee einer der beliebtesten Kräutertees der Welt. Laut der Herb Research Foundation werden täglich etwa eine Million Tassen getrunken.

Inhaltsstoffe

Ätherisches Öl (u. a. Bisabolol)
Flavonoide (Apigenin, Quercetin, Patuletin und Luteolin)
Cumarin
Terpenoide
Schleimstoffe

Wirkung

Antimikrobiell, antimykotisch, antioxidativ, beruhigend, blutdrucksenkend, entzündungshemmend, immunstimulierend, juckreizstillend, karminativ (entblähend), krebshemmend, schlafördernd, schmerzstillend, wundheilungsfördernd

Anwendungen innerlich

Blähungen, Einschlafprobleme, Gastritis, Krämpfe im Magen-Darm-Trakt, Menstruationsbeschwerden, Nervosität, Unwohlsein

Anwendungen äußerlich

Bronchitis, Hautunreinheiten, Infektionen der oberen Atemwege, Nasennebenhöhlenentzündung, Neurodermitis, Wunden, Zahnfleischentzündung

Gegenanzeigen

Die berichteten Fälle von allergischen Hautreaktionen sind nach dem derzeitigen Wissensstand nicht auf die Echte Kamille, sondern auf Verunreinigungen von Hundskamille *(Anthemis cotula)* zurückzuführen. Das Allergen *Anthecotulid,* das die Hautreaktionen zumeist auslöst, kommt in der Echten Kamille praktisch nicht vor. Produkte aus der Apotheke sind frei von solchen Beimischungen.

Die Göttliche – Mythen und Fakten

In der germanischen Mythologie ordnete man die Kamille dem Sonnengott Baldur zu, während sie im alten Ägypten dem Sonnengott Ra gewidmet war. Gar nicht so schlecht gedacht, denn der Gehalt an Flavonoiden, also dem gelben Farbstoff in der Blüte, der an die Sonne erinnert, kann bis zu sechs Prozent betragen. Fakt ist, genau diese Farbstoffe machen einen großen Teil der Heilkraft aus. Unter ihnen ist Apigenin die wichtigste bioaktive Komponente. Es wirkt entkrampfend und wird wegen seiner krebshemmenden Eigenschaften beforscht. Insgesamt stecken in dem kleinen Blütenköpfchen sogar 30 verschiedene Flavonoide.

Im Mittelalter assoziierte man Kamille mit Bescheidenheit und Kraft. Im *Leipziger Drogenkompendium* (um 1435) heißt es unter anderem: »[...] ihre Kraft sei, dass sie auflöst und weich macht und verfeinert, und was sie auflöst, das wird auch fließend gemacht«. Belegt ist heute, dass die Flavonoide und ätherischen Öle der Kamille in tiefere Hautschichten eindringen und dort entzündungshemmend wirken.

Auch weitere Stoffe wie Bisabolol und Matricin haben eine entzündungshemmende Wirkung. Eine Salbe mit einem Prozent Kamillenextrakt zeigte in einer Studie die gleiche Wirksamkeit wie eine 0,25-prozentige Hydrocortisonsalbe (Kortison).

Ein anderer Mythos besagt, »Kamille in Garben frisch gemähten Grases gesteckt«, halte Ungeziefer fern. Auch das hat einen ganz realistischen Hintergrund, denn Fakt ist: Die ätherischen Öle der Kamille sind für viele Schädlinge wie Blattläuse oder Raupen unangenehm, sodass sie die Pflanze meiden. Und nicht nur Pflanzenschädlinge bekommen es mit der Kamille zu tun. Sie bekämpft ebenso Bakterien und Pilze, die uns Menschen schaden. Auch wenn unsere Altvorderen manche unerklärlichen Krankheiten Dämonen zuschrieben oder als Strafe Gottes ansahen, haben sie doch über Beobachtung und Erfahrung ein unglaubliches Wissen zur Heilwirkung von Pflanzen entwickelt.

Das beruhigende Kamillenkissen

Eine traditionelle Anwendung in der Volksmedizin ist das Kamillenkissen, das man auf erkrankte Stellen des Körpers auflegt. Es wird auch heute in der Naturheilkunde unter anderem bei Bauchweh, Erkältungen, Kopf- oder Zahnschmerzen oder zum Einschlafen empfohlen. Besonders gut sprechen Kinder bei Schlaflosigkeit oder beim Zahnen darauf an. Man kann es ganz unkompliziert selber machen (siehe »Schlafstörungen«) oder online erwerben.

OLLE KAMELLEN

»Das sind doch olle Kamellen« – dieses geflügelte Wort als Synonym für längst Bekanntes entstammt nicht etwa dem Ruf nach »Kamelle«, den Karamellbonbons, die im Kölner Karneval verteilt werden. »Olle Kamellen« sind niederdeutsch »alte Kamillen«, die ihre Heilkraft eingebüßt haben, weil sie zu lange aufbewahrt wurden. Der mecklenburgische Dichter Fritz Reuter (1810–1874) machte die Redewendung mit einer mehrbändigen Sammlung von Erzählungen unter dem Titel *Olle Kamellen* bekannt.

Die Kamille gehört zu den sogenannten Johanniskräutern, die dem Brauchtum nach am 24. Juni, dem Johannistag, für die Hausapotheke gesammelt wurden. Man glaubte, dass die Kräuter an diesem Tag besonders starke Heilkraft hätten und Unheil vom Haus abhielten. Tatsächlich ist es so, dass sich der Anteil der ätherischen Öle verringert, je länger die Kamille blüht. Deswegen sollte man die Blüten ernten, wenn sie sich zu zwei Dritteln geöffnet haben. Ähnliches gilt für die Aufbewahrung. Nach zwölf Monaten haben Sie tatsächlich olle Kamellen in der Schachtel.

Tee, Tinktur, Salbe oder Öl

Um Kamillenblüten als Arznei einzusetzen, sollten Sie auf getrocknete Blüten sowie Fertigarzneien aus der Drogerie oder Apotheke zurückgreifen.

Für viele Beschwerden reicht es, zu Hause den Tee anzuwenden. Da im Tee jedoch vor allem wasserlösliche Bestandteile wie etliche Flavonoide (allerdings nicht Apigenin, sondern nur sein Abkömmling Apigenin-7-glucosid) und Schleimstoffe zur Wirkung kommen, ist es sinnvoll, in der Hausapotheke noch einen Flüssigextrakt zu haben, der dann auch Apigenin und alle fettlöslichen Wirkstoffe wie Alpha-Bisabolol oder Matricin enthält und verdünnt zur inneren sowie äußeren Behandlung geeignet ist.

Fertigzubereitungen gibt es als Sprays, Salben und Badezusätze.

Und dann gibt es noch das ätherische Öl, meist bekannt als Römisches oder Blaues Kamillenöl. Das Blaue Kamillenöl stammt von der Echten Kamille und ist tatsächlich blau, was durch den Wirkstoff Chamazulen verursacht wird. Diese entzündungshemmende Substanz entsteht bei der Gewinnung des Öls aus Matricin. Es ist besonders effektiv bei allen körperlichen Beschwerden, während die Römische Kamille in der Aromatherapie vor allem zu Entspannungszwecken genutzt wird. Das Blaue Kamillenöl ist relativ teuer. Da man es jedoch immer nur tropfenweise verwendet, kann sich die Anschaffung lohnen.

Auf Sammeltour

Wichtig ist, dass die richtigen Blüten ins Körbchen kommen und nicht etwa die der zum Verwechseln ähnlichen Hundskamille, die auch allergische Reaktionen verursachen können. Am einfachsten bestimmen Sie die Kamille mit dem Geruchstest. Die echte riecht nämlich kräftig nach Kamille, die falsche dagegen hat in puncto Geruch nichts zu bieten und duftet, wenn überhaupt, nur sehr schwach. Auch die Größe der Blütenköpfchen unterscheidet sich voneinander: Die der falschen Kamille sind mit ca. 4 cm nahezu doppelt so groß wie die kleinen der echten.

Ein weiterer Anhaltspunkt zur Identifizierung ist der Aufbau der Blütenköpfchen: die der Echten Kamille sind innen hohl. Wenn Sie unsicher sind, können Sie auch Apps wie PlantNet oder Flora Incognita verwenden.

Ernten Sie die Blüten am besten zwischen Mai und September, wenn sie sich zu zwei Dritteln geöffnet haben. Dann ist der Gehalt an gesunden Inhaltsstoffen am höchsten. Getrocknet werden sie an einem luftigen, schattigen Ort oder bei 40 °C im Ofen.

Lein

Die blaue Wunderpflanze

Lein hat kleine, zarte Blüten, die zwischen Juni und Juli die Felder himmelblau färben, manchmal mit Nuancen ins Rosa, Lila oder auch Weiß gehend. Ein wunderbares Blütenmeer und in dieser Zeit ein beliebter Treffpunkt für heimische Insekten. Wenn die Blüte vorüber ist, bilden sich kleine, runde Kapseln. Jede umschließt etwa sechs bis sieben Leinsamen, je nach Sorte in goldgelber oder brauner Farbe.

In diesen kleinen Dingern steckt eine unglaubliche Kraft. Da ist vor allem das wertvolle Öl, das besonders viel herzschützende und blutdrucksenkende Alpha-Linolensäure (ALA) enthält, so viel wie in keinem anderen Öl. Zwischen 56 und 71 g dieser dreifach ungesättigten Fettsäure stecken in 100 g Leinöl. Im Fokus der Wissenschaft stehen auch die in den Schalen enthaltenen Lignane, pflanzliche Hormone, die krebshemmend wirken. Wer weiß, welche Wunder der Lein noch bereithält.

Ausgesprochen nützlich

Als sich der schwedische Arzt und Botaniker Carl von Linné (1707–1778) Mitte des 18. Jahrhunderts daranmachte, alle zur damaligen Zeit bekannten Pflanzen und Tiere zu beschreiben, ging es ihm auch darum, Ordnung in die Namensgebung zu bringen – eine wichtige Basis für die wissenschaftliche Kommunikation. Linnés Systematik ist übrigens bis heute gültig. Dem Lein verpasste er in seinem Werk *Species Plantarum* (1753) den Namen »Linum usitatissimum«, was so viel bedeutet wie »der sehr nützliche Lein«. In der Medizingeschichte spielt Lein schon seit Jahrtausenden eine Rolle. So wurde Leinöl bei den alten Ägyptern gegen Sonnenbrand eingesetzt. Überliefert sind Anwendungen von Hippokrates (460–377 v. Chr.) bei Katarrhen, Bauchschmerzen und Durchfall sowie Geschwüren. Heute erleben Leinsamen und Leinöl ein Comeback, und viele Heilwirkungen wurden unterdessen wissenschaftlich untermauert.

Inhaltsstoffe

Vitamine: A, B_1, B_2, C, D und E
Mineralien: Magnesium, Kalzium, Kalium, Natrium, Kupfer, Eisen, Phosphor
Öl (Arachinsäure, Alpha-Linolensäure, Gamma-Linolensäure, Linolsäure, Ölsäure, Palmitinsäure, Stearinsäure)
Lignane (Phytohormone)
Phytosterine
Eiweiß
Ballaststoffe, Schleimstoffe

Wirkung

Abführend, anticancerogen (krebshemmend), blutdrucksenkend, cholesterinsenkend, entzündungshemmend, hauterweichend, hautschützend, schmerzstillend, schützt die Nieren, verdauungsfördernd

Anwendungen innerlich

Fettstoffwechselstörungen, Diabetes, durch Abführmittel geschädigter Darm, Gastritis, Enteritis (Entzündung des Dünndarms), Reizdarm, Sodbrennen, Verstopfung, Wechseljahre

Anwendungen äußerlich

Abszess, Bronchitis, trockene Ekzeme, Hautentzündungen, Nasennebenhöhlenentzündung, Sonnenbrand

Gegenanzeigen

Nicht anwenden sollte man Leinsamen bei Darmverschluss, entzündlichen Darmerkrankungen wie *Colitis ulcerosa* und Morbus Crohn, Schluckbeschwerden.
Bei Diabetikern, die Insulin spritzen, kann bei längerfristiger Einnahme eine Verringerung der Insulindosis notwendig werden.

Ziemlich steinzeitliches Gewächs – Mythen und Fakten

Die bisher ältesten Funde von Leinfasern wurden in den Dzudzuna-Höhlen im heutigen Georgien gemacht. Ihr Alter wird auf 36 000 bis 31 000 Jahre geschätzt. Und damit sind wir mitten in der Altsteinzeit angekommen, die erst 8000 v. Chr. endete. Ziemlich alt sind auch europäische Funde, sie haben 28 000 Jahre auf dem Buckel. Die faserreichen Stängel werden also schon seit grauer Vorzeit zur Herstellung von Stoffen genutzt und die Samen mit ziemlicher Sicherheit als Nahrungs- und Futtermittel. Seit wann sie und das daraus gewonnene Öl als Heilmittel Anwendung fanden, verliert sich im Dunkel der Geschichte. Aber natürlich wird man bei Hippokrates (460–370 v. Chr.) fündig. Er verwendete den Lein vor allem gegen Katarrhe (Entzündungen der Schleimhäute) und als Auflage zur Linderung von Sonnenbrandflecken. Da lag der Urvater der modernen Medizin gar nicht so schlecht. Die im Lein enthaltene Gamma-Linolensäure schützt die Schleimhäute, die Linolsäure wiederum wirkt bei äußerlicher Anwendung entzündungshemmend.

Der italienische Arzt Matthiolus (1501–1577) empfiehlt im *New-Kreuterbuch* von 1526 den Lein mit Essig vermischt äußerlich gegen Nasenbluten. Na, ob das wirklich geholfen hat? Dieser ärztliche Rat gehört wohl eher ins Reich der Mythen.

Machen wir einen großen Sprung in die Neuzeit, in den Lausitzer Spreewald, noch heute das Mutterland des Leinöls, in dem die größte Leinölmühle Deutschlands steht. Den Spruch »Leinöl und Quark machen den Lausitzer stark« kennt dort jedes Kind. Nur ein bisschen Folklore-Mythos, oder ist da mehr dran? Fakt ist, Quark enthält sehr viel hochwertiges Eiweiß, was den Muckis zugutekommt. Die Alpha-Linolensäure wirkt auf viele Organe, Gewebe und Knochen ausgesprochen positiv. Ihre Schwester, die Gamma-Linolensäure, ist essenziell für das Gehirn, lässt uns also auch geistig fit sein.

Der Lein und der Krebs

Leinöl und Quark sind auch die Hauptbestandteile der Budwig-Diät, die Krebs heilen soll. Sie basiert ansonsten auf einer pflanzlichen Ernährung, Fisch und Fleisch sowie viele Kohlenhydrate wie Nudeln oder Konditoreiwaren sind verboten. Die Begründerin der Diät, Dr. Johanna Budwig (1909–2003), entwickelte diese Ernährungsform in den 1970er-Jahren. Sie war überzeugt, dass Krebserkrankungen im Zusammenhang mit ungesunden künstlichen Fetten stehen. Dem stellte sie die guten Fette aus Leinöl gegenüber. Die Wirkung dieser Diät auf das Tumorwachstum ist jedoch bis heute nicht durch Studien belegt und wird auch von führenden Organisationen der Naturheilkunde nicht empfohlen. Für eine tägliche Portion Leinsamen und/oder Leinöl – ob mit oder ohne Quark – als Mittel der Krebsprävention spricht allerdings einiges, da sowohl bestimmte Fettsäuren im Öl als auch die Lignane in den äußeren Schichten der Samen eine krebshemmende Wirkung entfalten.
Lignane sind zudem pflanzliche Östrogene, die dem weiblichen Hormon Östrogen ähnlich sind. Mehrere Studien weisen darauf hin, dass eine lignanreiche Ernährung das Risiko für verschiedene Krebserkrankungen reduziert, z. B. für Speiseröhren-, Magen- und Darmkrebs sowie Brustkrebs für Frauen nach der Menopause. Die Lignane »beset-

zen« Östrogenrezeptoren und verhindern so das Andocken krebserregender hormonell wirksamer Substanzen, wie beispielsweise von Parabenen. Diese müssen dann unverrichteter Dinge wieder abziehen und werden vom Körper entsorgt.

Also fleißig Lignane futtern. Die meisten haben tatsächlich Leinsamen, ganze 370 mg finden sich in 100 g. Danach kommt lange nichts. An zweiter Stelle rangiert Sesam mit 30 mg, und dann kommen gleich Kürbiskerne mit 21,4 mg. Da Lignane innerhalb von 24 bis 48 Stunden abgebaut werden, ist der tägliche Verzehr dieser Powerkerne wichtig. Außerdem verringern Lignane das Risiko, Bluthochdruck oder Herz-Kreislauf-Erkrankungen zu entwickeln.

Leinöl enthält übrigens keine Lignane, da diese nur in der äußeren Schicht der Powersaat vorkommen, aber dafür große Mengen Alpha-Linolensäure. Diese wirkt wiederum entzündungshemmend und schützt die Zellen vor schädlichen freien Radikalen und kann damit ebenfalls eine potenziell krebsvorbeugende Wirkung entfalten.

Leinöl und der Schutz vor Arteriosklerose

Genau diese Alpha-Linolensäure im Leinöl, eine mehrfach ungesättigte Omega-3-Fettsäure, ist so reichhaltig im Leinöl enthalten, dass sie mit ihrer schützenden Wirkung vor Herzinfarkt mit den Omega-3-Fettsäuren in Meeresfischen konkurrieren kann. Unser Körper baut diese lebenswichtigen Fettsäuren in die Gefäßinnenwände (Endothel) ein und sorgt dafür, dass unsere Zellmembranen elastisch bleiben. Entzündungen und die Bildung von arteriosklerotischen Ablagerungen werden dadurch erschwert. Je mehr Omega-3-Fettsäuren zugeführt werden, desto geringer ist das Risiko für Herz-Kreislauf-Erkrankungen. Zudem wird das Zusammenkleben von Blutplättchen verringert, wodurch dem Entstehen von Blutgerinnseln und damit Thrombosen entgegengewirkt wird. In Studien konnte auch die Senkung von Bluthochdruck nachgewiesen werden. Es gibt also gute Gründe, regelmäßig und reichlich Leinöl und/oder geschrotete Leinsamen zur besseren Versorgung mit Omega-3-Fettsäuren in den Speiseplan einzubauen. Außerdem schont das die Fischbestände.

Geschrotet oder ganz?

Das kommt schließlich auf die Verwendung an. Für die Regulierung der Verdauung werden ganze Leinsamen mit viel Wasser eingenommen. Auch als Topping für Salate ist der Verzehr der ganzen Samen üblich, ebenso als Zutat für Brot und Brötchen. Etliche wertvolle Inhaltsstoffe kann der Körper aber nur verwerten, wenn die Samen geschrotet, also gebrochen, sind. Fürs Müsli ist es demnach besser, geschroteten Leinsamen zu verwenden, dann hat man die Lignane aus der Schale und die wertvollen Inhaltsstoffe aus dem Innern der Samen.

Da das Öl des Leins recht empfindlich ist, empfiehlt es sich, die entsprechende Menge immer erst vor dem Verzehr mit einem Mörser oder einer Kaffeemühle grob zu zermahlen oder zu zerquetschen. Sie können auch eine etwas größere Menge für ein paar Tage schroten und sie gut verschlossen in einem Glas aufbewahren. Der Kauftipp lautet also: Ganze Leinsamen immer vorrätig haben, da sie sehr lange haltbar sind, und je nach Bedarf schroten oder ganz verzehren.

Die Mimose unter den Ölen

Die Linolensäure im Leinöl ist eine Mimose, die das Licht scheut und keine Hitze verträgt. Kaufen Sie kleine Fläschchen und bewahren Sie sie nach dem Anbruch im Kühlschrank auf. Durch das Öffnen gelangt Sauerstoff ans Öl, was beim Leinöl recht schnell zu Oxidationsprozessen führt; es wird ranzig. Das beeinträchtigt nicht nur den Geschmack, sondern macht auch die gesunden Fette wertlos. Verbrauchen Sie es deshalb nach Anbruch innerhalb von drei bis sechs Wochen.

Auch das Erhitzen kommt beim Leinöl nicht gut an, denn die darin enthaltenen Omega-3-Fettsäuren verwandeln sich je nach Hitzegrad und Dauer der Hitzeeinwirkung in gesättigte Fettsäuren oder gar ungesunde Transfettsäuren.

Vorsicht Blausäure!

In der Verbraucherpresse erscheinen hin und wieder Meldungen, die vor zu großen Mengen Leinsamen warnen, da sie auch blausäurehaltige Glykoside enthalten, die im Körper zu Blausäure umgebaut werden und möglicherweise Vergiftungen auslösen können. Eine EU-Verordnung hat deshalb einen Höchstgehalt von 150 mg Blausäure pro 1 kg Leinsamen festgelegt. Sobald der Hersteller den Hinweis »Nur zum Kochen und Backen geeignet. Nicht roh verzehren« im Hauptsichtfeld der Verpackung anbringt, liegt der Grenzwert bei 250 mg pro 1 kg Leinsamen. Beim Erhitzen, bei dem schon etwas mehr als 25 °C ausreichen, werden die Glykoside zerstört.

Da die Blausäure aus Leinsamen jedoch nur teilweise im Körper freigesetzt und ständig abgebaut wird, stufen die

Expertinnen und Experten des BfR (Bundesinstitut für Risikobewertung) den Verzehr von Leinsamen generell als für die Gesundheit unbedenklich ein, wenn die gängigen Verzehrempfehlungen von maximal 15 g (etwa 1 EL) pro Mahlzeit eingehalten werden.

Abgesehen vom Blausäuregehalt hat *Ökotest* (1/2022) Leinsamen von 20 verschiedenen Anbietern auf weitere Schadstoffe untersucht. Dabei haben sie in etlichen Produkten, auch solchen mit dem Siegel »Bio«, Verunreinigungen mit gesättigten Mineralölkohlenwasserstoffen (MOSH) und chemisch sehr ähnlichen Verbindungen (MOSH-Analoge) gefunden. MOSH reichern sich im menschlichen Körper an. Welche Folgen das hat, ist noch unklar. Denkbar wäre, dass die Mineralölbestandteile, etwa aus Verpackungen, in den Schrot übergegangen sind. »Dennree Leinsaat geschrotet« war das einzige Produkt mit dem Siegel »sehr gut«. Mit »gut« schnitten die Anbieter Alnatura, Bio-Zentrale, Weiling, Carl Wilhelm Clasen sowie Schapfenmühle ab.

LEINSAMEN ALS VEGANER EI-ERSATZ

Geschrotete Leinsamen eignen sich als Ei-Ersatz, z. B. beim Backen von Rührkuchen oder Vollkorngebäck oder zum Binden von Bratlingen. 1 Ei kann durch 1 EL Leinsamen verrührt mit 3 EL warmem Wasser ersetzt werden. Vor der Verwendung eine Stunde (oder noch besser über Nacht) in den Kühlschrank stellen. Die Konsistenz sollte dann ähnlich wie bei Eiweiß sehr gelartig und glibberig sein.

Rosmarin

Ein echter Fitmacher

Erstaunlicherweise spielte der im Mittelmeerraum beheimatete Rosmarin *(Salvia rosmarinus)* in der Medizin der Antike keine große Rolle. Er hatte aber eine große symbolische Bedeutung. Die Griechen weihten Rosmarin der Liebesgöttin Aphrodite und stellten einen Wein mit Rosmarinblättern als Liebestrank her. Andererseits war Rosmarin auch eng mit dem Tod verknüpft. In Ägypten wurde er Toten mit ins Grab gegeben, um ihnen die Reise ins Jenseits durch den Duft angenehmer zu gestalten.
Den Mönchen sei Dank, dass sie den Rosmarin über die Alpen brachten, in ihren Klöstern anbauten und seine vielseitigen Heilkräfte erkannten. Bereits im *Lorscher Arzneibuch* (um 785 im Kloster Lorsch verfasst) werden die stärkende Wirkung bei Erschöpfung und die schmerzlindernde Heilkraft erwähnt. Bis heute sind diese Heilwirkungen anerkannt.

Etwas Rosmarinsäure, bitte!

Rosmarinsäure wurde 1958 von den italienischen Chemikerinnen Maria Luisa Scarpati und Giovanna Piattelli Oriente erstmals isoliert und charakterisiert. Hätten die Forscherinnen Salbei, Thymian, Melisse oder Minze in der Mache gehabt, die ebenfalls Rosmarinsäure enthalten, würde diese heute vielleicht Salbei- oder Thymiansäure oder eben Melissensäure heißen. Das Objekt der Untersuchung war aber nun mal Rosmarin. So ist das mit den Entdeckungen. Rosmarinsäure findet sich in hohen Mengen in Lippenblütlern, zu denen auch Melisse und Minze gehören. Chemisch gehört dieser Stoff zur Gruppe der Gerbstoffe, da er mit Eiweißmolekülen chemische Komplexe bildet. Er wirkt teilweise antiviral, antibakteriell, entzündungshemmend, antioxidativ und blutzuckerregulierend. Außerdem stimuliert Rosmarinsäure das Wachstum nützlicher Bakterien im Darm und wirkt somit präbiotisch. Möglicherweise kann Rosmarinsäure auch gegen Alzheimer helfen, wie neuere Forschungen vermuten lassen.

Inhaltsstoffe

Vitamine: A und C
Mineralien: Kalium, Kalzium, Eisen, Magnesium
ätherisches Öl (unter anderem 1,8-Cineol, Campher, Terpineol und Alpha-Pinen, Rosmanol)
Rosmarinsäure
Flavonoide
Harze und Bitterstoffe

Wirkung

Antibakteriell, antihepatotoxisch (gegen Lebergifte), antioxidativ, antiviral, appetitanregend, blähungsreduzierend, durchblutungsfördernd, gedächtnisfördernd, krampflösend, tonisierend, verdauungsfördernd

Anwendungen innerlich

Blasenentzündung, Durchblutungsstörungen, Blähungen, niedriger Blutdruck, Infekte, Verdauungsbeschwerden

Anwendungen äußerlich

Akne, Arthrose, funktionelle Herzbeschwerden, Fußpilz, Haarausfall, Hautprobleme, Leberbeschwerden, Menstruationsbeschwerden, Rheuma

Gegenanzeigen

Ätherisches Rosmarinöl und Rosmarinwein sollten nicht in der Schwangerschaft angewendet werden. Auch Menschen mit Bluthochdruck sollten Rosmarinöl meiden, da der hohe Gehalt an Kampfer den Blutdruck steigert. Die Verwendung als Gewürz ist unbedenklich.

Das Kraut der Denker – Mythen und Fakten

Rosmarin gilt seit alters als geistiger Fitmacher. So wird berichtet, dass die Schüler von Sokrates Rosmarinkränze trugen, wenn sie etwas auswendig lernen sollten. Klingt ein bisschen albern, hat aber einen wahren Kern. Etliche Studien belegen tatsächlich die Wirkung von Rosmarin auf die

Gedächtnisleistung und das Konzentrationsvermögen. So konnten Studienteilnehmer unter dem Einfluss von ätherischem Rosmarinöl – also durch Einatmen des Duftes, wie es wohl auch die Schüler des Sokrates über ihren Kränzen taten – mathematische Aufgaben besser lösen, und sogar das Langzeitgedächtnis wurde offensichtlich positiv beeinflusst.

Auch der Botaniker und Arzt Otto Brunfels (1488–1534) sprach vor knapp 500 Jahren davon, dass Rosmarin nicht nur das Gedächtnis vor Verfall schützt, sondern sogar das Alter zurückdrehen kann, wenn man es alle Tage nimmt. Offenbar kein Mythos, wie Forscher in dem kleinen Dorf Acciaroli beobachten konnten. Dieser Ort zieht seit dem Jahr 2012 die Aufmerksamkeit der Wissenschaft auf sich, denn von den 2000 Einwohnern sind mehr als 300 im Alter von 100 Jahren und mehr. Nicht nur die hohe Zahl der Hundertjährigen verblüfft, sondern auch die extrem niedrige Rate von Alzheimer- und Herzerkrankungen. Zu den Geheimnissen dieses italienischen Jungbrunnens zählen wohl der tägliche Verzehr von Rosmarin als Gewürz oder Teezugabe sowie bis zu 200 ml Olivenöl. Eine Studie aus dem Jahr 2018 geht davon aus, dass der tägliche Genuss von Rosmarin als Gewürz gedächtnisfördernd und angstlösend wirkt.

Fakt ist: Rosmarin ist reich an Terpenen, wie der Carnosolsäure, die freie Radikale und Gifte, die an der Entstehung von Alzheimer und Demenz beteiligt sind, unschädlich macht. Im Verbund mit weiteren Terpenen sorgt sie auch dafür, dass es keinen übermäßigen Abbau von Acetylcholin (wie bei Alzheimer üblich) gibt und die Informationsübermittlung im Gehirn reibungslos läuft. Rosmarin führt zu einer gesteigerten Durchblutung der feinen Kapillargefäße im Gehirn und sorgt für eine bessere Blut- und Sauerstoffversorgung.

Ein toller Duft und seine Superkräfte

Düfte zu beschreiben ist ausgesprochen schwierig, und so ist auch der besondere Duft von Rosmarin kaum in Worte zu fassen. Allgemein wird er als sehr intensiv und aromatisch beschrieben. Den unverwechselbaren Geruch machen Bestandteile seiner ätherischen Öle wie Cineol, Campher, Terpineol oder Alpha-Pinen aus, die der Pflanze als Hausapotheke dienen. Ihre Hauptaufgabe ist der Schutz vor Krankheiten. Deshalb haben die meisten ätherischen Öle eine desinfizierende und keimtötende Wirkung, von der auch wir Menschen profitieren. So hat Cineol unter anderem antibakterielle, antivirale, schmerzlindernde und entzündungshemmende Eigenschaften.

Von großer antioxidativer und antimikrobieller Kraft sind die beiden Inhaltsstoffe Carnosol und Carnosinsäure. Beim Menschen mindern sie das Risiko für Schlaganfall, Herzinfarkt und Arteriosklerose. In der Lebensmittelindustrie wird ein Trockenextrakt aus den Blättern von Rosmarin unter der Nummer E 392 als Antioxidations- und Konservierungsmittel verwendet.

Die entzündungshemmenden und antioxidativen Eigenschaften der Carnosinsäure können sogar Haarausfall stoppen, vorausgesetzt, die Haarwurzeln sind noch intakt. In einer Studie schnitt der Naturstoff Rosmarin genauso gut ab wie das synthetische Haarwuchsmittel Minoxidil. Allerdings bedarf es einiger Monate Geduld, bis sich das Ergebnis zeigt.

Weitere Forschungen beschäftigen sich mit den krebshemmenden Eigenschaften von Rosmarin. Studien zeigen, dass Rosmarinsäure sowie Carnosol, Carnosinsäure und Rosmanol helfen, sowohl das Wachstum von Krebszellen zu hemmen als auch ihren Zelltod einzuleiten. Es gibt also extrem gute Gründe, mit dem Rosmarin ein Dauerabo einzugehen und mehr davon in die Ernährung einzubauen.

DÜFTE GEGEN KREBSZELLEN

Lange dachte man, der Weg über die Riechzellen der Nase ins Riechzentrum des Gehirns sei der einzige Zugang der Duftstoffe zum Körper. Doch seit einigen Jahren ist bekannt, dass Duftmoleküle auch durch die Atemwege, den Verdauungstrakt oder über die Haut direkt ins Blut gelangen und so zu verschiedenen Organen transportiert werden. Denn – und das ist noch wenig bekannt – in allen Körperzellen befinden sich Riechrezeptoren für Duftmoleküle, die dort ganz bestimmte Funktionen haben. Jede Zellart reagiert wiederum auf einen anderen Duft. Interessant ist diese Erkenntnis auch im Zusammenhang mit Krebs, denn auch Krebszellen verfügen über diese Rezeptoren, und zwar in großen Mengen. Jeder Krebs ist jedoch für einen anderen Geruch empfänglich und reagiert darauf mit einem Wachstumsstopp. Bei Blasenkrebs hat man herausgefunden, dass es Sandelholzdüfte sind.

Wenn man herausfindet, welche Krebszellen auf welche Düfte reagieren, könnten bioaktive Stoffe aus ätherischen Ölen von Pflanzen großes Potenzial bei der Vorbeugung und Therapie von Krebs haben. Bisher wurde dies nur im Reagenzglas untersucht. Eine Erkenntnis lässt sich jedoch auch für den Alltag ableiten: Wer viel Kräuter und Pflanzen verzehrt, die reich an ätherischen Ölen sind, stärkt seine Widerstandskräfte gegen Infektionen aller Art – auch gegen Krebs.

Die Essenz im ätherischen Öl

Rosmarin wächst in großen Wildbeständen rund um das Mittelmeer. Zur Gewinnung der ätherischen Öle werden die in Blüte stehenden Zweigspitzen geerntet, wobei für 1 kg ätherischer Essenz sage und schreibe etwa 80 kg frisches Kraut benötigt werden. Die Wirkstoffkonzentration ist so hoch, dass man nur wenige Tropfen benötigt, um einen Effekt zu erzielen.
Je nach Region und Bodenbeschaffenheit unterscheidet sich die chemische Zusammensetzung etwas. Der Chemotyp (ct) wird dann mit den Zusatzbezeichnungen ct. Borneon (oder Campher), ct. Cineol beziehungsweise mit ct. Verbenon ausgewiesen. Das bedeutet, dass die Konzentration des Stoffes besonders hoch ist. Meistens findet man diese Info auf der Rückseite des Etiketts, manchmal auch vorne, manche Hersteller verzichten allerdings darauf. Bei qualitativ hochwertigen ätherischen Ölen sollte auch das Herkunftsland angegeben sein.

WICHTIG

Ätherisches Öl niemals pur und unverdünnt anwenden. Es sollte immer in einem Trägeröl, in Wasser (z. B. in einer Duftlampe) oder auf einem Gegenstand (Taschentuch, Duftstein etc.) verwendet werden.

EIN TRIO FÜR DIE HAUSAPOTHEKE

Je nach Chemotyp eignen sich die unterschiedlichen ätherischen Öle für bestimmte Anwendungen besonders gut.

Rosmarinöl ct. Borneon (oder Campher)

Es stammt vorrangig aus Spanien oder Portugal und wirkt besonders gut bei Erkältungen, Schmerzen aller Art im Bewegungsapparat, niedrigem Blutdruck, ausbleibender Menstruation und zur Stärkung der Immunabwehr.

Rosmarinöl ct. Cineol

Dieses Öl wird vorrangig aus nordafrikanischem Rosmarin hergestellt und eignet sich besonders zur Behandlung von Haar und Kopfhaut, zur Steigerung der Konzentration und Gedächtnisunterstützung sowie bei Durchblutungsstörungen.

Rosmarinöl ct. Verbenon

Bei diesem Öl handelt es sich um die Essenz von vorrangig in Südfrankreich wachsendem Rosmarin. Das ätherische Öl ist milder und hat eine blumige Note. In der Naturheilkunde wird es vor allem bei Leberschwäche, Galleninsuffizienz sowie Leber- und Gallenblasenentzündung angewendet.

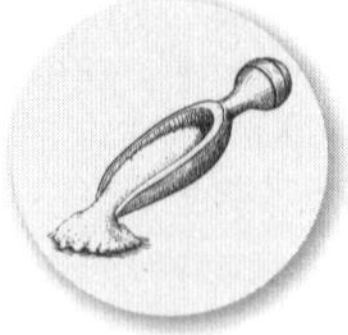

Salz

Das Lebenselixier in uns

»Es muss etwas ungewöhnlich Heiliges im Salz sein: Man findet es in unseren Tränen und im Meer«, schreibt der Philosoph und Poet Khalil Gibran (1883–1931). Nicht nur Tränen, sondern alle Körperflüssigkeiten sind tatsächlich kleine Meere, denn sie haben einen Salzgehalt von 0,9 Prozent, vergleichbar mit der Ostsee. Alle anderen Meere haben mit 3,0 bis 3,5 Prozent eine deutlich höhere Salzkonzentration. Genau in solch einer Umgebung entstand vor Milliarden Jahren das Leben in den Urmeeren. Ob Einzeller oder der Mensch – wir alle brauchen Salz, um überhaupt zu funktionieren. Das Leben hängt im wahrsten Sinne des Wortes am Salz-Tropf.

Ein Stoff voller Anziehungskraft

Salz ist chemisch gesehen eine Verbindung von Natrium und Chlorwasserstoffsäure, umgangssprachlich auch Salzsäure genannt, und hat die Kurzformel NaCl. Weitere wichtige Salze für den Menschen sind Magnesium- und Kaliumchlorid. Doch NaCl, also unser Speisesalz, ist das bei Weitem wichtigste und mengenmäßig bedeutendste für den Menschen.

Salz hat eine große Anziehungskraft auf Wasser und ist deshalb der wichtigste Regulator für den Wasserhaushalt des Menschen, sowohl innerhalb als auch außerhalb der Zellen. Kommt es zu einem Ungleichgewicht, schaltet Natrium – von dem es besonders viel außerhalb der Zellen gibt – die Osmose ein, sodass Flüssigkeit zwischen den Räumen dorthin wandern (diffundieren) kann, wo gerade ein Mangel herrscht.
Der Gegenspieler ist Kalium, das vorrangig innerhalb der Zellen agiert. Beide Elemente sind essenziell für den Wasserhaushalt des Körpers. Natrium bestimmt viele Körpervorgänge wie den Herzrhythmus, die Übertragung von Nervenimpulsen, Muskelkontraktionen oder die Aktivierung von Enzymen.

Inhaltsstoffe

Natriumchlorid, je nach Salzart zwischen 97 und 99 Prozent.
Je nach Vorkommen – Meer, Gestein, Salzseen – findet man in naturbelassenen Salzen neben Natriumchlorid auch kleine Mengen anderer Elemente (1 bis 3 Prozent), in Meersalz beispielsweise Kalium, Magnesium, Mangan und Jod sowie im Himalajasalz Eisenoxid.

Wirkung

Antibakteriell, antimykotisch, blutdruckregulierend, entgiftend, entzündungshemmend, flüssigkeitsregulierend, immunstärkend, schmerzlindernd, stoffwechselregulierend

Anwendungen innerlich

Entgiftung, Leber- und Gallenbeschwerden, Osteoporose, Übergewicht

Anwendungen äußerlich

Allergien, Arthrose, Blasenprobleme, Erkältung, Entgiftung, Fieber, Fußpilz, Gicht, Hauterkrankungen, niedriger Blutdruck, Schlafstörungen, Schmerzen, Übergewicht, Zahnfleischentzündungen

Gegenanzeigen

Bei offenen Wunden darf Salz nicht äußerlich angewendet werden.
Der Verzehr von Salz kann den Blutdruck in die Höhe treiben, besonders bei salzsensiblen Menschen.
Da in vielen Lebensmitteln wie Brot, Käse oder Wurst viel Salz enthalten ist, sollte man beim Würzen mit Salz zurückhaltend sein. Gerade Menschen mit Bluthochdruck profitieren von der Regel »weniger ist mehr«.

Sprichwörtliches – Mythen und Fakten

Ist das Essen versalzen, sind Koch oder Köchin sprichwörtlich verliebt. Das geht auf einen Mythos zurück, der Salz von der Antike bis ins Mittelalter als Aphrodisiakum hypte. Die Griechen glaubten sogar, dass zu wenig Salz die männliche Potenz beeinträchtige. Deshalb waren Verliebte bestrebt, viel Salz ins Essen zu streuen, um die sexuelle Lust zu steigern. Das war damals auch noch eine sehr teure Angelegenheit, denn bis zur Zeit der Industrialisierung war Salz, wie der Beiname »Weißes Gold« ahnen lässt, sehr wertvoll. So bekamen römische Legionäre einen Teil ihres Soldes in Form von Salz, dem sogenannten Salarium (von »sal« = Salz), die Salzration. Übrigens konnte die luststeigernde Wirkung von Salz wissenschaftlich nie bestätigt werden.

Der römische Schriftsteller Plinius (23–79 n. Chr.) prägte den Spruch: »Wahrlich, ohne Salz ist es unmöglich, ein menschliches Leben zu führen.« Recht hatte er, auch wenn er es eher philosophisch meinte. Denn rein physiologisch ist Salz einfach lebenswichtig. Dem ist auch die Tatsache geschuldet, dass wir einen eigenen Geschmackssinn für »salzig« haben.

Sprichwörtlich »Salz in die offene Wunde« streut man, um damit eine unangenehme Lage noch zu verschlimmern. Tatsächlich wurde Salz über Jahrhunderte zur Wundversorgung eingesetzt, um Entzündungen entgegenzuwirken. Eine sehr schmerzhafte Prozedur, allerdings mit einem rationalen Hintergrund. Fakt ist, Salz entzieht den krank machenden Mikroorganismen wie Bakterien und Pilzen das Wasser und damit die Lebensgrundlage.

Ganz neue Forschungen haben noch einen weiteren Mechanismus entdeckt: Salz regt auch das Immunsystem in der Haut zur Abwehr gegen Bakterien an. So hat man herausgefunden, dass es in der Haut von Menschen zu erhöhten Salzablagerungen rund um eine Wunde kommt, die die Barrierefunktion der Haut stärken und die vermehrt Killerzellen auf den Plan rufen. Dies könnte ein uralter Mechanismus sein, um die immunvermittelte Entfernung von Krankheitserregern zu unterstützen.

Salz killt Krebszellen

Eine sensationelle Entdeckung hat ein Forscherteam um Prof. Christina Zielinski von der Friedrich-Schiller-Universität Jena gemacht. Die Natriumionen im Salz verstärken die Schlagkraft von T-Zellen des Immunsystems gegen Krebszellen. Das Team konnte zeigen, dass in Brustkrebstumoren eine höhere Natriumkonzentration als im gesunden Gewebe zu finden ist. Erhöht man nun die Natriumkonzentration in den gesunden Zellen unmittelbar um den Tumor, entfalten die T-Zellen mehr Power gegen ihre Feinde. Nach den Vorstellungen der Forscher sollen betroffene Frauen jetzt nicht Unmengen Salz zu sich nehmen, sondern es wäre denkbar, die Immunzellen außerhalb des Körpers mit Salz anzureichern. Werden sie dann wieder zugeführt, können sie hochaktiv gegen Tumorzellen zu Felde ziehen. Das klingt gut.

Der salzige Gesundbrunnen

Der berühmte Paracelsus (1493–1541) empfahl als einer der ersten Ärzte die Sole als hervorragendes Mittel gegen Hautkrankheiten. Doch es dauerte noch lange, bis die Heilkraft von Salz- und Meerwasser in der Neuzeit medizinisch anerkannt und genutzt wurde. Das erste Seebad in Deutschland entstand auf Betreiben des Rostocker Arztes Samuel Gottlieb von Vogel (1750–1837) in Heiligendamm. Es blieb ein Gesundbrunnen für Reiche.

Der sozial engagierte Mediziner Johann Wilhelm Tolberg (1762–1831), der als Knappschaftsarzt in der königlichen Saline von Schönebeck tätig war, verfolgte die Veröffentlichungen seines Kollegen aus Rostock und war von den

Erfolgen beeindruckt. Für seine Salinenarbeiter und deren Familien allerdings ein unbezahlbarer Gesundbrunnen. Im Gegenteil, Tolberg war angehalten, nur die billigsten Heilmittel zu verwenden. Durch Zufall erfuhr er, dass die im unweit gelegenen Elmen geförderte Sole, der Rohstoff für die Salzherstellung, auch ein wichtiges Hausmittel bei der einfachen Bevölkerung war. Er überlegte nicht lange, sondern wollte herausfinden, ob man mit der Sole ähnliche Heilwirkungen erzielt wie mit dem Meerwasser. Im August 1801 ließ er eine Grube anlegen und begann mit Heilversuchen. Seine ersten Patienten waren Jugendliche mit Geschwüren und Drüsenverhärtungen, die bereits nach zweiwöchigen Kuren als geheilt entlassen werden konnten. Am 21. September 1802 erging ein Spezialbefehl des Königs, der den Bau eines größeren Badehauses in Aussicht stellte und die Errichtung eines kleineren Gebäudes für die Salinearbeiter sofort anordnete. Dieser Befehl war die Geburtsurkunde des ältesten Solebades Deutschlands.
Bereits 1803 veröffentlichte Tolberg den ersten Band einer Abhandlung *Ueber die Ähnlichkeit der Salzsole mit dem Seewasser und den Nutzen der Soolbäder.* Bald setzte ein Boom ein, und es schossen Soleheilbäder wie Pilze aus dem Boden. Heute gibt es über 70 solcher Heilbäder in Deutschland, zu denen natürlich auch Bad Salzelmen gehört. Ihr Alleinstellungsmerkmal – Tolberg sei Dank – ist die Kombination der heilenden Eigenschaften von gelösten Salzen und Mineralien mit der beruhigenden Wirkung des Wassers. Heilung oder Linderung erfahren Menschen bei Erkrankungen des Bewegungsapparates, Haut- und Atemwegserkrankungen, Allergien, Herz-Kreislauf-Beschwerden, aber auch bei Schmerzerkrankungen oder psychosomatischen Problemen.

Soletherapie für den Hausgebrauch

Baden wie im Meer geht auch zu Hause. Wenn Sie für ein Vollbad 1 kg Salz auf 100 l Wasser (für 150 l Wasser dann 1,5 kg) in die Wanne geben, haben Sie eine Mini-Ostsee im Badezimmer. Ein 20-minütiges Bad spendet der Haut Feuchtigkeit, stärkt die Hautschutzbarriere und ist abends eine gute Einschlafhilfe. Wenn Sie eher wie im Mittelmeer baden wollen, dann brauchen Sie 3 kg Salz auf 100 l Wasser (siehe auch Tabelle nächste Seite). Das jedoch bitte nur, wenn Sie keine offenen Wunden haben.

Ein Fußbad mit Salz ist ein gutes Mittel gegen kalte Füße und bei einer hohen Salzkonzentration von zehn Prozent auch zur Bekämpfung von Fußpilz geeignet.

Die tägliche Nasendusche mit einprozentiger Salzlösung ist gerade in der kalten Jahreszeit ein sehr wirksames Mittel, um Erkältungsviren bereits in der Nase zu stoppen. Gurgeln mit Salzwasser hilft bei Entzündungen im Mund- und Rachenraum.

Für Inhalationen lohnt sich die Anschaffung eines Verneblers (Diffuser), damit gelangen die Salzaerosole bis in die tieferen Atemwege.

Sole selber herstellen

Eine Salzlösung (Sole) kann man in jeder gewünschten Konzentration ganz leicht selber herstellen.

Das brauchen Sie
Salz
Wasser
1 Gefäß

So geht's
Je nach Anwendung bereitet man eine milde einprozentige Sole oder eine höher konzentrierte Sole zu. Bei einer 26-prozentigen Lösung spricht man von konzentrierter Sole, das heißt, der Sättigungsgrad des Wassers ist erreicht, weiteres Salz löst das Wasser nicht auf.

Einprozentige Lösung
1 g Salz auf 100 ml Wasser
10 g Salz auf 1 l Wasser
50 g auf 5 l Wasser (Fußbad)
500 g Salz auf 50 l Wasser (Teilbad)
1 kg Salz auf 100 l Wasser (Vollbad)

Dreiprozentige Lösung
3 g Salz auf 100 ml Wasser
30 g auf 1 l Wasser
150 g auf 5 l (Fußbad)
1,5 kg auf 50 l Wasser (Teilbad)
3 kg auf 100 l Wasser (Vollbad)

Fünfprozentige Lösung
5 g Salz auf 100 ml Wasser
50 g Salz auf 1 l Wasser
250 g auf 5 l Wasser (Fußbad)
2,5 kg auf 50 l Wasser (Teilbad)
5 kg Salz auf 100 l Wasser (Vollbad)

Zehnprozentige Lösung
10 g Salz auf 100 ml Wasser
100 g auf 1 l Wasser
500 g auf 5 l Wasser (Fußbad)
5 kg auf 50 l Wasser (Teilbad)
10 kg auf 100 l Wasser (Vollbad)

Konzentrierte Sole (26-prozentig)
Geben Sie in ein 1-Liter-Schraubglas 300 g Salz und füllen Sie es mit stillem, mineralarmem Wasser oder Leitungswasser auf. Warten Sie, bis sich das Salz aufgelöst hat – das dauert etwa eine Stunde –, ein Rest des Salzes bleibt unaufgelöst auf dem Glasboden zurück. Dieser Rest ist das Zeichen dafür, dass eine gesättigte (26-prozentige) Sole entstanden ist, in der sich so viel Salz wie möglich in Lösung begeben hat.
Sie können das Salz auch als Brocken (Reformhaus, Bioladen, Salzgrotte) oder Granulat ins Glas geben. Nach einer Stunde werden die Stücke etwas kleiner, aber noch vorhanden sein.
Das Sole-Glas kann immer wieder mit Wasser aufgefüllt werden. Solange noch Salzreste vorhanden sind, wird die Flüssigkeit immer eine gesättigte Sole sein. Sind keine Salzrückstände mehr im Glas, geben Sie neues Salz ins Wasser. Konzentrierte Solelösung ist unbegrenzt haltbar und absolut keimfrei.

WICHTIG

Konzentrierte Sole sollte möglichst nicht mit Metall oder Plastik in Berührung kommen. Benutzen Sie daher ausschließlich Gefäße aus Glas oder Porzellan.

LEBENSRETTER SALZ

Salz ist so elementar, dass es auch in der Intensiv- und Notfallmedizin eine lebensrettende Rolle spielt. Flaschen mit Kochsalzlösung gehören zur Grundausstattung jedes Krankenhauses und jedes Rettungswagens. Nach Operationen, großem Blutverlust oder bei einem Sonnenstich erhalten Patienten eine 0,9-prozentige Kochsalzlösung, eine sogenannte isotonische Lösung, die in ihrem Volumen dem des Blutes entspricht.

Altbewährtes Konservierungsmittel

Bevor der Kühlschrank Einzug in die Küchen hielt, war Salz eines der wichtigsten Konservierungsmittel. So wie die Kälte Keime davon abhält, es sich auf Lebensmitteln gemütlich zu machen, hat Salz dies über Jahrhunderte getan. Werden Fleisch, Fisch oder Gemüse in Salz oder Salzlake eingelegt, wird den Mikroorganismen Wasser entzogen, wodurch ihr Wachstum gehemmt wird. Allerdings sind diese Lebensmittel dann so salzig, dass die meisten vor dem Verzehr über mehrere Stunden in Wasser eingelegt werden müssen, um das Salz auszuschwemmen, wie etwa beim Salzhering.

Eine andere Form ist die Fermentierung, ein Prozess, bei dem mithilfe von relativ wenig Salz ein Gärprozess angeschoben wird und so krank machende Mikroorganismen durch Milchsäurebakterien in Schach gehalten werden. Mit dieser Methode kann man nicht nur gesundes Gemüse über Monate haltbar machen, sondern liefert seinem Darm auch gleich noch Milchsäurebakterien, die das Immunsystem stärken.

Selber fermentieren

Fermentieren ist total einfach. Für Anfänger empfehle ich immer das Einlegen von Gurken.

Das brauchen Sie
1 kg Gurken zum Einlegen (im Winter gehen auch kleine Snackgurken)
Wasser
Salz
Dillkraut (im Winter normaler Dill)
nach Belieben etwas frischer Meerrettich, frischer Knoblauch
mehrere Schraubgläser

So geht's
Waschen Sie die Gurken, schichten Sie sie in saubere Gläser und fügen Sie bei Bedarf weitere Zutaten hinzu. Geben Sie auf 1 l Wasser 20 g Salz (falls Sie mehr Wasser brauchen, dann einen weiteren Liter mit Salz anrühren) und verrühren es gut, bis es aufgelöst ist. Gießen Sie die Gurken mit dem Wasser auf, sodass alles bedeckt ist, eventuell mit einem kleinen Teller beschweren. Lassen Sie oben etwas Platz, da sich im Laufe der Fermentierung Blasen bilden. Deckel drauf. Nach etwa einer Woche haben Sie mildsaure Gurken. Die Säuerung nimmt mit der Zeit noch zu.

Thymian

Unscheinbare Wunderdroge

Im Vergleich zu seinen üppigen Verwandten Rosmarin und Salbei aus der Familie der Lippenblütler ist Thymian das unscheinbare Mauerblümchen. Er wird nicht größer als 20 bis 40 cm, und die winzigen, meist ovalen Blättchen sind – je nach Sorte – nur 0,5 bis 4,0 mm lang. Aber diese Blättchen haben es in sich. Sie stecken voller toller ätherischer Ölsubstanzen, allen voran hohe Mengen an Thymol und Carvacrol, weshalb das Kraut auch zu den sogenannten Ätherisch-Öl-Drogen gehört.
Der Ursprung des Thymians liegt im Mittelmeerraum. Die alten Ägypter nutzten die stark desinfizierende Wirkung des Thymians zur Konservierung von Mumien. Über die Alpen wurde der Echte Thymian wohl erst im 11. Jahrhundert nach Europa gebracht, denn in den Pflanzenlisten des 9. Jahrhunderts fehlt er. Eine der Ersten, die *Thymian vulgaris* erwähnten, ist Hildegard von Bingen (1098–1179), die seine Wirkung bei der Behandlung von Keuchhusten anpries.

Das Antibiotikum der armen Leute

Bis zur Entdeckung der Antibiotika setzten Ärzte über Jahrhunderte auf die heilsame Kraft von Thymian bei Atemwegserkrankungen, besonders bei Keuchhusten, einer schweren bakteriellen Erkrankung mit äußerst schmerzhaftem Husten. So schrieb der Arzt und Botaniker Leonhart Fuchs (1501–1566) in seinem Kräuterbuch: »Thymian mit Honig gekocht und getrunken ist förderlich und nützlich für diejenigen, die das Keuchen und schwere Atmen haben.« Kein Wunder, denn einer der Hauptwirkstoffe, das Thymol, hat eine besonders hohe antibakterielle Wirkung. In Kombination mit Carvacrol, einem weiteren Bestandteil der Pflanze, wird die antibakterielle Kraft noch erhöht.
Heute werden zur Behandlung von Keuchhusten Antibiotika eingesetzt, aber als Begleittherapie wird weiterhin von der Kommission E (Sachverständigenrat für pflanzliche Arzneimittel) ausdrücklich Thymian empfohlen.
Um eine optimale Wirkung zu erzielen, ist es ratsam, auf standardisierte Fertigpräparate aus der Apotheke zurückzugreifen.

Inhaltsstoffe

Vitamine: B_5 und C
Mineralien: Kalium, Eisen, Kalzium, Mangan, Magnesium, Selen, Zink
ätherische Öle (besonders Thymol, Carvacrol)
Rosmarinsäure
Kaffeesäure
Flavonoide (Apigenin und Luteolin)
phenolische Substanzen

Wirkung

Antibakteriell, antimykotisch, antioxidativ, antiseptisch, antiviral, auswurffördernd, entzündungshemmend, immunstimulierend, schleim- und krampflösend, schmerzlindernd

Anwendungen innerlich

Atemwegsinfekte, Bronchitis, Erkältungen, Keuchhusten, Verdauungsprobleme; neuere Studien deuten auf einen Anti-Aging-Effekt hin

Anwendungen äußerlich

Entzündliche Erkrankungen im Mund-Rachen-Raum, Mundsoor, Hautprobleme, rheumatische Beschwerden

Gegenanzeigen

Nicht während der Schwangerschaft und Stillzeit verwenden. Menschen mit Bluthochdruck sollten längere Anwendungen mit Thymianöl vermeiden, da dieses Öl den Blutdruck zusätzlich erhöhen kann.
Bei Säuglingen und Kleinkindern sollte eine Behandlung mit ätherischen Ölen (z. B. zum Einreiben oder Inhalieren) nur erfolgen, wenn das Präparat speziell für Kinder ausgewiesen ist und die korrekte Verwendung eingehalten wird. Starke Öle wie Kampfer, Eukalyptus oder Menthol sind für kleine Kinder nicht geeignet.

Antiker Starkmacher – Mythen und Fakten

Der Name Thymian beziehungsweise der Gattungsname *Thymus* leitet sich wahrscheinlich vom griechischen Wort *thymos* (Mut) oder *thymiama* (Räucherwerk) ab. Es ist bekannt, dass die alten Griechen Thymian *(Thymian vulgaris)* als Rauchkraut verwendeten, um eine »Anregung von Geist und Gemüt« zu erreichen. Fakt ist, ein wichtiger Bestandteil von Thymian, das Carvacrol, hat Einfluss auf GABA-Rezeptoren, wichtige Neurotransmitter im Gehirn, und wirkt auf diesem Weg beruhigend sowie angstlösend.

Angeblich badeten römische Legionäre vor einer Schlacht in Thymianwasser, um sich zu stärken. Thymian ist zwar tatsächlich ein kraftvolles Kraut, aber ob es wirklich die Kampfeskraft gestärkt hat, ist nicht belegt. Fakt ist, heilsame Stoffe gelangen auch über die Haut oder die Atmung ins Blut und erreichen so die Organe (siehe *Rosmarin*, »Düfte gegen Krebszellen«). Das ätherische Öl Thymol könnte also durchaus den Kampf mit Krankheitserregern aufgenommen und so das Immunsystem gestärkt haben. Auch die angstlösende Wirkung seines Kompagnons Carvacrol wäre vor einer Schlacht sicher willkommen gewesen.

Im Christentum gehört Thymian zu den Weihekräutern für die Jungfrau Maria. Vielleicht trug das auch dazu bei, dass er im Mittelalter in unseren Breiten als Frauenkraut galt. Es sollte das sexuelle Empfinden sowie die Empfängnisbereitschaft stärken, doch den Stoff, der das bewirken soll, konnte bislang noch niemand nachweisen. Belegt ist jedoch die krampflösende Wirkung bei Menstruationsbeschwerden – und zwar genauso gut wie Ibuprofen. Ob die Wirkstoffe des Thymians eher mechanisch krampflösend wirken oder direkt die Botenstoffe beeinflussen, die zu den Krämpfen führen, ist nicht geklärt.

Küchenkraut mit Anti-Aging-Effekt

Thymol besitzt, wie verschiedene Studien belegen, ein außerordentlich hohes antioxidatives, also zellschützendes, Potenzial. In einem In-vitro-Modell schnitt Thymol etwa ähnlich gut ab wie Alpha-Tocopherol, eine Form des Vitamin E. Im Tierversuch schützte ätherisches Thymianöl die mehrfach ungesättigten Fettsäuren der Zellmembran aller untersuchten Organe vor Oxidation und wirkte dadurch Alterungsprozessen entgegen. Aufgrund seines hohen antioxidativen Potenzials zählt frischer Thymian zu den Kräutern mit dem höchsten sogenannten **ORAC**-Wert (Oxygen-Radical-Absorption-Capacity), der die antioxidative Fähigkeit oder Kapazität von Naturstoffen misst. Nur Salbei hat unter den Küchenkräutern einen noch höheren Wert. Ein weiterer Grund, Thymian vermehrt in der Küche zu verwenden. Übrigens eignet er sich auch hervorragend als raffinierte Geschmacksnote, etwa in Birnen- oder Quittengelee.

Wasser

Der Stoff des Lebens

Die Erde ist eine große Insel inmitten von Ozeanen, denn zwei Drittel der Erdoberfläche sind von Wasser bedeckt. Auch der Mensch besteht zu zwei Dritteln aus Wasser, und was im Körper passiert, wird maßgeblich vom Wasser bestimmt. Es ist unsere Lebensversicherung. Alle Lebensvorgänge sind an Wasser mit den darin gelösten Substanzen und Nährstoffen gebunden. Wir können ohne feste Nahrung länger überleben als ohne Wasser. Bereits drei bis vier Tage ohne Wasser können tödlich enden. Wasser reguliert aber nicht nur alle Stoffwechselvorgänge im Körper, sondern stillt auch den Durst, wirkt reinigend, entspannend und dient seit Menschengedenken als Heilmittel.

Das rätselhafte Element

Wasser ist ein recht undurchsichtiges Element. Schon seine Herkunft ist unklar. Unter Wissenschaftlern werden zwei Hypothesen diskutiert. Eine geht davon aus, dass der Planet von Anfang an Wasser enthielt. Eine andere favorisiert die These, dass es von Meteoriten oder Kometen stammt, die auf die Erde stürzten, möglicherweise von Asteroiden,

die jenseits des Mars kreisten. Nicht genug mit seiner unklaren Herkunft – Wasser weist noch jede Menge anderer Eigentümlichkeiten auf. Es ist der einzige Stoff auf der Erde, der in allen drei Aggregatzuständen vorkommt: flüssig, gasförmig als Dampf oder fest als Eis.
Aufgrund seiner hohen Oberflächenspannung kann zwar kein Mensch über Wasser laufen, aber Insekten oder die immerhin 200 g schwere Jesus-Christus-Eidechse durchaus. Und wer schon einmal einen Bauchklatscher gemacht hat, weiß, wie hart das nasse Element durch seine Oberflächenspannung ist.
Eine weitere Eigentümlichkeit: Wasser dehnt sich beim Gefrieren aus, anstatt sich wie die meisten anderen Stoffe zusammenzuziehen. Der Grund: Es hat seine höchste Dichte bei 4 °C. Wer weiß, welche Überraschungen dieses rätselhafte Element noch bereithält.

Inhaltsstoffe

Wasser besteht aus einem negativ geladenen Sauerstoffatom (O) und zwei positiv geladenen Wasserstoffatomen (H_2). Zusammen bilden sie ein Wassermolekül H_2O. Je nach geografischer Lage enthält Wasser verschiedene Mineralien wie Magnesium, Kalzium, Natrium, Eisen usw. Viele Wasserwerke veröffentlichen auf ihren Onlineportalen die genaue lokale Zusammensetzung.

Wirkung

Belebend, entgiftend, entzündungshemmend, entspannend, stoffwechselanregend, gelenkschonend, wundreinigend

Anwendungen innerlich

Blutdruck (hoher und niedriger), Blähungen, Gelenkbeschwerden, Hautregeneration, Kopfschmerzen, Migräne, Stärkung der Schleimhäute, Verdauungsbeschwerden

Anwendungen äußerlich

Abwehrschwäche, Arthrose, Atemwegserkrankungen, Blähungen, Diabetes, Durchblutung, Erkältung, Fieber, Herzstärkung, Kopfschmerzen, Leberbeschwerden, Menstruationsbeschwerden, starke Nerven, Schlafstörungen, Venenleiden, Verdauungsprobleme, Wechseljahresbeschwerden

Gegenanzeigen

Bei bestimmten Nierenerkrankungen unbedingt Beschränkungen der Flüssigkeitszufuhr beachten. Bei Herz- oder Venenerkrankungen erfordern äußere Anwendungen wie Bäder besondere Vorsichtsmaßnahmen.

Uralte Therapien – Mythen und Fakten

Ob steinzeitliche Schwitzhütte oder griechisch-römische Badehäuser – Wassertherapien gehören zu den ältesten medizinischen Anwendungen. Überliefert ist die »Magische Wasserkur«, die von Priesterärzten im ägyptischen Tempel von Dendera zelebriert und weithin berühmt wurde. In einem langen Gang waren Statuen mit eingemeißelten heilkräftigen Zauberformeln aufgestellt. Diese übergoss man mit Wasser, das die Zauberkraft der Beschwörungsformeln aufnehmen sollte, bevor es in Becken geleitet wurde, in denen Kranke badeten. Sicher hatte das Heilmittel Wasser den größten Einfluss auf die Genesung. Fakt ist, dass positive Erwartungshaltungen durchaus einen therapeutischen Effekt haben. Heute beschäftigt sich eine ganze Disziplin innerhalb der Medizin, die Placebo-Forschung, intensiv mit diesem Phänomen.

Hippokrates (460–370 v. Chr.) stellte die verschiedenen Anwendungen des Wassers erstmals auf wissenschaftliche Füße und beschrieb Begießungen mit kaltem Wasser bei Rheuma oder Gicht. Er nutzte Waschungen, Bäder, Wickel und ließ seine Patienten bei fieberhaften Erkrankungen sehr viel reines oder mit Honig vermischtes Wasser trinken.

Im 15. Jahrhundert wurde das Baden zur Reinigung aus Angst vor der Ausbreitung von Krankheiten verboten, und Therapien mit kaltem Wasser gerieten gar in Verruf. Dem Engagement einzelner Ärzte und dem Interesse an der Antike ist es zu verdanken, dass zum Ende des 17. Jahrhunderts im Kampf gegen Seuchen auch Behandlungen mit Wasser wieder eine Rolle spielten. Und da ging es nicht zimperlich zu, es kam ausschließlich kaltes Wasser oder sogar Eis zum Einsatz.

So berichtete der Arzt Herman van der Heyden aus Gent (1572–ca. 1650), dass er im Jahr 1643 während einer verheerenden Ruhr-Epidemie 360 Kranke mithilfe von kaltem Wasser geheilt habe. Das lässt sich natürlich kaum überprüfen. Aber angesichts der Machtlosigkeit der Medizin gegenüber Seuchen in der damaligen Zeit ist es zumindest ein Versuch gewesen, die Selbstheilungskräfte des Körpers zu unterstützen.

Von Wellness bis Wasserkur

Fußbodenheizung, beheizte Wände und Bänke, unterschiedliche Wasserbecken mit Temperaturen von kalt über lauwarm bis sehr warm, eventuell noch ein Dampfbad und Massageangebote – kommt Ihnen das bekannt vor? Es ist aber die Kurzbeschreibung römischer Badetempel, in denen sich die Oberschicht zur Reinigung und Entspannung einfand. Man konnte sich auch einölen und massieren lassen. Heute würden wir es »Spa« oder »Wellnesstempel« nennen.

Ebenso wichtig war über die Jahrhunderte die Nutzung von Heilquellen. Als erstes Zeugnis dafür gilt in Europa die Mauritiusquelle in St. Moritz, deren Alter auf mehr als 3500 Jahre geschätzt wird. »Ohne Wasser ist kein Heil«, heißt es in Faust II, und sein Schöpfer Goethe (1749–1832) machte regelmäßige Trinkkuren in Marienbad, dem heuti-

BELGISCHER BADEORT MIT DREI BUCHSTABEN

Wer öfter Kreuzworträtsel löst, kennt die Antwort: Gefragt ist der Ort Spa, bis heute ein angesagtes Heilbad mit vielen mineralischen Quellen. Eine Theorie führt den Namen auf das germanische Wort für »speien, spucken« zurück. Jedenfalls bezeichnete er ursprünglich eine Quelle, und dieser Name ging auf die Ortschaft über, die hier ab dem 14. Jahrhundert entstand.

Britische Touristen besuchten das Heilbad seit dem 16. Jahrhundert. Im Laufe der Zeit wurde Spa in Großbritannien dann zum Inbegriff für Mineralquellen jeglicher Art, und Kurorte bekamen den Zusatz »Spa« – ähnlich dem deutschen Beinamen »Bad«. In der zweiten Hälfte des 20. Jahrhunderts erweiterte sich die Bedeutung auf Wellnessoasen und ausgedehnte Badebereiche von Hotels.

gen Mariánské Lázně, in Tschechien. Solche Kuren erfreuten sich im 19. Jahrhundert großer Beliebtheit.
Auch heute noch ist das Trinken von Heilwässern Bestandteil von Kuren zur Behandlung von Verdauungsbeschwerden, Erkrankungen der Nieren und ableitenden Harnwege sowie Stoffwechsel- und Kreislauferkrankungen.

Ein bisschen Kneipp muss sein

Wenn man von Wassertherapien spricht, darf einer nicht fehlen: Sebastian Kneipp (1821–1897). Er entwickelte aus den Ideen seiner Vorgänger, vor allem Johann Siegmund Hahn (1696–1773) und Vincenz Prießnitz (1799–1851), ein einzigartiges Behandlungskonzept, das bis heute Gültigkeit hat. Mit »kneippen« hielt sogar ein neues Verb Einzug in die deutsche Sprache.
Die Wassertherapie, auch Hydrotherapie genannt, sollte – so Kneipps Überzeugung – auch weniger begüterten Menschen vom Kind bis zum Greis ein wirksames Heilmittel an die Hand geben. »Wer immer die Wirkungen des Wassers versteht und in seiner überaus mannigfaltigen Art anzuwenden weiß, besitzt ein Heilmittel, welches von keinem anderen Mittel übertroffen werden kann«, so Kneipp.
Täglich ein bisschen Kneipp tut auch heute gut. Die Anwendungen kann man leicht in den Alltag integrieren, manche dauern nur wenige Sekunden – wie der morgendliche kalte Gesichtsguss oder ein kaltes Armbad. Ob kalt, lauwarm, warm oder wechselwarm – Wasseranwendungen helfen, gesund zu bleiben und im Krankheitsfall schneller zu genesen. Sie sind nicht nur ein Labsal für den Körper, sondern entspannen auch den Geist. So sorgt ein Kältereiz an den Füßen für Entlastung im Kopf und stoppt das Gedanken-

karussell, während ein warmes Bad Muskeln und Nerven entspannt. Wer sich täglich ein paar Minuten Zeit fürs Kneippen nimmt, kann viel für seine Gesundheit tun.

Kurze Wasserstandsmeldung

Die Gesamtbewegung von Wasser durch den Körper, sowohl die Aufnahme als auch der Verlust, wird als Wasserumsatz (gemessen in Litern pro Tag) bezeichnet. Allein in den Kapillaren, also unseren kleinsten Blutgefäßen, findet pro Minute ein Wasseraustausch von 55 Litern statt. Die Masse des menschlichen Gehirns besteht zu 80 Prozent aus Wasser. Jede chemische Reaktion im Gehirn erfordert Wasser, weshalb Dehydrierung recht schnell die Gehirnleistung beeinträchtigt.

Für das reibungslose Funktionieren von Gelenken ist ebenfalls Wasser vonnöten – es macht sogar den größten Volumenanteil am Gelenkknorpel aus. Indem Knorpelzellen bestimmte Eiweiße produzieren, können sie viel Wasser binden. Auf diese Weise entsteht eine einzigartige wasserhaltige Oberfläche der Knorpelgewebe, sodass die Knorpel Millionen von Belastungszyklen aushalten. Sinnbildlich gesprochen gehen Menschen beim Laufen dann doch irgendwie »übers Wasser«.

Blut, Nervenfasern, Haut, Herz und Lunge – überall hat Wasser einen großen Anteil. Bei den Augen beträgt er sogar 99 Prozent. Selbst die Zähne enthalten noch einen Wasseranteil von zehn Prozent. Ein Erwachsener scheidet täglich etwa zwei Liter Flüssigkeit aus. Davon entfallen etwa 1,2 Liter auf Urin. Der Rest geht über die Schweißabsonderung (400 ml), den Stuhl (200 ml) und die Luft beim Ausatmen (200 ml) verloren.

Die Trinkformel

Um den »Wasserstand« in den einzelnen Organen und Geweben aufrechtzuerhalten, muss Flüssigkeit von außen zugeführt werden. Der Bedarf wird jedoch von einer Vielzahl von körperlichen und umweltbedingten Faktoren beeinflusst. Die gängige Empfehlung, zwei Liter am Tag zu trinken, entspricht nicht mehr neueren wissenschaftlichen Erkenntnissen. So benötigen Männer unter gleichen Bedingungen einen halben Liter mehr als gleichaltrige Frauen. Der Wasserbedarf steigt zudem mit dem Körpergewicht, der Temperatur und der körperlichen Aktivität. Mit zunehmendem Alter und Körperfettanteil nimmt er hingegen ab. Die Unterschiede zwischen den Geschlechtern und Altersgruppen spiegeln vor allem Unterschiede im Körperfettanteil wider, da Fettgewebe weniger Wasser enthält als Muskeln und andere Organe. Unter anderem deshalb ist der Wasserbedarf bei erwachsenen Männern zwischen 20 und 30 Jahren am höchsten und nimmt dann bereits ab. Bei Frauen bleibt er dagegen bis zum Alter von etwa 50 Jahren weitgehend gleich. Nur in der Schwangerschaft steigt der tägliche Wasserbedarf um knapp 0,7 Liter. Selbst Wohnort und Wohlstand spielen eine Rolle.

All diese Faktoren haben japanische Wissenschaftler in eine Formel gepackt, mit der sich der individuelle Wasserbedarf errechnen lässt. Die Trinkformel sieht demnach so aus:

$$\begin{gathered}\text{WT (ml/d)} = [1076 \times \text{PAL}] + [14{,}34 \times \text{Körpergewicht (kg)}] \\ + [374{,}9 \times \text{Geschlecht}] + [5{,}823 \times \text{Luftfeuchtigkeit (\%)}] \\ + [1070 \times \text{Athletenstatus}] + [104{,}6 \times \text{HDI}] \\ + [0{,}4726 \times \text{Höhe (m)}] - [0{,}3529 \times \text{Alter (Jahre)}^2] \\ + [24{,}78 \times \text{Alter (Jahre)}] + [1{,}865 \times \text{Temperatur (°C)}^2] \\ - [19{,}66 \times \text{Temperatur (°C)}] - 713{,}1\end{gathered}$$

Keine Sorge, diese Formel müssen Sie nicht im Alltag anwenden, denn es gibt zwei ganz einfache Faustregeln. Die einfachste ist das Durstgefühl – ein Signal, das der Körper sendet. Die zweite besagt: Pro 1 kg Körpergewicht benötigen wir 30 ml Flüssigkeit über Getränke und feste Nahrung. Dies gilt für gemäßigte Temperaturen und moderate Bewegung. Im Laufe eines durchschnittlichen Lebens trinkt ein Mensch also Pi mal Daumen 40 000 Liter.

ÜBER DEN DURST TRINKEN KANN GEFÄHRLICH SEIN

Die Dosis macht das Gift, auch bei der Zufuhr von Flüssigkeit. Ein Zuviel führt dazu, dass der Salzgehalt in der intrazellulären Flüssigkeit sinkt. Um dieses Defizit auszugleichen, strebt natriumhaltiges Wasser aus dem Gewebe (extrazellulärer Raum) über die Zellmembran in die Zelle. Hier greift wieder das Prinzip der Osmose (siehe »*Salz*«).

Doch was passiert nun? Zwar wird der Salzgehalt stabilisiert, aber gleichzeitig schwillt die Zelle durch ein Zuviel an Wasser an. Das ist vor allem beim Gehirn ein Problem, weil es sich nicht ausdehnen kann. Schwindel und Kopfschmerzen sind die Folge, also ähnliche Symptome wie bei Flüssigkeitsmangel. Dazu kommen Krämpfe bis hin zu lebensbedrohlichen komatösen Zuständen. Solche Wasservergiftungen sind zwar selten, kommen aber vor, besonders gefährdet sind Extremsportler.

Zitrone

Ein vielseitiges Früchtchen

Zitronen, wie wir sie heute kennen, ob grüne oder gelbe Exemplare, entstanden vor rund 1,5 Millionen bis 200 000 Jahren in den Weiten Südostasiens aus vier Urahnen: der Pampelmuse, der wilden Mandarine, der Zitronatzitrone und einer wilden Zitruspflanze. Seit vermutlich mindestens 3000 Jahren werden die Früchte kultiviert, und schon in alten Schriften der ayurvedischen Medizin wird die Zitrone als Heilmittel erwähnt. Auch im Mittelmeerraum nutzte man sie bereits in der Antike gegen Magen-Darm-Erkrankungen und später als Abwehrmittel gegen die Pest.

Lebensretter Zitrone

Die weltweite Karriere der Zitrone als Heilmittel geht auf den schottischen Arzt James Lind (1716–1794) zurück. Auf der Suche nach einem Mittel gegen Skorbut, die Geißel der Seefahrer, experimentierte er mit Zitronen. Skorbut raffte bis ins 19. Jahrhundert ganze Schiffsbesatzungen dahin. Nach zwei bis drei Monaten auf See fielen den Männern Haare und Zähne aus, es kam zu Blutungen, Muskelschwund und Entzündungen der Gelenke, und Wunden heilten nicht mehr. Im fortgeschrittenen Stadium litten sie an Halluzinationen sowie an Blindheit und starben häufig infolge Herzmuskelschwäche. Linds Versuchsreihen an Strafgefangenen führten dazu, dass James Cook auf seiner ersten Weltumsegelung 1768 neben Sauerkraut einen Sirup aus Zitronen und Orangen mitnahm. Und tatsächlich: Als erstem Kapitän gelang es Cook, seine Besatzung fast frei von Skorbut zu halten.

Der Beweis, dass Vitamin C die entscheidende Wirkkomponente gegen die Krankheit ist, gelang Albert Szent-Györgyi (1893–1986). Sein amerikanischer Kollege Charles Glen King (1896–1988) entdeckte die Struktur dieser chemischen Verbindung und nannte sie Ascorbinsäure. Beide erhielten 1937 für ihre Arbeiten rund um Vitamin C den Nobelpreis für Medizin beziehungsweise Chemie.

Inhaltsstoffe

Vitamine: A, B_1, B_2, B_3, B_9 (Folsäure) und C
Mineralien: Kalium, Kalzium, Kupfer, Magnesium
Sekundäre Pflanzenstoffe: Limonin und Nomilin im Saft und in den Kernen, die Schale enthält Flavonoide
ätherisches Öl (Citral, β-Pinen oder D-Limonen)
Pektin
Zitronensäure

Wirkung

Antibakteriell, antioxidativ, antiviral, antimykotisch, entzündungshemmend, harntreibend, hautpflegend, krampflösend, schleimlösend, stärkend, stimmungsaufhellend, verdauungsfördernd, zusammenziehend

Anwendungen innerlich

Blasenentzündung, Diabetes, Erkältung, Halsschmerzen, Husten, Leberstärkung, Nierensteine

Anwendungen äußerlich

Akne, trockene und rissige Haut, Kopfschmerzen, Lippenherpes, Pilzinfektionen

Gegenanzeigen

Zitronen enthalten hohe Mengen an chlorogenen Säuren, die eine allergische Symptomatik imitieren oder in seltenen Fällen eine Allergie auslösen können.
Zitronen oder Zitronensaft dürfen nicht gleichzeitig mit säurehemmenden Medikamenten eingenommen werden. Der Einnahmeabstand sollte drei Stunden betragen.

Paradiesische Vergangenheit – Mythen und Fakten

Als Adam und Eva aus dem Paradies vertrieben wurden, nahm Eva heimlich eine Zitrone mit. Der ängstliche Adam fürchtete den Zorn Gottes und bat Eva inständig, die Frucht wegzuwerfen. Doch Eva blieb hartnäckig und wollte sich der Zitrone erst an einem Ort entledigen, der dem Paradies ähnelte. Es dauerte eine ganze Weile, bis sie diesen Ort fand – eine Bucht namens Garavan. Dort warf Eva die Zitrone dann weg. So weit die Legende.

Fakt ist, diese Bucht existiert tatsächlich. Sie liegt an der Côte d'Azur und ist Teil der Kleinstadt Menton, wo jährlich das Zitronenfest *(Fête du citron)* gefeiert wird. Dann werden monumentale Statuen vollständig mit Orangen und Zitronen dekoriert, und so wird den in dieser Gegend angebauten Zitrusfrüchten gehuldigt. Die Mentoner Zitronen sollen zu den besten der Welt gehören. Das Paradies lässt grüßen.

Die wohl ungewöhnlichste Zitrone der Welt gehört zu den Urzitronen und wird »Buddhas Hand« genannt, da sie lange dünne Auswüchse hat, die wie Finger aussehen. Beim Wachsen bewegen sie sich sogar, und manche sehen aus wie die geschlossene Hand des betenden Buddhas. In China schenkt man sich zu Neujahr Buddhas Hand, denn die Früchte stehen in dieser Tradition für Zufriedenheit, Glück und ein langes Leben. Fakt ist, dass die Zitrone mit ihrem antioxidativen (zellschützenden) Potenzial durchaus ein wenig an der Lebensuhr drehen kann.

Ein Mythos, der sich seit Generationen hält, ist die Mär von der heilsamen heißen Zitrone bei Erkältungen. Ein warmes Getränk schadet zwar nie, aber sobald man Zitrone mit kochendem Wasser übergießt, ist ein Großteil des Vitamin C futsch. Das mag nämlich keine Hitze.

Fakt ist, Zitronen sind pharmazeutische Minifabriken. Alle Bestandteile – von der Schale über die weiße Haut bis zum Saft – enthalten wertvolle bioaktive Substanzen, allen voran die ätherischen Öle, die Farbstoffe sowie das Vitamin C. Neben der bekannten entzündungshemmenden Wirkung konnte in neueren Studien sogar eine krebshemmende Wirkung nachgewiesen werden, und zwar wenn Bestandteile aus dem Fruchtsaft über winzige Nanotransporter, sogenannte Vesikel, in das Gewebe eingeschleust werden. Vesikel sind eine Art winzige Tablette der hochmodernen Pharmazie. In Zukunft – so die Idee – werden sie ihre Wirkung deutlich gezielter an und in den Zellen entfalten.

ZITRONEN UND DAS *GUINNESSBUCH DER REKORDE*

2003: Die größte Zitrone, gepflückt von Aharon Shemoel aus Israel, wird mit 5,3 kg ins *Guinnessbuch* aufgenommen.

2015: Sascha Winkel, ein deutscher Reporter, trinkt 1 l Zitronensaft in 53,9 Sekunden durch einen Strohhalm. Damit bricht er den bestehenden Rekord des Amerikaners Michael Jenkens um 0,2 Sekunden und ist nunmehr Guinness-Weltrekordhalter in dieser Disziplin.

2021 verwandelt der Batterieexperte Professor Saiful Islam 2923 Zitronen in eine Fruchtbatterie und erzeugt 2307,8 Volt. Damit übertrifft er den bestehenden Rekord für die höchste Spannung einer Fruchtbatterie um 1521 Volt.

Belebendes ätherisches Öl

Sobald man eine Zitrone aufschneidet, verströmt sie einen unnachahmlich frischen Geruch. Das liegt an den ätherischen Ölen wie Citral, β-Pinen und D-Limonen, die in der obersten Schicht der Schale in den Öldrüsen enthalten sind. Zitronenöl *(Citrus limon)* wird in der Aromatherapie zur Behandlung von Bluthochdruck, Neurosen, Angstzuständen, Krampfadern, Arthritis, Rheuma und zur Stimmungsaufhellung eingesetzt. Massagen mit dem Öl entspannen die Muskeln und beruhigen den Geist. Bei Zubereitungen, die auf der Haut verbleiben, sollte die Konzentration des Öls zwei Prozent nicht überschreiten.

Kleines Kosmetikwunder

In der Kosmetikindustrie kommen Knospen, Blätter, Schalen oder Stängel als Extrakte, Pulver, wässrige oder ölige Zubereitungen zum Einsatz. Sie dienen der Hautpflege, sind Weichmacher (knacken jede Hornhaut), Tonikum, Feuchthaltemittel und verleihen Kosmetika obendrein einen angenehmen Geruch. Wissenschaftliche Studien haben gezeigt, dass Fruchtextrakte der Zitrone eine sehr gute antioxidative Wirkung haben, weshalb sie für Anti-Aging-Kosmetika interessant sind. Das Vitamin C wiederum erhöht die Kollagenproduktion, wodurch die Haut glatter und straffer wird.

Für den Hausgebrauch werden Zitronen als Hausmittel gegen Sommersprossen empfohlen. Klingt irgendwie nicht so überzeugend, oder ist da doch etwas dran? Tatsächlich haben Wissenschaftler festgestellt, dass sowohl bestimmte Bestandteile des ätherischen Öls als auch das Vitamin C eine depigmentierende Wirkung haben, indem sie die Bildung des Enzyms Tyrosinase hemmen. Es ist an der Bildung von Melanin, also den Pigmenten in der Haut, beteiligt. Eine Überproduktion tupft dann die Sommersprossen ins Gesicht oder beschert uns leidige Altersflecken. Wer denen mit Zitrone zu Leibe rücken will, braucht etwas Geduld und Zeit. So soll man die entsprechenden Stellen über zwei Monate morgens und abends mit Zitronensaft betupfen, 15 Minuten einwirken lassen und danach abspülen.

Schönheitsbad mit Zitrone

Machen Sie sich die kosmetischen Vorzüge der Zitrone zunutze und aalen Sie sich hin und wieder in einem Zitronenbad.

Das brauchen Sie
6 Biozitronen
2 EL Öl
1 TL Honig
1 Stoffsäckchen (Badehandschuh)

So geht's
Pressen Sie den Saft der Zitronen aus, die Schalen geben Sie in das Stoffsäckchen und binden es oben zu. Verrühren Sie 2 EL Öl mit etwas Salz oder Honig und geben Sie dann den Zitronensaft dazu. Lassen Sie Wasser in die Wanne einlaufen und geben alle Zutaten (einschließlich der Schalen) dazu. Baden Sie etwa 20 Minuten.

Saure Tricks und Tipps

Wenn Sie die Schale der Zitrone verwenden möchten, dann kaufen Sie nur Biozitronen und mit dem Klebeschildchen »Schale essbar«. Wollen Sie nur die Schale verwenden und den Saft später, wickeln Sie die »nackige« Zitrone in Frischhaltefolie und dann ab in den Kühlschrank.
Um im wahrsten Sinne des Wortes alles aus der Zitrone auszupressen, ist es wichtig, dass sie Zimmertemperatur hat und vor dem Anschneiden ein paarmal hin- und hergerollt wird. Eine Zitrone ergibt ungefähr 40 bis 50 ml Saft. Bewahren Sie Zitronen im Gemüsefach bei etwa 10 °C auf.

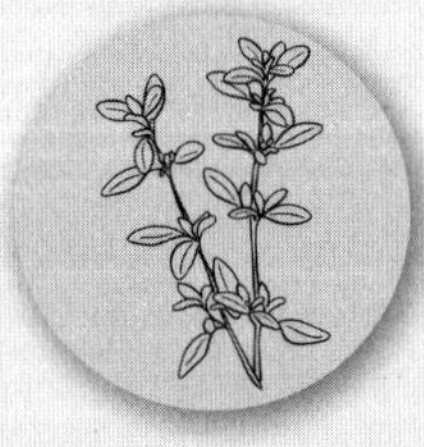

BESCHWERDEN VON A BIS Z

Die hier vorgestellten Rezepturen helfen Ihnen bei der Behandlung einfacher alltäglicher Beschwerden wie Kopfschmerzen, Erkältungen, muskulären Verspannungen oder Magen-Darm-Problemen. Bei chronischen Erkrankungen wirken sie als Begleittherapie unterstützend und können oftmals dazu führen, dass Sie/wir weniger Medikamente benötigen. So senken kalte Güsse den Blutdruck und dadurch die Dosis der Blutdruckmittel. Wer Diabetes hat, profitiert von den Säuren im Apfelessig oder der Zitrone. Schmerzenden Gelenken kann man mit Salz- und Heilerde-Anwendungen oder Einreibungen mit Ingwer und Rosmarin helfen. Manche Anwendungen haben auch vorbeugenden Charakter. So kann das regelmäßige Kneippen das Immunsystem stärken und damit Infektionen vorbeugen, das Herz-Kreislauf-System stärken und Stress abbauen. Wer regelmäßig mit Thymian oder Rosmarin würzt, futtert gleichzeitig natürliche Antibiotika und Anti-Aging-Mittel.
Es lohnt sich, die Heilkräfte der Natur zu nutzen. Richtig angewandt helfen sie uns sehr und haben in der Regel keine oder geringe Nebenwirkungen. Das schont Ihren Körper, aber auch die Umwelt, indem weniger Chemie ins Grundwasser gelangt. Ganz nebenbei sparen Sie auch noch eine Menge, denn viele Medikamente gegen Alltagsbeschwerden können ganz schön ins Geld gehen.

Abnehmen

Hüftgold oder Schwimmringe sind die nette Umschreibung von zu vielen Pfunden. Ein bisschen Übergewicht ist auch nicht schlimm, solange man sich bester Gesundheit erfreut. Deutliches Übergewicht ist jedoch ein Gesundheitsrisiko. Es belastet im wahrsten Sinne des Wortes mit seiner Last alle Systeme des Körpers. Die Gelenke leiden, der Blutdruck schnellt in die Höhe, auch der Zucker- und Fettstoffwechsel wird beeinträchtigt und entgleist. Grund genug, ein paar Pfunde schmelzen zu lassen. Das geht mit vernünftigem Essen, denn satt werden ist wichtig. Sattmacher sind viel Gemüse, etwas Eiweiß, gute Öle, Hülsenfrüchte und Vollkornprodukte. Tabu sind Fertiggerichte, die voller Dickmacher wie Zucker und Fett stecken, wenig gute Nährstoffe bieten und unendlich viele Zusatzstoffe enthalten. Gute Helfer beim Abnehmen sind *Apfelessig*, *Ingwer* und *Wasser*.

Appetitzügler Apfelessig

Neuere Studien stützen die schon länger diskutierte Annahme, dass Apfelessig die Gewichtsabnahme positiv beeinflusst. Die Effekte sind auf die Essigsäure zurückzuführen, die unter anderem dazu beiträgt, den Appetit zu verringern, Heißhungerattacken zu unterbinden und die Ausscheidungen über Darm, Haut und Nieren anzuregen. Nicht nur das Hüftgold, vor allem das besonders schädliche Bauchfett, schmilzt ab, sondern es kommt auch zu einer Verbesserung der Blutfettwerte.

Anwendung
Trinken Sie vor jeder Mahlzeit ein Glas Wasser in kleinen Schlucken, dem Sie 1 EL Bioapfelessig (roh und trüb) hinzufügen.

Täglicher Begleiter Ingwer

Studien haben unter anderem gezeigt, dass die Gingerole im Ingwer die Muskeln dazu anregen, Glukose aufzunehmen. Eine so verbesserte Blutzuckerregulierung kann die Gewichtsabnahme unterstützen. Außerdem verstärkt Ingwer das Sättigungsgefühl. Schon kleine Mengen von täglich 2 g Ingwerpulver können positive Effekte zeigen. Würzen Sie außerdem Ihre Speisen mit Ingwer, ob mit frisch geriebener Wurzel oder Ingwerpulver. Oder Sie machen Ihren eigenen Ingwer-Shot. Als Shots werden alkoholfreie »Kurze« bezeichnet (siehe Steckbrief »*Ingwer*«).

Anwendung
Reiben Sie 25 g frischen Ingwer und pressen Sie den Saft durch ein dünnes Baumwolltuch oder mit einer Saftpresse aus. Mischen Sie ihn mit dem Saft von 2 Zitronen (ca. 80 bis 100 ml) und geben etwas Honig dazu. Trinken Sie täglich einen kleinen »Kurzen«. Die Mischung reicht für mehrere Tage und hält sich gut im Kühlschrank.

Japanische Wasserkur

Probieren Sie doch mal für vier (gerne auch länger) Wochen eine Wasserkur à la Japan, die allerdings zu Beginn etwas gewöhnungsbedürftig sein kann.

Anwendung

Starten Sie gleich nach dem Aufstehen mit dem Trinken von 600 bis 700 ml zimmerwarmem Wasser ohne Kohlensäure. Gerne können Sie etwas Zitronensaft dazugeben. Nehmen Sie sich Zeit fürs Trinken. Wem das erst einmal zu viel ist, der steigert die Menge über einige Tage langsam. Erst nach dem Trinken geht es an die Morgentoilette. Bis zum morgendlichen Frühstück mit Kaffee oder Tee sollten 45 Minuten Pause liegen, da sonst die Nieren zu sehr belastet werden. Nach dem Frühstück bitte zwei Stunden lang weder etwas essen noch trinken. Die zweistündige Pause nach einem Essen wird auch für den weiteren Tagesablauf empfohlen. Diese Kur kurbelt den Stoffwechsel an, was fürs Abnehmen wichtig ist, steigert zudem das Allgemeinbefinden, hilft bei Magen-Darm-Problemen oder bei der Entgiftung von Leber und Nieren.

TIPP

Auch zu empfehlen bei Verstopfung, zur Verbesserung des Hautbildes, zur Entlastung von Leber und Nieren.

WICHTIG

Die Japanische Wasserkur ist nicht für Herz- oder Nierenkranke geeignet. Schwangere, Stillende und Kinder sollten die Wasserkur ebenfalls nicht durchführen.

Akne

Bei Akne kommt es durch verstopfte Talgdrüsen der Haut zu Mitessern (Komedonen), die sich durch die Besiedlung mit Bakterien entzünden und Eiter bilden. Das ist nicht nur ein kosmetisches Problem, sondern diese Eiterpfropfen können auch Schmerzen verursachen. Eine schwere Akne braucht eine medizinische Abklärung und entsprechende Behandlung. Für die leichteren Fälle oder zur Unterstützung einer Behandlung können die Naturheilmittel *Heilerde, Kamille* und *Salz* gute Dienste leisten.

Maskerade mit Heilerde und Kamille

Die Reinigung und Entfettung der Haut ist bei Akne sehr wichtig, um den Bakterien den Nährboden zu entziehen. Ein bewährtes Mittel ist Heilerde, die aufgrund ihrer großen Oberfläche überschüssigen Talg, Fett und Bakterien aus den Poren binden kann. Diese Entfettung und Reinigung ist ebenso intensiv wie die mit Mitteln auf Alkoholbasis, allerdings weitaus schonender für die Haut. Während einer Beobachtungsstudie der Ambulanz für Naturheilkunde der Charité Berlin konnte nach sechswöchiger Anwendung bei den Probandinnen eine deutliche Verbesserung des Hautbildes festgestellt werden.

Anwendung

Kochen Sie einen starken Kamillentee. Übergießen Sie dafür 2 Teebeutel Kamille oder 1 EL Kamille mit einer Tasse heißem Wasser und lassen alles 10 Minuten zugedeckt ziehen. Seihen Sie dann ab und rühren 2 bis 3 EL Heilerde mit

dem Kamillentee zu einem nicht zu festen Brei an. (Wenn Sie keine Kamille im Haus haben, können Sie den Brei auch nur mit Wasser anrühren.) Tragen Sie die Maske messerrückendick (etwa 2 bis 3 mm) auf das Gesicht auf. Je nach Konsistenz trocknet sie innerhalb von 10 bis 15 Minuten. Wenn Sie noch einen Peeling-Effekt haben wollen, rubbeln Sie die trockenen Teile anschließend ab, dann den Rest mit lauwarmem Wasser abspülen. Sollte die Haut anschließend zu trocken sein, können Sie etwas nachcremen.
Die Maske anfangs täglich und nach zwei Wochen 2- bis 3-mal wöchentlich anwenden.

TIPP

Waschen Sie das Gesicht täglich mit Heilerdewasser. Dafür 1 EL Heilerde in 200 ml Wasser anrühren und das Gesicht damit reinigen.

Dampfbad mit Kamille macht der Akne Dampf

Kamille hat antibakterielle und wundheilende Effekte, regt den Hautstoffwechsel an und fördert die Gewebeneubildung. Wegen dieser Eigenschaften empfiehlt auch die Kommission E (wissenschaftliche Sachverständigenkommission für pflanzliche Arzneimittel) die Kamille zur (Mit-)Behandlung der Akne. Darüber hinaus werden beim Dampfbad die verstopften Poren geöffnet, wodurch der Talg anschließend besser abfließen kann. Insgesamt wird die gereizte Haut beruhigt.

Anwendung

Übergießen Sie 2 bis 3 EL Kamillenblüten mit 1 l kochendem Wasser in einer Schüssel oder einem Topf. Alternativ können Sie 10 bis 20 ml einer Fertigtinktur (Apotheke oder siehe

Kasten DIY) verwenden. Beugen Sie den Kopf unter einem Handtuch über das dampfende Gefäß. Das Dampfbad dauert 10 Minuten. Regelmäßig angewandt kann es das Hautbild schon nach kurzer Zeit verbessern. Dampfbäder mit Kamille gelten übrigens als natürliches Schönheitsmittel.

DIY

Kamillentinktur selber machen

Tinkturen aus der Apotheke werden nach dem deutschen Arzneibuch (DAB) hergestellt und aus getrockneten Pflanzenteilen und 70- oder 95-prozentigem Weingeist zubereitet. Für den Hausgebrauch geht es etwas einfacher.

Das brauchen Sie
2 Schraubgläser
50 g getrocknete Kamillenblüten
0,25 l Doppelkorn oder Wodka
1 Kaffeefiltertüte
1 bis 2 dunkle Fläschchen
1 Trichter

So geht's
Geben Sie die Kamillenblüten in das Schraubglas und gießen Sie mit dem Alkohol auf. Das Gas verschließen und beschriften (Datum). Schütteln Sie kräftig und lagern das Glas anschließend 10 bis 14 Tage kühl und trocken. Alle zwei Tage schütteln. Setzen Sie nach Ablauf der Zeit die Kaffeefiltertüte auf das zweite Glas und gießen Sie den Ansatz ab. Drücken Sie am Ende gut aus und füllen Sie mit dem Trichter in die sauberen dunklen Fläschchen um. Abermals beschriften. Die Tinktur ist mindestens ein Jahr haltbar.

Salziger Bakterienkiller

Salz desinfiziert und wirkt dadurch entzündungshemmend. Nicht umsonst war Salz früher ein heiß begehrtes Konservierungsmittel, denn es entzieht Lebensmitteln das Wasser und damit auch Bakterien und Pilzen die »Lebensgrundlage«. So ähnlich macht es Bakterien auf der Haut zu schaffen. Salzwasser kann zudem die Talgproduktion regulieren und die Regeneration der Haut unterstützen.

Anwendung 1: *Salzkompresse*
Verrühren Sie 50 g Salz in 500 ml heißem Wasser. Tauchen Sie ein dünnes Baumwolltuch (Taschentuch) ein, wringen es leicht aus und legen es auf die betroffenen Stellen. Erneuern Sie den Umschlag mehrmals. Er sollte insgesamt 15 Minuten aufliegen. Für kleinere betroffene Areale kann man auch Wattepads verwenden.

Anwendung 2: *Sole auftragen*
Reinigen Sie das Gesicht. Betupfen Sie die betroffenen Stellen 1- bis 2-mal täglich mit 26-prozentiger Sole, sogenannter konzentrierter Sole (Rezeptur siehe Steckbrief »*Salz*«). Wenn die Lösung brennt, können Sie sie auch 1:1 mit Wasser verdünnen. Lassen Sie die Sole 10 Minuten einwirken. Anschließend das Gesicht kalt abwaschen, trocken tupfen und eincremen.

Angina

Eine Angina, umgangssprachlich Mandelentzündung genannt, wird durch Viren oder Bakterien hervorgerufen. Sie befallen die Mandeln, dringen in die tieferen Schichten der Rachenschleimhaut ein und lassen sie anschwellen. Der damit verbundene Schmerz ist besonders unangenehm beim Schlucken. *Zitrone, Ingwer* und *Honig* lassen die Schwellung abklingen.

Spritziger Zitronenhalswickel

Dieser Wickel hat eine kühlende und abschwellende Wirkung.

Anwendung
Waschen Sie 1 Biozitrone heiß ab, schneiden Sie sie in 4 bis 6 Scheiben und legen sie nebeneinander in die Mitte eines dünnen Baumwolltuchs (etwa 18 × 25 cm). Schlagen Sie die Seiten ein und drücken Sie mit der Faust kräftig auf jede Zitronenscheibe, bis der Saft austritt. Legen Sie sich den Wickel so an den Hals, dass sich zwischen Zitronenscheiben und Haut nur eine Lage Stoff befindet. Das Tuch sollte von Ohr zu Ohr reichen. Den Wickel mit einem Wolltuch oder einem Wollschal fixieren und 30 bis 60 Minuten einwirken lassen, danach den Hals mit einem Schal oder Seidentuch weiter warm halten.

WICHTIG
Sollte die Säure die Haut reizen, sofort abnehmen. Wenn sich die Mandelentzündung nach drei Tagen nicht bessert, bitte zum Hausarzt gehen.

Ein reizendes Gurgel-Trio

Honig, Ingwer und *Zitrone* machen mit ihren antibiotisch wirkenden Stoffen Keimen das Leben schwer und dem Kranken leichter.

Anwendung
Verrühren Sie je 2 EL geriebenen Ingwer, Honig und Zitronensaft mit etwas Wasser und bekämpfen Sie mehrmals täglich mit dem Gurgel-Trio die Keime und die Entzündung.

Arthrose

Bei Arthrose kommt es zu einer mechanischen Schädigung der Gelenkknorpeloberfläche. Vor allem Knie und Hüftgelenke sind davon betroffen, da unser gesamtes Körpergewicht auf ihnen lastet. Manchmal kommt es zusätzlich zu entzündlichen Prozessen, die mit typischen Symptomen wie Schwellung, Rötung oder Überwärmung einhergehen. Man spricht dann von aktivierter Arthrose.
Ein einmal entstandener Schaden am Knorpel ist nicht mehr rückgängig zu machen. Aber man kann dem Fortschreiten der Arthrose und eventuellen Schmerzen entgegenwirken. Bei Übergewicht verschaffen eine Gewichtsreduktion und die Stärkung der umgebenden Muskulatur Entlastung für die Gelenke. Gegen Schmerzen helfen *Ingwer, Salz* und *Heilerde*.

Schärfe gegen Schmerzen

Die Scharfstoffe des Ingwers – Gingerol und Shogaol – wirken bei jeder Form von Arthrose schmerzlindernd und entzündungshemmend.

Anwendung 1: Scharfer Ingwerwickel
Verrühren Sie 10 g Ingwerpulver mit etwas erwärmtem Jojoba- oder Olivenöl zu einer Paste und geben Sie sie direkt auf die schmerzende Stelle. Decken Sie alles mit einem Gaze- oder Baumwolltuch ab und bedecken oder fixieren es mit einem weiteren Tuch. Halten Sie die Kompresse mit einem Wolltuch oder Frotteehandtuch warm und lassen sie

für 10 bis 20 Minuten einwirken. Anschließend 30 Minuten nachruhen. Machen Sie den Wickel bis zum Abklingen der Schmerzen 1-mal täglich.
Dieser Wickel ist besonders bei Problemen im Kniegelenk zu empfehlen.

WICHTIG

Nicht bei aktivierter Arthrose, dann ist Kühlung wichtig (siehe »Antientzündlicher Heilerde-Wickel«).

***Anwendung 2:** Süffiges Schmerzmittel*

Auch innerlich entfalten die Scharfstoffe des Ingwers ihre heilsame Wirkung, weil Gingerol unter anderem das Enzym Cyclooxygenase (COX) hemmt. In Studien konnte gezeigt werden, dass Ingwer eine ähnliche Wirkung wie Ibuprofen hat. Machen Sie sich öfter mal einen ausgesprochen gesunden Drink. Kochen Sie 1 EL frisch geriebenen Ingwer mit 250 ml Wasser kurz auf und lassen Sie das Ganze für 10 Minuten zugedeckt ziehen. Danach abgießen, auf Trinktemperatur abkühlen lassen und 1 TL Honig sowie etwas Zimt (Ceylon) hinzugeben.

Schmerzkiller Salz

Eine Soleauflage lindert die Schmerzen und kann eine medizinische Behandlung unterstützen. Die in Wasser gelösten Salze reagieren mit der Haut und bewirken eine Weitung der Gefäße. Dadurch entspannen sich die Muskeln, wodurch wiederum die Gelenke entlastet werden – die Schmerzen lassen nach, und die Beweglichkeit verbessert sich.

Anwendung
Stellen Sie eine dreiprozentige lauwarme Sole her, das heißt, lösen Sie beispielsweise 30 g Salz in 1 l Wasser auf (siehe Steckbrief »*Salz*«). Tauchen Sie ein Baumwoll- oder Leinentuch in die Sole, wringen es aus und legen es auf die schmerzende Stelle. Decken Sie alles mit einem dünnen Tuch ab, legen Sie einen Wollschal darauf und lassen die Auflage 15 bis 20 Minuten einwirken. Bis zum Abklingen der Schmerzen 1-mal täglich anwenden.

TIPP

Bei arthrotischen Beschwerden in Hand- und Fingergelenken helfen Sole-Handschuhe. Dafür in die dreiprozentige lauwarme Sole Fingerhandschuhe tauchen, auswringen und anziehen. Ziehen Sie Fausthandschuhe darüber und lassen Sie die Sole eine Stunde (gern auch über Nacht) einwirken.

Heiße oder kalte Lehmauflage

Ist die Arthrose »still«, also ohne Entzündungssymptome, ist die heiße Lehmauflage das Mittel der Wahl. Wärme erhöht die Durchblutung, was zu einer besseren Nährstoffversorgung der Gelenke führt, zudem entspannt sich die umgebende Muskulatur, auch angespannte Sehnen werden entlastet. Die Schmerzen lassen nach, und die Beweglichkeit verbessert sich. Feuchte Wärme dringt außerdem noch tiefer ins Gewebe ein als trockene.
Bei aktivierter Arthrose ist die kalte Lehmauflage das Mittel der Wahl. Sie wirkt wärmeentziehend, was sich positiv auf den Entzündungsprozess auswirkt.

Anwendung 1: Kalte Auflage
Rühren Sie Heilerde mit kaltem Wasser zu einem dicken Brei an. Benutzen Sie dafür einen Holz- oder Plastiklöffel. Tragen Sie den Brei fingerdick auf feuchtes Küchenpapier oder Gaze auf und schlagen Sie alles zu einem Päckchen ein. Legen Sie die nur einfach bedeckte Seite mit der Heilerde auf das Gelenk, umwickeln alles mit einem Baumwoll- und Wolltuch und lassen es für mindestens 30 Minuten bis zum Antrocknen des Breis liegen, gerne auch länger. Danach die Stelle mit warmem Wasser abspülen und etwas eincremen, da die Haut durch den Wickel trocken wird.

Anwendung 2: Heiße Auflage
Rühren Sie die Heilerde mit heißem Wasser an und packen Sie ebenso wie oben beschrieben ein Päckchen. Legen Sie die Auflage so heiß, wie es Ihnen möglich ist, auf das Gelenk und umwickeln es mit einem Baumwoll- oder Wolltuch. Lassen Sie den Wickel bis zur Abkühlung wirken und verfahren dann wie oben beschrieben.

Augen, trockene/entzündete

Unsere Augen werden durch einen dünnen Film von Tränenflüssigkeit feucht gehalten. Regelmäßige Wimpernschläge – etwa 10- bis 15-mal pro Minute – verteilen diese Flüssigkeit ganz automatisch. Fokussiertes Sehen stört diesen Prozess: Lange Autofahrten, Bildschirmarbeit oder die Nutzung von Smartphones führen dazu, dass wir manchmal nur 1- bis 2-mal pro Minute blinzeln. Die einseitige Belastung ermüdet die Augen, sie werden trocken, brennen, jucken und sind lichtempfindlich. Werden Sie proaktiv und schenken Sie Ihren Augen mehr Pflege, um einem Sicca-Syndrom (Trockenes Auge) vorzubeugen. Gute Hilfe leisten dabei *Kamille, Salz* und *Wasser*.

Entzündungshemmender Dampf

Bei Schleimhautentzündungen jeglicher Art ist Kamille eine gute Option, auch bei durch Pollen hervorgerufenen Bindehautentzündungen der Augen. Eine Art Mini-Sauna stellt das Dampfbad dar (siehe »Akne«).

Anwendung

Geben Sie 2 bis 3 EL Kamillenblüten in eine Schüssel oder einen Topf und übergießen sie mit 1 l heißem Wasser. Beugen Sie den Kopf über das dampfende Gefäß und legen Sie ein Handtuch über Kopf und Topf. Achten Sie darauf, dass so wenig wie möglich Dampf entweicht. Lassen Sie den Dampf etwa 10 Minuten wirken, danach für 30 Minuten nachruhen. Zum Schluss das Gesicht kurz mit kaltem Wasser abwaschen.

TIPP

Das Kamillen-Dampfbad ist auch bei Erkältungen, Husten, Schnupfen, Entzündungen im Rachenbereich oder bei Nasennebenhöhlenentzündungen empfehlenswert.

VORSICHT MIT TEEAUFLAGEN

Es gibt auch immer wieder die Empfehlung für einen Teeaufguss aus Kamille oder die Anwendung von Kamille-Teebeuteln bei Augenproblemen. Augenärzte und Apotheker raten unterdessen mehrheitlich davon ab, da kleinste Partikel und Inhaltsstoffe zu Reizungen und Augenentzündungen führen könnten. Zudem könnten infektiöse Keime im Tee enthalten sein.

Belebendes Augenbad

Je nach Bedarf können Sie sich für ein warmes oder kaltes Augenbad entscheiden. Das *kalte Augenbad* (kaltes Wasser aus der Leitung) stärkt und belebt die Augen bei Menschen, die mit trockenen Augen zu tun haben und das Gefühl von zu viel Wärme auf der Augenoberfläche empfinden. Wer durch vermehrte Schleimbildung beeinträchtigt wird, wählt das *warme Augenbad* (Wassertemperatur zwischen 24 und 26 °C). Es eignet sich auch gut, um Augensekrete aus den sogenannten Meibom-Drüsen weicher zu machen und sie leichter entfernen zu können.

Anwendung

Geben Sie kaltes oder warmes Wasser in eine Schüssel und tauchen Sie das Gesicht ein. Öffnen Sie die Augen, blinzeln Sie ein wenig und rollen Sie unter Wasser mit den Augen für 10 bis 15 Sekunden. Pausieren Sie dann für 30 Sekunden und klimpern Sie dabei mit den Wimpern. Wiederholen Sie den Vorgang 4- bis 5-mal. Nach einem warmen Augenbad die Augen abschließend mit kaltem Wasser benetzen.

WICHTIG

Vorsicht ist bei Glaukom geboten, da Augenbäder Einfluss auf den Augeninnendruck haben können. Eine Anwendung nur in Rücksprache mit dem Augenarzt durchführen.

Das Anti-Allergie-Solebad

Durch den Zusatz von Salz wird die entzündungshemmende und desinfizierende Wirkung eines Augenbades erhöht. Keine Sorge, die Lösung brennt nicht, denn die Salzkonzentration entspricht der unserer Tränenflüssigkeit. Dieses Augenbad ist besonders bei allergischen Entzündungen der Augenschleimhaut zu empfehlen, vor allem bei Pollenallergie, da die Pollen gut von der Augenschleimhaut weggespült werden. Dadurch wird die Entzündungskaskade abgeschwächt.

Anwendung

Verrühren Sie 5 g Salz in 500 ml lauwarmem Wasser und verfahren Sie nach dem gleichen Prinzip wie beim »belebenden Augenbad«. Bei einer Allergie können Sie gerne mehrmals täglich ein Augenbad nehmen.

Blähungen

Im Verdauungsprozess entstehen im Dickdarm pro Mahlzeit etwa 15 Liter an Gasen, die größtenteils durch die Darmwand ins Blut gelangen und durch die Lunge ausgeschieden werden. Nur 0,5 bis 1,5 Liter nehmen den »Hinterausgang« als Darmwinde. Ursachen für eine übermäßige Gasansammlung können blähende Lebensmittel, süßes oder fettes Essen, das Verschlucken von Luft durch kohlensäurehaltige Getränke oder hastiges Essen und ungenügendes Kauen sein. Abhilfe schaffen *Apfelessig, Kamille* sowie *Wasser*.

Verdauungshelfer Apfelessig

Vor dem Essen eingenommen, regt die Säure die Bildung von Verdauungsenzymen an. Das beginnt schon mit dem Speichel, einem ersten wichtigen Verdauungshelfer, um Kohlenhydrate zu knacken. Im weiteren Verdauungsprozess wird die Aufspaltung von Eiweißen im Magen vorangetrieben, was ebenfalls Blähungen mindern kann.

Anwendung

Mischen Sie 100 ml Bioapfelessig mit 100 ml Wasser und 1 TL Imkerhonig. Alles gut durchschütteln und in eine Flasche füllen. Nehmen Sie vor dem Essen ein Schnapsglas dieser Mixtur schluckweise ein. Lassen Sie jeden Schluck ein wenig im Mund, um die Speichelproduktion anzuregen.

TIPP

Schwer verdauliche Speisen wie Kohl, Hülsenfrüchte oder Fleisch werden bekömmlicher, wenn Sie dem Essen einen Schuss Essig hinzufügen.

Kamillenöl fürs Babybäuchlein

Babys leiden oft an Blähungen. Hier ist das ätherische Öl der Kamille eine große Hilfe, das krampflösend auf die glatte Muskulatur des Magen-Darm-Traktes wirkt. Mit einer Bauchmassage lassen sich Gasansammlungen im Darm sanft lösen.

Anwendung

Geben Sie 40 Tropfen ätherisches Kamillenöl in 100 ml Mandel- oder Jojobaöl. Träufeln Sie eine kleine Menge des Öls auf die Handflächen, die unbedingt warm sein müssen, und massieren Sie den Bauch vom Nabel aus im Uhrzeigersinn 3 bis 5 Minuten ganz sanft nach außen. Da auch der Dickdarm im Uhrzeigersinn verläuft, werden so die Luftansammlungen Richtung Darmausgang transportiert.

Kamillenöl selber machen

Sie können auch selbst einen Ölauszug aus Kamillenblüten herstellen, den Sie für Massagezwecke nutzen.

Das brauchen Sie
100 ml Mandelöl
10 g getrocknete Kamillenblüten

So geht's
Erwärmen Sie das Öl und die Blüten im Wasserbad. Lassen Sie das Ganze eine Stunde bei 60 °C ziehen und sieben Sie das noch warme Öl im Anschluss mit einem Kaffeefilter ab. Das Mandel-Kamillen-Öl in eine Flasche abfüllen und gut verschließen.

DIE KAMILLE UND DIE KUNST

Karl Heinrich Waggerl bringt in seinem Buch *Heiteres Herbarium* das Wichtigste, was über die Heilpflanze Kamille zu sagen ist, sehr schön auf den Punkt:

Die Kraft, das Weh im Leib zu stillen
verlieh der Schöpfer den Kamillen.
Die blühn und warten unverzagt
auf jemand, den das Bauchweh plagt.
Der Mensch jedoch in seiner Pein
glaubt nicht an das, was allgemein
zu haben ist. Er schreit nach Pillen.
Verschont mich, sagt er, mit Kamillen,
um Gottes willen!

Das hat sich (kalt) gewaschen

Eine kalte Bauchwaschung beseitigt Stauungen und Luftansammlungen im Verdauungstrakt. Gerade für Menschen mit sitzenden Berufen ist sie eine ausgezeichnete Methode, um die Verdauung zu unterstützen.

Anwendung
Sie benötigen dafür lediglich ein Baumwolltuch, das Sie mehrfach auf Handgröße falten und in kaltes Wasser tauchen. Legen Sie sich nun möglichst flach auf den Rücken und winkeln Sie die Beine an. Dadurch entspannen Sie die Bauchmuskulatur. Kreisen Sie mit dem kühlen Lappen etwa 30-mal im Uhrzeigersinn über den Bauch und üben Sie dabei leichten Druck aus. Sobald das Tuch warm ist, wenden Sie es und setzen mit der kühleren Seite die Waschung fort. Anschließend den Bauch gut bedecken, damit er wieder warm wird. Wenn Sie die Waschung abends vor dem Schlafgehen durchführen, fördert das auch das Einschlafen.

WICHTIG
Nicht bei Harnwegsinfekten anwenden.

Blasenentzündung

Dringen Bakterien in Harnröhre und -blase ein und vermehren sich dort, kann es zu einer Harnblaseninfektion kommen. Typische Beschwerden sind ein Brennen in der Harnröhre, ständiger Harndrang auch bei geleerter Blase und Schmerzen beim Wasserlassen. Besonders häufig sind Frauen betroffen. Eine Unterkühlung der Blasenregion, hormonelle Dysbalancen, aber auch übertriebene Intimhygiene, Synthetikunterwäsche und häufiger Geschlechtsverkehr können eine Infektion begünstigen oder die Anfälligkeit dafür erhöhen.
Viel trinken hilft, die Bakterien auszuspülen. Bewährte Mittel gegen die Schmerzen und die Entzündung sind zudem *Kamille, Ingwer* und *Wasser*.

Ab in die Kamille

Ein Sitzbad mit Kamille hemmt Entzündungen und Bakterien, löst Krämpfe und fördert die Wundheilung. Es ist ein echter Allrounder bei allen Beschwerden für »untenrum« wie Entzündungen der Harnwege, Infektionen am Darmausgang und den Genitalien, Hämorrhoiden, Menstruationskrämpfen sowie Pilzbefall der Genitalien. Ideal für ein Sitzbad ist eine Sitzbadewanne (erhältlich im Sanitärfachhandel) und für jemanden, der häufiger mit Blasenentzündungen zu tun hat, sicher eine lohnenswerte Anschaffung. Es funktioniert aber auch in der normalen Badewanne.

Anwendung

Übergießen Sie 3 EL Kamillenblüten mit 500 ml heißem Wasser, lassen Sie sie 10 Minuten zugedeckt ziehen und seihen Sie den Sud anschließend ab. Lassen Sie warmes Wasser (36 bis 38 °C) in die Wanne oder Sitzbadewanne ein und geben den Kamillenaufguss dazu. Steigen Sie nun ins Wasser und baden 15 bis 20 Minuten. Wichtig ist, dass sich nur der Unterleib im Wasser befindet. Wenn Sie das Bad in einer normalen Wanne nehmen, ruht der Rücken am Wannenrand. Die Beine werden hochgelegt (kleine Fußbank in die Wanne stellen). Das Wasser bedeckt die Nierengegend und reicht bis zur Mitte der Oberschenkel, der restliche Körper und die Füße sind bedeckt. Danach ganz kurz den Unterleib kalt abwaschen und unter einer warmen Decke nachruhen. Die Anwendung erfolgt in der Akutphase 1-mal täglich.

TIPP

Eine gute Alternative für eine Sitzbadewanne sind preiswerte Mörtelkübel aus dem Baumarkt. Diese können Sie einfach in die Dusche oder die Badewanne stellen.

Ingwer mal schön feuchtwarm

Ebenfalls sehr durchwärmend wirkt ein Blasen-Ingwer-Wickel.

Anwendung

Übergießen Sie 2 EL frisch geriebenen Ingwer oder 2 EL Ingwerpulver mit 300 bis 500 ml heißem Wasser (60 bis 70 °C) und lassen Sie den Sud etwa 10 Minuten ziehen. Tauchen Sie ein mehrfach gefaltetes Küchentuch oder einen Waschlappen in den warmen Ingwersud und wringen ihn leicht aus. Legen Sie sich hin, platzieren Sie die warme Auflage auf der

Blasengegend, legen Sie ein angewärmtes Frotteehandtuch darüber und decken Sie sich mit einer Decke zu. Lassen Sie die Auflage 15 bis 20 Minuten einwirken. Bis zum Abklingen der Beschwerden 1- bis 2-mal täglich anwenden.

Warm, wärmer, sehr warm – das ansteigende Fußbad

Durch Überwärmung der Füße werden reflektorisch die Unterleibsorgane besser durchblutet. Das klappt besonders gut mit einem temperaturansteigenden Fußbad.

Anwendung

Füllen Sie eine Fußbadewanne knöchelhoch mit körperwarmem Wasser. Stellen Sie den Wasserkocher mit heißem Wasser daneben und gießen Sie alle 3 bis 5 Minuten etwas Wasser nach. Dabei die Füße kurz aus der Schüssel nehmen, um sich nicht zu verbrühen. Oder Sie stellen einen Hocker in die Badewanne/Dusche und lassen aus dem Duschschlauch heißes Wasser nachlaufen. Beenden Sie das Fußbad nach 15 bis 20 Minuten und ziehen Sie Socken an. Legen Sie sich danach noch für mindestens 15 bis 30 Minuten hin.

TIPP

Übrigens ist dieses Fußbad auch empfehlenswert bei Angina, Schnupfen, Erkältung und Bronchitis. Es kann sogar eine aufkommende Erkältung im Keim ersticken.

WICHTIG

Bei Krampfadern sollte das Wasser nicht bis über die Knöchel reichen. Wenn Sie heiß nachgießen, muss also zuvor Wasser abgeschöpft werden.

Bluterguss

Umgangssprachlich »blauer Fleck« genannt, bilden sich Blutergüsse, wenn Stöße oder andere Erschütterungen im Körper Blutgefäße zerstören und das Blut in das umgebende Gewebe austritt. Mediziner bezeichnen einen Bluterguss auch als »Hämatom«. Schnell zur Hand sind *Apfelessig* (eventuell in Kombination mit *Heilerde*), *Salz* oder *Wasser*, um den blauen Fleck rasch wieder verschwinden zu lassen.

Erste Hilfe: Kaltes Wasser

Um Schmerzen oder Schwellungen zu verhindern oder zu lindern, sollte die betroffene Stelle schnellstmöglich gekühlt werden. Die Blutgefäße ziehen sich zusammen, und es tritt weniger Blut aus.

Anwendung

Tränken Sie ein dünnes Tuch mit kaltem Wasser und legen Sie es auf die betroffene Stelle. Mit einem weiteren Tuch fixieren und die Körperstelle möglichst wenig bewegen, wenn möglich hochlegen. So wird die Durchblutung der Muskulatur verringert, und das Hämatom prägt sich weniger stark aus. Ganz Mutige können auch gefrorenes Wasser – also eine Eiskompresse –, eingewickelt in ein Handtuch, auflegen.

Duett von Apfelessig und Heilerde

Ein bewährtes Hausmittel ist Heilerde, vermischt mit Essig. Die Erde kühlt einerseits lange, und andererseits wirkt sie beim Trocknen durch ihre starke Saugwirkung ausleitend. Der Essig verbessert die Durchblutung der betroffenen Stelle, was den Abtransport des überschüssigen Blutes im Gewebe fördert.

Anwendung
Rühren Sie Heilerde mit wenig Wasser und etwas Apfelessig zu einem dicken Brei an. Tragen Sie den Brei fingerdick auf feuchtes Küchenpapier oder Gaze auf und schlagen Sie alles zu einem Päckchen zusammen. Legen Sie die nur einfach bedeckte Seite mit der Heilerde auf das Hämatom und umwickeln alles mit einem Baumwoll- oder Wolltuch. Lassen Sie alles für mindestens 15 bis 30 Minuten einwirken, gerne auch länger, bis der Brei angetrocknet ist. Danach die Stelle mit warmem Wasser abspülen und etwas eincremen, da die Haut durch den Wickel trocken werden kann.

TIPP
Wenn Sie nur Apfelessig im Haus haben, ist auch eine »Solo-Behandlung« möglich. Befeuchten Sie ein Wattepad oder ein dünnes Taschentuch mit dem Apfelessig – bei empfindlicher Haut in einer Verdünnung von 1:1 mit Wasser – und legen Sie die Kompresse 2- bis 3-mal täglich auf den Bluterguss (eventuell mit einem zweiten Tuch fixieren), für 10 bis 15 Minuten einwirken lassen. Umgekehrt können Sie auch nur mit Heilerde arbeiten (siehe auch kalte Lehmauflage, »Arthrose«).

Salz mal ganz dick aufgetragen

Salz zieht bekanntlich Flüssigkeiten an. Eine dicke Schicht Salz auf dem Bluterguss hilft, die ausgetretene Flüssigkeit wieder zu verteilen. Als Hilfsmittel dient Butter.

Anwendung
Verrühren Sie Salz mit etwas Butter und tragen Sie dieses Gemisch mehrmals täglich auf den blauen Fleck auf.

Blutdruck, hoch

In Deutschland sind etwa 20 Millionen Menschen von Bluthochdruck betroffen. Man kann es auf eine einfache Formel bringen:
Blutdruck = hohes Risiko für Herz, Hirn und Nieren.
In den meisten Fällen ist keine organische Ursache festzustellen; man spricht von einer essenziellen oder primären Hypertonie. Sie wird durch Alter, Gene und vor allem den Lebensstil begünstigt. Wer seine Gefäße mit *Lein* gut schmiert, mit *Wasser* fit hält und mit *Zitrone* bestimmte Enzyme reguliert, kann Bluthochdruck entgegenwirken und einen bestehenden in Schach halten.

Gut geölte Gefäße

Versorgen Sie Ihre Gefäße mit reichlich Omega-3-Fettsäuren. Dadurch erhöhen Sie die Fließfähigkeit des Blutes. Außerdem werden Omega-3-Fettsäuren in die Gefäße eingebaut und sorgen so für zusätzliche Elastizität.
Eine Superquelle für diese Fette ist unser heimisches Leinöl oder geschroteter Leinsamen. Der enthält auch noch die wertvollen Lignane sowie die vielen Ballaststoffe – beide ebenfalls wichtige Blutdrucksenker, wie Studien belegen (siehe Steckbrief »*Leinsamen*«).

Anwendung
Mit 2 EL Leinöl oder 30 g frisch geschrotetem Leinsamen täglich sind Sie gut versorgt. Am besten kombinieren Sie beides, dann profitieren Sie maximal von den gesunden

Inhaltsstoffen des Öls und der Samen sowie von den Ballaststoffen der Leinsamenschalen.

Wasser für entspannte Nerven und Gefäße

Ein wichtiger Faktor beim Bluthochdruck ist dauerhafter Stress. Er führt dazu, dass der Sympathikus, unser Leistungsnerv, hochaktiv ist und die Gefäße durch Stresshormone eng gestellt werden. Der Gegenspieler, der Parasympathikus, der für Entspannung sorgen könnte, kommt nicht ausreichend zum Zug. Mit kaltem und warmem Wasser rücken Sie dem Problem zu Leibe. Wasseranwendungen nach Kneipp schützen nicht nur vor Bluthochdruck, sie sind auch geeignet, eventuell notwendige Medikamentengaben zu reduzieren. Wichtig ist dabei vor allem der Kältereiz. Als Faustregel gilt: Kalte Wasseranwendungen mindestens 1-mal täglich durchführen, das wechselwarme Fußbad und das warme Vollbad 1- bis 2-mal wöchentlich.

***Anwendung 1:** Das warme Vollbad*

Das Vollbad mit einer Temperatur von 38 bis 39 °C hat einen besonders schnellen Effekt auf den Blutdruck und kann den oberen Wert (Systole) um bis zu 30 mmHg sowie den unteren Wert (Diastole) um etwa 12 mmHg für mehrere Stunden senken. Durch die Wärme werden die Blutgefäße weit gestellt, und der Druck sinkt. Die Badedauer sollte zwischen 15 und 20 Minuten betragen.

WICHTIG

Wer unter einer akuten, nicht stabilen Herzerkrankung leidet, sollte nur Halbbäder (also Wasser nur bis zur Hüfte) nehmen, um durch den Wasserdruck nicht das Herz zu belasten.

Anwendung 2: Der kalte Knieguss

Schrauben Sie den Duschkopf ab, um einen gleichmäßigen Wasserstrahl zu erzeugen. Führen Sie den Wasserstrahl vom rechten kleinen Zeh an der Außenseite des Beins bis eine Handbreit übers Knie, verharren Sie etwa 5 bis 10 Sekunden und lassen Sie das Wasser über die Beinmitte nach unten laufen. Führen Sie nun den Strahl an der Innenseite des Beins nach unten. Machen Sie anschließend dasselbe mit dem linken Bein und umspülen zum Schluss – wieder rechts beginnend – beide Fußsohlen. Trocknen Sie sich nicht ab, sondern streifen das Wasser nur ab, ziehen sich an oder sorgen durch Bewegung für Erwärmung. Am besten gleich morgens, direkt nach dem Aufstehen machen oder als Abschluss nach der morgendlichen Dusche.

WICHTIG

Bei allen Kaltanwendungen muss der Körper vorher warm sein.

Anwendung 3: Das wechselwarme Fußbad

Füllen Sie zwei Schüsseln mit reichlich Wasser, das ungefähr bis zur Mitte der Waden gehen soll. Die Temperatur beträgt 36 °C in der einen Schüssel und 18 °C in der anderen. Stellen Sie Ihre Beine zuerst 5 Minuten in das warme und dann 10 bis 15 Sekunden in das kalte Wasser. Wiederholen Sie die Prozedur. Zum Schluss das kalte Wasser abstreifen und nur die Fußsohlen abtrocknen. Dann Socken anziehen und den Körper durch Gehen erwärmen oder gleich ins Bett huschen.

Blutdruckpille Vitamin C und Farbstoffe

Eine Studie mit 100 Frauen mittleren Alters hat gezeigt, dass sich die tägliche Einnahme von Zitronensaft kombiniert mit regelmäßigem Gehen sehr positiv auf den Blutdruck auswirkt. In Labor- und Tierstudien sowie Übersichtsarbeiten konnten ebenfalls deutliche Effekte nachgewiesen werden. Vitamin C wirkt antioxidativ und nimmt über unterschiedliche biochemische Prozesse Einfluss auf die Gefäßfunktion. Die Farbstoffe der Zitrone wie Naringenin und Hesperetin bremsen die Angiotensin-Converting-Enzyme, kurz ACE genannt, aus und senken auf diesem Weg den Blutdruck.

Anwendung
Trinken Sie als Kur über mehrere Wochen morgens den Saft einer Zitrone verdünnt mit Wasser. Wer möchte, kann sich den Trank mit 1 TL Honig versüßen.

BLUTHOCHDRUCK UND SALZ

Ein zu hoher Salzkonsum begünstigt Bluthochdruck. Salz bindet Wasser im Körper und erhöht so das Blutvolumen in den Gefäßen – und somit den Druck, der in ihnen herrscht. Die meisten Menschen nehmen heute zu viel Salz zu sich. In Deutschland essen Männer durchschnittlich 10 g und Frauen 8,4 g Salz täglich. Die Deutsche Gesellschaft für Ernährung (DGE) empfiehlt einen täglichen Verzehr von maximal 6 g, die Weltgesundheitsorganisation (WHO) sogar nur 5 g. Sehr viel Salz enthalten Fertigprodukte, Wurst, Käse, Chips, Knabbereien, aber auch Brot.

Blutdruck, niedrig

Wenn der Blutdruckwert unter 100 zu 60 mmHg sinkt, dann spricht man von einer Hypotonie. Die häufigsten Symptome sind Schwindel, Kopfschmerzen, kalte Hände und Füße. Gefährlich wird es nur, wenn der obere Wert unter 70 mmHg abfällt und man ohnmächtig wird, weil das Gehirn nicht mehr ausreichend mit Sauerstoff versorgt wird.
So wie *Wasser* ein gutes Mittel gegen hohen Blutdruck ist, hilft es auch bei niedrigem. Beenden Sie die morgendliche warme Dusche mit einer kurzen kalten Abspülung (wenigstens bis zu den Knien), um den Kreislauf in Schwung zu bringen.
Unter den Kräutern treibt *Rosmarin* den Blutdruck in die Höhe.

Schön munter mit Rosmarin

Rosmarin durchblutet die feinen Kapillaren im Gehirn und erhöht so dessen Sauerstoffversorgung. Außerdem wirkt er insgesamt sehr belebend, was den ätherischen Ölen zugeschrieben wird. Wer ständig unter niedrigem Blutdruck leidet, sollte immer einen Topf Rosmarin auf der Fensterbank haben und sich ein Fläschchen Rosmarinöl vom Chemotyp Borneon (siehe Steckbrief »*Rosmarin*«) zulegen.

Anwendung 1: *Duschgel mit Rosmarin*
Geben Sie 40 Tropfen Rosmarinöl auf 100 ml Ihres Duschgels und verwenden Sie es für die Morgendusche, vor dem Auftragen immer gut durchschütteln.

Anwendung 2: Rosmarin-Morgentee

Eine Tasse Rosmarintee am Morgen bringt Sie weiter in Schwung. Damit die Wirkstoffe aus den Blättern (sehen aus wie Nadeln) besser gelöst werden, immer gut zerkleinern.

Übergießen Sie 1 TL getrocknete oder 2 TL frische Rosmarinblätter mit 150 ml kochendem Wasser, decken es zu und lassen es 10 Minuten ziehen. Danach abseihen. Nach Belieben können Sie auch etwas Zitronenschale dazugeben.

Anwendung 3: Rosmarin-Badesalz

Für ein Vollbad verrühren Sie 10 Tropfen Rosmarinöl mit 5 EL Salz und geben das Gemisch zum einlaufenden Wasser. Salz dient als Emulgator und sorgt dafür, dass sich das Öl gut im Wasser verteilt. Da Rosmarin sehr anregend wirkt, ist dieses Bad nicht für den späten Abend zu empfehlen. Die Bestandteile des ätherischen Öls nehmen Sie über die Haut und die Atemluft auf. Noch fünf Stunden nach einem Bad sind die Stoffe im Atem nachweisbar.

TIPP

Noch mehr Ideen zur Verwendung von Rosmarin unter »Erschöpfung«.

Die Tasse Kaffee der Naturheilkunde

Hier handelt es sich nicht um irgendein Getränk, sondern um das kalte Armbad. Wegen seiner anregenden Wirkung auf den Geist hat es den Beinamen »Tasse Kaffee der Naturheilkunde«. Es vertreibt Kopfschmerzen und wirkt blutdruckregulierend.

Anwendung

Die Hände müssen warm sein. Stellen Sie eine rechteckige Wanne oder eine Schüssel auf Brusthöhe und füllen Sie kaltes Wasser ein (so kalt wie möglich, die Arme sind relativ unempfindlich gegen Kälte), sodass das Wasser bis zur Mitte der Oberarme reicht. Tauchen Sie nun zunächst den rechten Arm mit der Hand beginnend ins Wasser und zügig danach den linken Arm. Bewegen Sie die Arme bis zu 30 Sekunden leicht im Wasser. Anschließend das Wasser von den Armen abstreifen, etwas anziehen und die Arme pendelnd zur Erwärmung bewegen.

TIPP

Sie können das Armbad auch in einem Waschbecken durchführen, wenn es tief genug ist.

Bronchitis, akute

Unter Bronchitis versteht man eine Entzündung der Schleimhäute in den Bronchien. Sie geht meist mit einer Entzündung der oberen Luftwege (Nasen- und Rachenraum) einher und ist vor allem in den Wintermonaten weit verbreitet. Husten, vermehrte Schleimproduktion und manchmal Fieber sind die Symptome. Eines der wichtigsten Kräuter bei der Bekämpfung des Hustens ist *Thymian*. Gute Helfer sind auch hier *Honig* und *Zitrone*.

Hustenstiller Thymian

Bei einer Bronchitis mit starkem Hustenreiz verschafft Thymian auf vielfache Weise Linderung. Die ätherischen Öle Thymol und Carvacrol im Thymian wirken entkrampfend auf die Bronchien und fördern den Auswurf (siehe auch »Erkältung«). Er sorgt auch dafür, dass der schmerzhafte trockene Husten schneller in den produktiven Husten (mit Auswurf) übergeht. Am besten ist eine Kombination von mehreren Anwendungen.

Anwendung 1: *Thymiantee*
Bei Husten sollte viel Flüssigkeit getrunken werden, da so der Schleim in den Atemwegen flüssiger wird und leichter abgehustet werden kann. Bestens dafür geeignet ist ein Thymiantee. Für eine Tasse Tee übergießen Sie 1 bis 2 TL (1,4 g) Kraut mit 150 ml heißem Wasser und lassen ihn zugedeckt 5 bis 10 Minuten ziehen, danach abseihen. Trinken Sie eine Woche lang zwei bis drei Tassen täglich.

Anwendung 2: Thymianölwickel

Füllen Sie eine Wärmflasche mit heißem Wasser oder erwärmen Sie ein Wärmekissen (z. B. mit Kirschkernen). Legen Sie im Bett auf Brusthöhe ein Baumwolltuch als Innentuch und ein Wolltuch oder einen Schal als Außentuch für den Wickel bereit, in den Sie sich dann kuscheln können beziehungsweise den Sie jemandem anlegen wollen. Mischen Sie 15 Tropfen Thymianöl mit 50 ml Öl (Sonnenblumen-, Raps- oder Olivenöl). Falten Sie ein dünnes Baumwolltuch, das den Brustbereich bedecken sollte, 1-mal und träufeln Sie das Ölgemisch auf die Mitte des Tuchs. Legen Sie sich dann auf die vorbereiteten Tücher. Platzieren Sie das ölgetränkte Tuch auf der Brust, schlagen das Innen- und das Außentuch um die Brust und legen die Wärmflasche oder das Wärmekissen drauf. Lassen Sie den Wickel 1-mal täglich für 20 bis 30 Minuten einwirken. Das Öltuch kann in einer Plastiktüte aufbewahrt und bis zu vier Wochen verwendet werden, vor jeder Anwendung erneut mit etwas Öl beträufeln.

ÄTHERISCHE ÖLE UND KINDER – VIEL WIRRWARR

Es gibt immer wieder unterschiedliche Angaben, wann und in welcher Dosierung ätherische Öle bei Kindern eingesetzt werden können. Das sind immerhin Vielstoffgemische von enormer Kraft. Deshalb ist im Bereich der Atemwege Vorsicht geboten, da fast jedes ätherische Öl zumindest Spuren von schleimlösenden Inhaltsstoffen enthält. Wenn ein Baby/Kleinkind diese Naturduftstoffe einatmet, kommt es automatisch zur schleimlösenden Wirkung und damit zum Abhusten. Aber genau das können Kleinkinder noch nicht. Das muss erst erlernt werden und ist an die Entwicklung der Muskulatur gekoppelt. Nur eine starke Muskulatur ist fähig, losgelösten Schleim zuverlässig abzuhusten. Je mobiler ein Kind mit der Zeit wird, desto mehr entwickelt sich diese Fähigkeit. Und da jedes Kind sein eigenes Entwicklungstempo hat, ist es schwer, allgemeingültige Angaben zu machen.

Eine gute Informationsquelle für verunsicherte Eltern ist die Internetseite https://aroma-mama.de/, die von der renommierten Aromatherapeutin Eliane Zimmermann in Zusammenarbeit mit Sabrina Herber ins Leben gerufen wurde (siehe auch Steckbrief »*Thymian*«).

Schnell zur Hand: der Bienenwachswickel

Ganz unbedenklich für Kinder (und Erwachsene) ist die Bienenwachsauflage. Sie sollte in Ihrer Hausapotheke nicht fehlen, vor allem, wenn Sie kleine Kinder haben. Bei Bronchitis, Husten und Reizhusten stärkt eine Bienenwachsauflage (Apotheke, online) die Atemwege. Sie wirkt durchblutungsfördernd, schleimlösend, reizlindernd und entspannend zugleich. Die wachsbeschichtete Auflage wird mit einem Föhn auf Körperwärme gebracht und auf die Brust gelegt. Ziehen Sie zur Fixierung der Auflage ein enges T-Shirt an – und ab unter die Decke. Bei Erwachsenen kann die Auflage die ganze Nacht einwirken, bei Säuglingen und Kleinkindern genügen bereits ein bis drei Stunden, sie kann aber ebenfalls länger liegen bleiben.

TIPP

Sie können diese heilende Wärmeauflage auch bei rheumatischen Schmerzen in den Gelenken, in der Muskulatur, bei Bauch- und Unterleibsbeschwerden sowie bei Blasenentzündungen einsetzen.

Anwendung 3: Thymian-Zitronen-Honig-Tee

Waschen Sie 1 Biozitrone heiß ab, schneiden Sie etwas Schale dünn als Zeste ab und hacken Sie sie klein. Überbrühen Sie 2 TL Zitronenschale und ½ TL Thymianblätter mit 150 ml heißem Wasser und lassen alles zugedeckt 15 Minuten ziehen. In der Ziehzeit kühlt der Tee auf etwa 50 °C ab. Rühren Sie dann den Saft von ½ Zitrone und 1 TL Honig unter. Trinken Sie 2- bis 3-mal täglich eine Tasse davon (siehe Erkältung, Kasten »Gut gerüstet in die Erkältungszeit mit Oxymel«).

Cholesterin, hohes

Ein Fünftel aller Deutschen hat die Diagnose Fettstoffwechselstörung. Der Fettgehalt des Blutes übersteigt also die Normwerte. Ein Alarmsignal, das insbesondere im Verbund mit Diabetes, Übergewicht, Rauchen und Bluthochdruck krankhafte Gefäßveränderungen begünstigt. Die Gefahr für Herzinfarkt, Schlaganfall oder den Verschluss einer großen Beinarterie steigt. Neben viel Bewegung und einer pflanzlich orientierten Ernährung helfen Ihnen *Heilerde, Ingwer* und *Leinsamen,* eine beginnende Fettstoffwechselstörung aufzuhalten.

Fettsauger Heilerde

Das klingt fast zu schön, um wahr zu sein. Aber tatsächlich fungiert Heilerde (»Luvos mikrofein«) wie ein Schwamm und bindet Fette aus der Nahrung sowie Cholesterin, die dann über den Verdauungstrakt entsorgt werden. So verhindert Heilerde, dass überschüssiges Cholesterin in die Blutbahn gelangt und dort Schaden anrichtet. 10 g Heilerde können im Laborversuch 178 mg Cholesterin (so viel, wie ein Hühnerei enthält) binden. Ein zweiter Effekt wirkt über den Mechanismus der Bindung von Gallensäuren (siehe Cholesterin, hohes, Kasten »Bindemittel Ballaststoffe«).

Anwendung

Verrühren Sie 1 bis 2 TL (oder den Inhalt des beigelegten Messlöffels) in einem halben Glas Wasser, Mineralwasser oder Tee und trinken Sie die Heilerde 3-mal täglich in kleinen Schlucken vor dem Essen.

TIPP

Es gibt auch andere Darreichungsformen wie Kapseln oder Granulat. Die Einnahme erfolgt nach Packungsbeilage.

ÜBERBLICK CHOLESTERINWERTE

Gesamtcholesterin / gesunde Erwachsene

Ideal: unter 200 mg/dl (5,2 mmol/l)

Grenzwertig hoch: 200 bis 239 mg/dl (5,2 bis 6,2 mmol/l)

Hoch: über 240 mg/dl (6,2 mmol/l)

LDL-Cholesterin

Ideal: unter 115 mg/dl (3,0 mmol/l)

Bei Risikopatienten (z. B. hoher Blutdruck, Diabetes, Herzerkrankungen): unter 100 mg/dl (2,6 mmol/l)

Bei sehr hohem Risiko (z. B. nach einem Herzinfarkt): unter 70 mg/dl (1,8 mmol/l)

HDL-Cholesterin

Männer: über 40 mg/dl (1,0 mmol/l)

Frauen: über 50 mg/dl (1,3 mmol/l)

Für die Entscheidung, ob das Risiko für Gefäßverkalkung erhöht ist, nutzen Ärzte den Quotienten aus LDL/HDL, der unter 4 liegen sollte. Gehen Sie ab dem 35. Lebensjahr alle zwei Jahre zu den Vorsorgeuntersuchungen, bei denen auch die Cholesterinwerte erhoben werden.

Saubermann Ingwer

Cholesterin kann regelrecht ranzig werden, oder wissenschaftlich ausgedrückt: Es oxidiert. Es bleibt dann gerne in den Gefäßwänden hängen und geht eine unheilvolle Kombination mit Kalzium, Bindegewebe und kleinen Blutgerinnseln ein. Es kommt zur Arteriosklerose, einer Verengung der Gefäße. Ingwer sorgt dafür, dass das Cholesterin nicht oxidiert, also schlecht wird. Außerdem mindert er die Gerinnungsbereitschaft der Blutplättchen und vergrößert den Querschnitt der Blutgefäße, wodurch der Blutdruck sinkt. Putzen Sie Ihre Gefäße, indem Sie viel Ingwerwasser trinken.

Anwendung

Für eine Tagesration überbrühen Sie etwa 10 g frisch geschnittenen Ingwer mit 1,5 l kochendem Wasser und lassen alles mindestens 10 Minuten zugedeckt ziehen, damit die wichtigen Scharfstoffe ins Wasser übergehen können. Je länger der Ingwer zieht, desto schärfer wird das Wasser. Füllen Sie das Ingwerwasser anschließend in eine Thermoskanne.

Gesundheitshelfer Leinsamen

Das Besondere an Leinsamen ist die Kombination von hohen Anteilen dreier »Gesundheitshelfer«: der Omega-3-Fettsäure Alpha-Linolensäure, den pflanzlichen Hormonen (Lignanen) sowie den Ballaststoffen. Die drei tragen auf unterschiedliche Weise zur Senkung des Cholesterinspiegels bei.

Auf der Basis wissenschaftlicher Nachweise hat die kanadische Regierung 2017 erlaubt, dass seitdem auf entsprechenden leinsamenhaltigen Lebensmitteln die gesundheitsbezogene Angabe gemacht werden darf: »Gemahlene (ganze) Leinsamen helfen, den Cholesterinspiegel zu senken, der ein Risikofaktor für Herzkrankheiten ist.« Um einen bestehenden erhöhten Cholesterinwert zu senken, ist – neben den oben genannten weiteren Maßnahmen – die Einnahme von etwa 30 g Leinsamen täglich über 2 bis 3 Monate erforderlich.

Anwendung 1: *Smoothie-Start in den Tag*
Geben Sie 150 g TK-Himbeeren, 1 klein geschnittenen Apfel sowie 1 Banane in Stücken in einen Mixer und gießen Sie mit 100 ml warmem Wasser auf. Alles pürieren. Zum Schluss 1 EL Leinsaat in den Smoothie geben und eventuell mit einer Messerspitze Zimt verfeinern.
Wer es eilig hat, gibt morgens 1 EL geschroteten Leinsamen ins Müsli oder verzehrt ihn pur mit einem Glas Wasser.

TIPP

Schroten Sie ganze Leinsamen am besten frisch für ein paar Tage im Voraus, da bei längerer Lagerung die wertvollen Öle ranzig werden können. Zum Schroten eignet sich eine einfache Kaffeemühle. Wer eine Getreidemühle hat, kann damit natürlich auch schroten. Für kleine Mengen geht es auch per Hand mit dem Mörser.

Anwendung 2: *Leinsamen oder Leinöl*
Man kann geschrotete Samen über Salate streuen oder eine Panade damit anreichern. Leinöl schmeckt nicht nur zum Quark, sondern eignet sich auch gut für Dressings, ins Müsli oder in den Smoothie.

Anwendung 3: Leinsamenbrot

Mit diesem Brot schlagen Sie viele Fliegen mit einer Klappe: Es steckt voller Power-Saaten, die gleichzeitig viele Ballaststoffe liefern, enthält kein glutenhaltiges Mehl und bringt jede Menge Geschmack sowie Biss mit. Außerdem ist es ohne großen Aufwand zuzubereiten und bleibt bis zu einer Woche frisch.

Zutaten

140 g Sonnenblumenkerne (oder die Hälfte Kürbiskerne)
120 g geschrotete Leinsamen
100 g gehackte Mandeln
150 g Leinsamenmehl
2 EL Flohsamenschalen
1,5 TL Salz
350 ml Wasser
4 EL Rapsöl
1 TL Honig

Zubereitung

Legen Sie eine Kastenform mit Backpapier aus. Vermengen Sie alle trockenen Zutaten in einer Schüssel. Verrühren Sie Wasser, Rapsöl und Honig in einem Messbecher und geben Sie die Flüssigkeit zu den trockenen Zutaten. Mischen Sie den Teig gründlich, füllen Sie ihn in die Backform und streichen Sie die Oberfläche glatt.

Lassen Sie den Teig etwa drei Stunden (oder auch länger) quellen. Backen Sie ihn dann im Ofen bei 180 °C Ober-/Unterhitze für 60 Minuten. Nehmen Sie das Brot aus der Form und schieben Sie es für weitere 10 Minuten in den Ofen.

WICHTIG

Leinsamen können Arzneimittel binden und ihre Wirkung beeinträchtigen. Es empfiehlt sich, nach dem Verzehr mindestens eine Stunde zu warten, bevor Sie Medikamente einnehmen.

BINDEMITTEL BALLASTSTOFFE

Zunächst einmal »angeln« sich die Ballaststoffe Gallensäuren, die zu großen Teilen aus Cholesterin bestehen. Sie gehen mit ihnen eine feste Bindung ein und sorgen so dafür, dass diese mit anderen Verdauungsresten ausgeschieden werden. Für die Neubildung von Gallensäuren wiederum wird Cholesterin benötigt, das vor allem in der Leber gebildet wird – nur ein Teil wird über die Nahrung zugeführt. Über diesen Mechanismus kann man regulierend in den Fettstoffwechsel eingreifen.

Diabetes

Diabetes Typ 2, früher »Altersdiabetes« genannt, ist eine Zivilisationskrankheit, die heute längst in allen Altersgruppen auf dem Vormarsch ist. Dabei handelt es sich um eine Entgleisung des Zuckerstoffwechsels, die aus einem Missverhältnis von Energiezufuhr und Energieverbrauch resultiert. Ganz einfach gesagt: Wir essen zu viel und bewegen uns zu wenig. Die Glukose, die der Körper aus der Nahrung gewinnt, dient vor allem der Energiebereitstellung für die Muskeln. Wenn diese aber nur selten benutzt werden, brauchen sie auch kaum Energie. Ergo gibt es ein Überangebot an Zucker im Blut. Deshalb ist tägliche Bewegung so überaus wichtig, um der Erkrankung vorzubeugen. Hat man Diabetes, ist Bewegung unverzichtbar, um ein Voranschreiten zu verhindern oder das Rad sogar ein Stück weit zurückzudrehen. Hochwertige Nahrung (keine Fertiggerichte!) ist der zweite wesentliche Faktor im Kampf gegen Diabetes. Mit ein paar kleinen Tricks aus der Apotheke der Naturheilmittel können Sie vorbeugen oder auch bei einem bestehenden Diabetes für bessere Werte sorgen: z. B. mit *Apfelessig/Zitrone*, *Ingwer* und *Leinsamen*.

Sauer gegen Süß

Mit *Apfelessig* (alternativ *Zitrone*) kann man die Spaltung der Kohlenhydrate verlangsamen, wodurch ein schneller Anstieg des Blutzuckers verhindert wird. Apfelessig verbessert außerdem die Insulinempfindlichkeit, sodass der Körper Glukose effektiver aus dem Blut aufnimmt. Außerdem kann Apfelessig die Produktion von Glukose in der Leber verringern, was ebenfalls den Blutzuckerspiegel senkt.

Anwendung
Trinken Sie vor einer kohlenhydratreichen Mahlzeit ein Glas Wasser mit 1 EL Apfelessig beziehungsweise Zitronensaft. Sie können als Vorspeise auch einen kleinen Salat mit einem Essigdressing verzehren oder ein paar Gewürzgurken knabbern.

Scharf gegen Süß

Die Scharfstoffe im Ingwer unterstützen die Aufnahme von Glukose in die Muskelzellen, indem sie die Menge des Oberflächenproteins GLUT4 erhöhen und somit den Glukosetransport in die Zellen verbessern. Trinken Sie regelmäßig Ingwerwasser, um den Blutzucker zu regulieren.

Anwendung
Siehe »Cholesterin«.

Schlabbrig gegen Süß

Es gibt zahlreiche Studien zur Wirkung von geschrotetem Leinsamen bei Diabetes. Ein Teil der Wirkung wird den Phytoöstrogenen (Lignanen) zugeschrieben. Aber auch die Ballaststoffe sowie die Omega-3-Fettsäuren spielen im antidiabetischen Orchester mit. Leinsamen, eingenommen in Wasser, Joghurt oder Tee, konnte in Studien eine positive Wirkung auf verschiedene Blutzuckerwerte (u. a.

Nüchternblutzucker, Langzeitblutzucker) bei beginnendem Diabetes (Prädiabetes) sowie bei bestehendem Diabetes Typ 2 zeigen.

Anwendung

In den Studien, die in einer neuen, großen Meta-Analyse zusammengefasst wurden, verzehrten die Patientinnen und Patienten über einen Zeitraum von acht bis zwölf Wochen täglich zwischen 13 und 40 g geschroteten Leinsamen. Rezeptanregungen finden Sie unter »Cholesterin«.

WICHTIG

Auch der Schleim, der sich beim Einweichen in Flüssigkeit bildet, ist ein wichtiger Bestandteil der Wirkung – deshalb immer mitessen.

Durchblutungsstörungen

In der kalten Jahreszeit werden Füße und Hände besonders schnell zu »Eisfingern« und »Gletscherfüßen«, denn bei Kälte versucht der Körper auf Biegen und Brechen, die Körperkerntemperatur von etwa 37 °C aufrechtzuerhalten, damit die lebenswichtigen inneren Organe weiter gut durchblutet werden. Wenn nötig, drosselt er durch die Verengung von Blutgefäßen die Blutzufuhr zu nicht lebensnotwendigen Körperteilen wie Händen und Füßen, die aufgrund der mangelnden Durchblutung dann auskühlen. Man spricht hier von einer peripheren Durchblutungsstörung. Neben Kälte gibt es viele weitere Faktoren, die die Durchblutung einschränken können, darunter Erkrankungen der Gefäße wie Arteriosklerose. Diese müssen ärztlich abgeklärt und gegebenenfalls medikamentös behandelt werden. Egal, ob die Durchblutungsstörung durch Krankheit oder Kälte verursacht wird – Sie können selbst viel für eine bessere Durchblutung tun. Hier finden Sie drei Rezepturen, wie Sie mit *Ingwer, Rosmarin* und *Wasser* »Eisfinger« und »Gletscherfüße« verhindern können.

Heißsporn Ingwer

Die Scharfstoffe im Ingwer bringen das Blut regelrecht in Wallung. Neben Ingwerwasser (siehe »Cholesterin«) gibt es aber noch mehr, was einheizt.

Anwendung 1: Ingwerglühwein
Gießen Sie 5 dünne Scheiben Ingwer mit einer Tasse heißem Wasser auf und lassen Sie es ein paar Minuten zugedeckt ziehen. Wenn das Wasser auf Trinktemperatur abgekühlt ist, geben Sie 2 EL Zitrone und etwas Honig hinzu und färben den Glühwein nach Belieben mit 1 EL Rotwein.

Anwendung 2: Massageöl mit Ingwer
Heizen Sie Händen und Füßen mit einer Massage ein, bei der Ingwer für die nötige Wärme sorgt. Reiben Sie 30 g Ingwer fein, geben Sie den Abrieb in eine Kaffeefiltertüte oder ein Haarsieb und lassen Sie den Saft abtropfen. Wenn's schnell gehen soll, einfach auspressen. Mischen Sie den Saft mit 30 ml Öl. Das Mischverhältnis sollte 1:5 betragen, also ein Teil Ingwer und fünf Teile Öl. Schütteln Sie die Mischung vor der Massage gründlich.

Mit Rosmarin die Durchblutung ankurbeln

Um auch die Durchblutung in Händen und Füßen zu verbessern, müssen Sie in erster Linie für eine gute Blutzirkulation im ganzen Körper sorgen. Die Kommission E (die deutsche Sachverständigenkommission für pflanzliche Arzneimittel) empfiehlt bei Durchblutungsstörungen regelmäßige Rosmarinbäder (siehe »Blutdruck, niedriger«). Mit der Einnahme einer Rosmarin-Tinktur am Morgen kann man die Durchblutung schon mal auf Trab bringen.

Anwendung
Besorgen Sie sich eine Fertigtinktur aus der Apotheke und nehmen Sie diese nach Packungsbeilage ein. Oder machen Sie Ihre eigene Tinktur einfach selbst.

DIY – Meine Rosmarintinktur

Die Herstellung ist ganz einfach.

Das brauchen Sie

20 g getrocknete Rosmarinblätter (oder 40 g frische kleine Zweige – das entspricht etwa 6 Zweigen oder einer Fertigpackung frischen Rosmarins aus dem Supermarkt). 100 ml 70-prozentiger Alkohol (Weingeist, Apotheke).

So geht's

Übergießen Sie die Rosmarinblätter mit dem Weingeist. Lassen Sie die Mischung fünf Tage ziehen, dann seihen Sie sie ab, füllen sie in eine Flasche um und beschriften diese. Nehmen Sie die Tinktur als Kur über drei Wochen täglich 15 bis 25 Tropfen mit ½ TL Honig ein.

Kneipp hoch 3

Zur besseren Durchblutung der Beine können Sie regelmäßig Fußbäder machen. Sehr gut geeignet sind das ansteigende Fußbad (siehe »Blasenentzündung«) sowie das wechselwarme Fußbad (siehe »Blutdruck, hoher«). Ein tolles Training für eine bessere Durchblutung ist auch das das kalte Fußbad. Das klingt paradox, funktioniert aber nach den Gesetzen der Thermoregulierung des Körpers, weil bei Bedarf viel warmes Blut aus dem Oberkörper in die untere Region geleitet wird. Voraussetzung für alle Kaltanwendungen ist jedoch, dass der Körper – also auch die Füße – vor der Anwendung warm sind.

Anwendung

Füllen Sie eine hohe Schüssel oder einen Eimer mit kaltem Wasser, das höchstens 15 °C warm sein soll – je kälter, desto besser. Tauchen Sie zuerst den rechten und dann den linken Fuß ins Wasser, bis es zur Mitte der Waden reicht. Bewegen Sie die Füße im Wasser. Beginnen Sie mit wenigen Sekunden und steigern Sie im Laufe des Trainings die Badezeit auf 15 bis 30 Sekunden. Wer regelmäßig trainiert, schafft irgendwann sogar eine Minute. Anschließend das Wasser nur abstreifen, Socken anziehen und für Wiedererwärmung durch Bewegung oder Bettwärme sorgen.

TIPP

Das kalte Fußbad wirkt auch durchblutungsfördernd auf die Unterleibsorgane. Außerdem stärkt es die Fußmuskulatur und die Venen. Vor dem Schlafengehen kann es das Einschlafen fördern, und ganz allgemein wirkt es abhärtend.

Durchfall

Meist sind es Infektionen mit Bakterien oder Viren, die zu akutem Durchfall führen, manchmal Vergiftungen oder (sehr selten) Parasiten. Zu chronischen Durchfällen kommt es bei bestimmten Erkrankungen wie Nahrungsmittelallergien, Reizdarm, Erkrankungen der Leber und Galle. Die Ursachen müssen ärztlich abgeklärt und entsprechend behandelt werden.
Wegen des hohen Verlustes von Wasser und Mineralien (Elektrolyten) ist es wichtig, viel zu trinken, sonst besteht die Gefahr, dass der Körper austrocknet. Mit *Honig, Salz* und *Wasser* lassen sich die Verluste ausgleichen. *Heilerde* bindet Gifte und liefert zusätzlich Mineralien.
Verzichten Sie anfangs auf feste Nahrung, da die geschädigte Darmschleimhaut die Nährstoffe kaum aufnehmen kann. Erst wenn der Durchfall vorbei ist, sollte man schrittweise wieder mit fester Nahrung beginnen.

Der Elektrolyt-Drink

Wenn uns Elektrolyte und Wasser fehlen, klappen wir regelrecht zusammen (siehe Steckbriefe »*Salz*« und »*Wasser*«). Trinken Sie bei Durchfall mindestens 2 bis 3 Liter am Tag, um den Flüssigkeitsverlust auszugleichen. Der Richtwert ist: 45 ml pro 1 kg Körpergewicht. Ein 70 kg schwerer Mensch sollte dann also 3,1 Liter trinken. Besonders wichtig ist außerdem die Zufuhr von Natrium.

Anwendung
Kochen Sie 1 l Wasser ab und lösen Sie darin 1 TL Salz auf. Nachdem das Wasser auf Trinktemperatur abgekühlt ist, geben Sie 1 bis 2 EL Honig dazu.

Darmputzer Heilerde

Aufgrund ihrer großen Oberfläche – 1 TL Heilerde entspricht sechs Quadratmetern! – hat Heilerde ein hohes Bindungsvermögen. Sie sammelt im Darm Bakterien und deren schädliche Stoffwechselprodukte wie ein Schwamm auf und transportiert sie ab. Außerdem bindet sie überschüssige Flüssigkeit im Darm, sodass der Stuhl wieder fester wird.

Anwendung
Nehmen Sie in der akuten Phase mehrmals hintereinander 1 bis 2 TL Heilerde mit etwas Wasser ein. Wenn Besserung eintritt, dann 1 bis 2 TL morgens und abends, bis der Durchfall vorbei ist.

Entgiftung

Wir haben hervorragende körpereigene Entgiftungssysteme, allen voran die Leber und die Nieren. Aber auch über die Haut, die Lymphe oder die Atemluft entsorgen wir Abfallprodukte, die der Körper nicht mehr braucht, oder Gifte, die ihm schaden. Unsere Entgiftungsorgane haben dabei eine Menge zu tun, denn neben ihrer normalen Beanspruchung müssen sie auch noch mit allen möglichen Schadstoffen aus der Umwelt, der Nahrung (z. B. Pestiziden, Schwermetallen, Phtalaten) oder der Belastung durch Medikamente klarkommen. Dabei können Sie den Körper mit *Heilerde, Rosmarin, Salz* und *Wasser* unterstützen – am besten in Form einer Kur über ein bis zwei Wochen.

Staubsauger Heilerde

Die Bindungskräfte von Heilerde nehmen nicht nur überschüssiges Wasser oder Keime auf, sondern auch giftige Substanzen wie Schwermetalle, Bestandteile aus Plastik sowie Keime, die wir immer wieder über die Nahrung aufnehmen. Eine Art natürlicher Staubsauger für alles, was nicht in den Körper gehört.

Anwendung

Nehmen Sie als Kur über drei Wochen morgens auf nüchternen Magen und abends jeweils 1 bis 2 TL Heilerde in einem Glas Wasser verrührt ein.

Ayurvedisches Morgenritual

Zum ayurvedischen Morgenritual gehört das Trinken von einem Glas warmem Wasser auf nüchternen Magen. Dadurch wird das Verdauungsfeuer (Agni) angeregt und der Körper dabei unterstützt, schädliche Stoffe, die nachts abgebaut wurden, auszuscheiden. Auch das Ölziehen dient diesem Zweck (siehe »Mundgeruch«).

Salzpeeling für die Haut

Ein Peeling mit Salz regt die Durchblutung der Haut und damit den Hautstoffwechsel an und sorgt auf diesem Weg dafür, dass Giftstoffe abtransportiert werden. Salz wirkt zudem desinfizierend und entzündungshemmend. Auch abgestorbene Hautzellen lösen sich besonders gut von der Haut.

Anwendung
Mischen Sie für ein Ganzkörperpeeling 4 EL Salz mit 2 EL Öl. Waschen Sie das Salz-Öl-Gemisch nach dem Peeling gut unter der Dusche ab, am besten mit einem pH-neutralen Waschprodukt, und cremen Sie sich danach gut ein, da Salz die Haut auch austrocknet. Im Rahmen einer Kur zur Unterstützung der Entgiftungsorgane 1-mal wöchentlich durchführen.

WICHTIG
Nicht bei größeren Wunden anwenden.

Der Klassiker namens Leberwickel

Als zentrales Stoffwechselorgan spielt die Leber eine entscheidende Rolle für die Neutralisierung und den Abtransport von Giftstoffen. Heizen Sie Ihrer Leber deshalb hin und wieder äußerlich ein. Mit einem feuchtwarmen Wickel werden Leber und Galle besser durchblutet, was die Entgiftungsleistung der Leber und die Produktion des Verdauungssaftes Galle fördert. Außerdem hat der Wickel eine angenehm entspannende Wirkung.

Anwendung

Befüllen Sie eine Wärmflasche mit heißem Wasser. Legen Sie eine Wolldecke oder einen breiten Schal auf das Bett oder die Couch und darauf ein Handtuch in Höhe des Oberbauchs, sodass Sie beides später im Liegen um sich wickeln können. Falten Sie ein dünnes Tuch (Geschirrtuch, Baumwollwindel o. Ä.) und tauchen es in warmes Wasser. Legen Sie sich bequem auf den Rücken und platzieren das feuchtwarme Tuch auf dem rechten Oberbauch unter dem Rippenbogen. Jetzt die beiden anderen Tücher straff um den Bauch schlagen, zum Schluss die Wärmflasche drauflegen und zudecken. Lassen Sie den Wickel etwa 30 Minuten liegen. Während einer kleinen Leberentgiftungskur können Sie den Wickel täglich anwenden – am besten abends. Am Wochenende gerne auch zur Mittagszeit, denn gegen 13 Uhr ist die Leber tagsüber sehr aktiv.

Rosmarinöl für Leber und Galle

Rosmarin als Gewürzkraut in der Küche, als Tee (siehe »Blutdruck, niedriger«) oder in Form von Rosmarinöl regt die Verdauung an und stärkt Leber- und Gallenfunktion. Legen Sie hin und wieder eine kleine Kur mit Rosmarin ein, indem Sie dieses wunderbare Kraut verstärkt bei der Zubereitung von Speisen nutzen. Stellen Sie Ihr eigenes Rosmarinöl für die Küche her, das Sie aber auch als Heil- und Hautpflegemittel verwenden können.

Das brauchen Sie
1 Schraubglas
frischer Rosmarin
Öl (Oliven-, Raps- oder Sonnenblumenöl)
1 Sieb
1 Filtertuch (Gaze)
1 Trichter

So geht's
Befüllen Sie das Glas zu einem Drittel mit grob klein geschnittenem Rosmarin. Ruhig etwas anpressen, damit viel reinpasst. Jetzt gießen Sie Öl (Oliven-, Raps- oder Sonnenblumenöl) hinein, verschließen das Glas, stellen es in ein Wasserbad und lassen alles ein bis drei Stunden sanft köcheln. Anschließend vom Herd nehmen und etwas abkühlen lassen. Legen Sie das Filtertuch (Gaze) in ein Sieb und gießen Sie das Öl in einen Krug oder eine Schüssel ab. Zum Schluss pressen Sie das Filtertuch aus und füllen schließlich den Ölextrakt durch einen Trichter in eine dunkle Flasche. Das Öl ist etwa ein Jahr haltbar.

Erkältung

Eine Erkältung ist eine Atemwegserkrankung, die häufig durch virale Erreger verursacht wird, zu denen auch eine große Gruppe der humanen Rhinoviren (HRV) gehört. Mehr als 200 verschiedene Viren können eine Erkältung auslösen.
Die typischen Symptome reichen von Schnupfen über Halsbeschwerden bis hin zu Husten. Mit Ihrer Apotheke der Naturheilmittel haben Sie jede Menge Helfer an der Hand, die die Beschwerden lindern, die Heilung beschleunigen und auch zur Vorbeugung eingesetzt werden können. Diese sind: *Apfelessig, Honig, Ingwer, Kamille, Salz, Thymian, Zitrone* und *Wasser*.

Erkältung ausbremsen

Bei den ersten Anzeichen einer Erkältung ist ein temperaturansteigendes Sole-Fußbad hilfreich. Das Salz erhöht die Wirkung, da es die Wärmebindungskapazität des Wassers steigert. Wir vertragen dadurch problemlos 1 bis 2 Grad höhere Temperaturen, was die durchblutungsfördernde Wirkung des Fußbads im ganzen Körper verstärkt.

Anwendung
Füllen Sie eine Fußbadewanne knöchelhoch mit körperwarmem Wasser und geben Sie 50 g Salz dazu (nicht bei offenen Wunden). Gut verrühren, damit sich das Salz löst.
Stellen Sie den Wasserkocher mit heißem Wasser daneben und gießen Sie alle 3 bis 5 Minuten etwas Wasser nach, um

die Temperatur allmählich zu erhöhen. Nehmen Sie dabei die Füße kurz aus der Schüssel, damit Sie sich nicht verbrühen. (Oder Sie stellen einen Hocker in die Badewanne/Dusche und lassen aus dem Duschschlauch heißes Wasser nachlaufen.) Beenden Sie das Fußbad nach 15 bis 20 Minuten. Danach gut abtrocknen, dicke Socken anziehen und 15 bis 30 Minuten nachruhen beziehungsweise ins Bett gehen (siehe auch »Nasennebenhöhlenentzündung«).

WICHTIG

Bei Krampfadern sollte das Wasser nicht bis über die Knöchel reichen. Wenn Sie heiß nachgießen, muss also zuvor Wasser abgeschöpft werden.

EINFALLSTOR NASE UND HALS

Die Schleimhäute in Nase und Mund sind das Einfallstor für Erkältungsviren. Sie infiltrieren die Zellen, vermehren sich dort sehr rasch und zerstören sie schließlich. Die neu produzierten Viruspartikel breiten sich in dem umliegenden Gewebe aus und führen zu Entzündungen im Mund- und Rachenraum. Es gilt, schnell zu handeln, um den Viren das Handwerk zu legen, bevor sie in die tieferen Atemwege eindringen oder zur viralen Infektion noch eine bakterielle hinzukommt.

Schnupfenhelfer

Wo sich Viren oder Bakterien gerade ausbreiten, gilt es, sie an Ort und Stelle zu bekämpfen und die Symptome zu lindern. Machen Sie auch tagsüber den Erregern von innen her das Leben schwer. Ein Ingwer-Schnupfentee wirkt durch die Scharfstoffe des Ingwers erwärmend, was Viren

gar nicht mögen. Außerdem bekämpfen die Gingerole Schnupfenerreger, wirken entzündungshemmend und stärken das Immunsystem.
Spülungen entfernen Keime und bilden einen physischen Schutzfilm auf der Nasenschleimhaut, der die Viren daran hindert, in die Zellen einzudringen.

Anwendung 1: *Ingwer-Schnupfentee*
Schaben Sie die Schale von einem daumengroßen Stück Ingwer mit 1 TL ab, hacken den Ingwer fein und lassen ihn in 1 l Wasser etwa 20 Minuten köcheln. Lassen Sie den Tee auf etwa 40 °C abkühlen und rühren Sie den Saft einer halben Biozitrone hinein. Nach Belieben mit Honig süßen, in eine Thermoskanne füllen und den Tee über den Tag verteilt trinken.

Anwendung 2: *Salz-Nasenspülung*
Lösen Sie 1 g Salz (etwa ⅓ TL) in 100 ml lauwarmem Wasser auf. Füllen Sie die Lösung in eine Nasendusche, verschließen diese und schütteln, sodass sich das Salz löst. Neigen Sie den Kopf zur Seite, setzen Sie den Einfüllstutzen an einer Nasenöffnung an und lassen das Wasser durch die Nase laufen, sodass es durch das andere Nasenloch wieder herauskommt. Bei Schnupfen mehrmals täglich spülen. Zur Prophylaxe 1-mal täglich.
Für unterwegs füllen Sie eine kleine Menge in einen Pumpzerstäuber und sprühen täglich mehrmals in die Nase. Neben dem keimtötenden Effekt wird auch die Schleimhaut der Nase feucht gehalten, was deren Abwehrfunktion stärkt. Es gibt auch Fertigsprays auf Meersalzbasis.

TIPP

Diese Lösung können Sie auch zum Gurgeln verwenden.

Gurgellösungen bei Entzündungen im Mund- und Rachenraum

Sie bekämpfen Erreger, wirken entzündungshemmend und zusammenziehend, was auch die Schluckbeschwerden lindert (siehe auch »Angina«).

Anwendung 1: Honig-Apfelessig-Gurgelwasser
Verrühren Sie 2 TL Honig mit 1 TL Apfelessig und 150 ml warmem Wasser und gurgeln Sie anfänglich stündlich damit. Die Flüssigkeit ausspucken. Gurgeln Sie bei Besserung der Beschwerden alle zwei Stunden. Beim letzten Gurgeln vor dem Schlafengehen trinken Sie 2 Schluck der süßen Mischung, damit auch die hintersten Rachenbereiche erreicht werden.

Anwendung 2: Thymianaufguss
Übergießen Sie 1 EL Thymian mit 100 ml kochendem Wasser und lassen Sie den Aufguss 8 bis 10 Minuten zugedeckt ziehen. Danach abseihen und abkühlen lassen. Mehrmals täglich damit gurgeln.

Anwendung 3: Kamillenaufguss
Übergießen Sie 1 EL Kamillenblüten mit 150 ml heißem Wasser, lassen den Aufguss 8 bis 10 Minuten zugedeckt ziehen, seihen ihn ab und gurgeln damit.

Anwendung 4: Salzlösung
Siehe Nasenspülung.

Sirup bei Husten und Halsschmerzen

Sirup schmeckt natürlich, da er viel Süße enthält. Man kann ihn auch gut tagsüber mitnehmen und sich immer mal wieder ein Löffelchen genehmigen, um von den Heilkräften zu profitieren.

Anwendung 1: *Apfelessig-Honig-Sirup*
Mischen Sie 1 Teil Apfelessig mit 1 Teil Wasser und 1 Teil Honig. Nehmen Sie alle drei Stunden 1 TL ein.

Anwendung 2: *Thymian-Honig-Sirup*
Geben Sie 25 g Thymian (getrocknet), das sind etwa 6 EL, in einen Topf und gießen Sie 100 ml Wasser dazu. Setzen Sie den Deckel auf und lassen Sie die Mischung kurz aufkochen. Lassen Sie alles abgedeckt 15 Minuten ziehen und seihen dann durch ein Haarsieb ab. Nachdem die Flüssigkeit auf Trinktemperatur abgekühlt ist, rühren Sie 150 g Honig hinein und füllen sie in ein sauberes Glas. Verschließen Sie es gut und schütteln Sie kräftig, damit sich der Honig löst.

Gut gerüstet in die Erkältungszeit mit Oxymel

Eine Volksweisheit aus der neueren Geschichte lautet: »Die nächste Grippe kommt bestimmt, doch nicht zu dem, der Thymian nimmt.« Denken Sie also schon im Spätsommer daran, dass die nächste Erkältungssaison garantiert kommt, oft sogar früher, als man denkt. Gut gewappnet sind Sie mit einem Husten-Oxymel, einem Sauerhonig mit drei Grundzutaten aus Ihrer Naturheilapotheke: *Apfelessig*, *Honig* und *Thymian*.

Thymian wirkt schleimlösend und bekämpft mit seinen antibiotischen Eigenschaften Erreger. So werden die Bronchien frei, Entzündungen gehemmt und bestehende Schmerzen gemildert.

Das brauchen Sie
Das Grundrezept für Oxymel (Sauerhonig) besteht aus 100 ml Apfelessig und 300 ml Honig (am besten vom Imker). Mischen Sie beides miteinander. Für ein Husten-Oxymel werden nun noch ein paar Stängel frischer Thymian (etwa 1 Handvoll) gebraucht – gewaschen, trocken getupft und etwas zerkleinert.

So geht's
Geben Sie das Kraut in ein Glas und gießen Sie mit dem Sauerhonig auf. Verschließen Sie das Glas und lassen Sie es zehn Tage an einem dunklen Ort ziehen. Danach abseihen und in eine Flasche füllen. Als Kur nimmt man vorbeugend über vier Wochen täglich 1 EL pur oder mit Wasser verdünnt ein, alternativ bei den ersten Symptomen 3-mal täglich 1 EL.
Die süßsaure Kombi hält sich etwa ein Jahr.

Inhalieren bei Husten und Schnupfen

Beim Inhalieren werden die Schleimhäute befeuchtet; die Zugabe von Kräutern bringt zusätzlich noch einen leicht entzündungshemmenden Effekt. Besonders zu Beginn einer Erkältung ist das Inhalieren zu empfehlen, weil durch die bessere Durchblutung im Rachenraum Abwehrzellen in den Schleimhäuten aktiviert werden.

Sind die Schleimhäute bereits geschwollen, wirkt der heiße Dampf eher kontraproduktiv. Dann eignen sich elektrische Inhalatoren. Sie vernebeln salzhaltigen kalten Wasserdampf und sind deshalb vor allem für kleine Kinder besser geeignet, da keine Verbrühungsgefahr besteht. Man kann sie auch erst einmal in der Apotheke ausleihen.

Anwendung 1: Kamillen-Kopfdampf

Übergießen Sie 2 bis 3 EL Kamillenblüten mit 2 l kochendem Wasser in einer Schüssel oder einem Topf. Alternativ können Sie 10 bis 20 ml einer Fertigtinktur (Apotheke) oder Ihrer eigenen Zubereitung (siehe Akne, »Kamillentinktur selber machen«) verwenden. Beugen Sie den Kopf über das dampfende Gefäß und decken ihn mit einem Handtuch ab.

Anwendung 2: Thymian-Kopfdampf

Geben Sie 2 bis 3 EL Thymian ins heiße Wasser. Alternativ können Sie 5 Tropfen ätherisches Thymianöl verwenden (für Kinder ab etwa 2 Jahren nur 2 Tropfen ätherisches Öl).

WICHTIG

Für Kinder ist Inhalieren mit ätherischen Ölen nur nach Rücksprache mit dem Kinderarzt oder der Kinderärztin zu empfehlen, da die Atemwege gerade von Kleinkindern auf stark wirksame ätherische Dämpfe wie Thymian (oder andere gängige ätherische Öle) äußerst sensibel reagieren (siehe Bronchitis, Kasten »Ätherische Öle und Kinder – viel Wirrwarr«, sowie Steckbrief »*Thymian*«).

Dem Husten was husten mit Wickeln

Bei Husten, Bronchitis und Reizhusten sind Wickel ein unglaublich tolles Hausmittel. Sie lassen sich leicht anwenden, wirken auswurffördernd und antientzündlich. Darüber hinaus stillen sie den Hustenreiz (siehe auch Bronchitis, »Schnell zur Hand: der Bienenwachswickel«).

Anwendung 1: Brustwickel, warm
Besonders gut geeignet ist der warme Wickel bei festsitzendem und krampfartigem Husten.
Sie benötigen 3 Tücher, die um die Brust reichen müssen: 1 dünnes Baumwolltuch, 1 zweites, etwas größeres Innentuch (großes Handtuch oder Flanelltuch) und 1 Wollschal.
Legen Sie das größere Innentuch und den Wollschal schon im Bett bereit.
Tauchen sie das kleinere Tuch in eine Schüssel mit heißem Wasser. Zur Wirkungsverstärkung können Sie pro ½ l Wasser entweder den Saft von 1 Biozitrone oder 1 EL Salz ins Wasser geben.
Wringen Sie das Tuch aus und prüfen Sie an der Innenseite des Handgelenks die Temperatur, damit es nicht zu heiß ist. Wickeln Sie das feuchtwarme Tuch komplett um die Brust. Dann werden die beiden anderen Tücher straff, aber nicht einengend, um die Brust gewickelt. Decken Sie sich zu und überprüfen Sie nach 10 Minuten die Hautverträglichkeit. Bei starker Rötung wird der Wickel abgenommen, ansonsten kann er bis zu zwei Stunden auf der Brust liegen bleiben. Danach unbedingt nachruhen.

WICHTIG
Nicht bei Fieber anwenden.

Anwendung 2: Brustwickel, kalt

Bei fieberhaften Erkrankungen der Atmungsorgane ist der kalte Brustwickel das Mittel der Wahl. Auch bei Infektanfälligkeit ist dieser Wickel gut geeignet, prophylaktisch die Atemwege zu stärken.

Das Prozedere ist das gleiche wie beim warmen Brustwickel, nur dass das Innentuch in kaltes Wasser getaucht wird. Die Wassertemperatur wird dem Alter entsprechend angepasst – je jünger der Kranke ist, desto weniger kalt sollte das Wasser sein. Bei Kindern also eher lauwarm.

Der Wickel bleibt so lange liegen, bis er erwärmt ist (das kann zwischen 45 und 90 Minuten sein). Anschließend 15 Minuten nachruhen und dann den Oberkörper mit einem Waschlappen lauwarm abwaschen.

WICHTIG

Da der Wickel relativ großflächig ist, beachten Sie, dass keine Fieberabsenkung von mehr als 1 °C stattfinden soll (Thermometerkontrolle). Die Anwendung darf nur am warmen Patienten geschehen. Die Füße müssen warm gehalten werden. Bei Kreislaufsymptomen und Frösteln den Wickel entfernen.

WICKEL ODER AUFLAGE? WAS IST DER UNTERSCHIED?

Bei einem Wickel wird mit einem nassen und zwei trockenen Tüchern ein Körperteil ganz umwickelt. Die Wickel werden dann auch nach dem Körperteil benannt, also Brust-, Lenden- oder Wadenwickel. Im Unterschied dazu gibt es die Auflage, wo ein feuchtes Innentuch (oft mehrfach gefaltet) oder eine Packung (mit anderen Inhaltsstoffen wie Ingwer etc.) auf das betroffene Körperteil gelegt und dann umwickelt oder fixiert wird. So gibt es Auflagen, die nur mit warmem oder kaltem Wasser gemacht werden, solche, die als

Packungen mit Lehm, Leinsamen, Quark, Kartoffeln angewendet werden, sowie Varianten, bei denen das Innentuch in Öl getränkt wird. Umgangssprachlich bezeichnet man in der Regel beide Formen als Wickel.

Die Wirkung von Wickeln fasste Sebastian Kneipp so zusammen: »Und wie die Wickel ganz verschieden voneinander sind, so sind auch ihre Wirkungen verschieden. Doch darin stimmen alle überein, dass sie auflösen, die kranken Stoffe selber aufnehmen, ausleiten und so die Natur verbessern.«

DIY

Heilsame Lutschbonbons

Man kann die hustenlösende, antivirale und entzündungshemmende Kraft von Thymian auch in ganz schmackhafte kleine Lutschbonbons packen. Die kommen bestimmt bei allen von Husten Geplagten gut an, besonders bei Kindern.

Das brauchen Sie

10 bis 12 Thymianzweige
100 ml Wasser
150 g Zucker
2 EL Honig (Imker- oder Bioqualität)
1 EL Zitronensaft
Holzrührlöffel
Backpapier
Puderzucker

So geht's

Waschen Sie den Thymian und schneiden Sie die Blättchen eines Zweiges so klein wie möglich. Legen Sie sie beiseite. Kochen Sie den restlichen Thymian mit Wasser eini-

ge Minuten zu einem starken Sud auf, lassen ihn anschließend mindestens 30 Minuten zugedeckt ziehen und seihen ihn dann ab.
Geben Sie den Kräutersud zusammen mit dem Zucker in einen kleinen, höheren Topf. Lassen Sie den Zucker unter Rühren bei niedriger Hitze schmelzen und die Masse leicht köcheln, bis sie langsam dicker wird. Um die Konsistenz zu testen, entnehmen Sie mit einem Löffel etwas Masse und tropfen Sie sie in kaltes Wasser. Wenn der Tropfen sofort erstarrt, ist die Bonbonmasse fertig. Wenn nicht, weiterköcheln lassen, rühren und testen. Sobald die Konsistenz passt, rühren Sie die klein geschnittenen Blättchen unter und lassen die Masse noch etwas ziehen. Zum Schluss Honig und Zitrone hinzufügen.
Tropfen Sie die Masse mit einem Löffel in der gewünschten Bonbongröße auf Backpapier. Bevor sie vollständig aushärtet, können Sie kleine Kugeln daraus formen. Wälzen Sie die getrockneten Bonbons in Puderzucker, um ein Verkleben zu verhindern, und lagern Sie sie kühl und luftdicht.
Gute Besserung!

Erschöpfung

Erschöpfung ist ein Zustand starker körperlicher und/oder mentaler Ermüdung – ein Gefühl, das wir alle nach einer großen körperlichen oder geistigen Anstrengung schon einmal erlebt haben. In der Regel tanken wir dann neue Energie durch geistige Entspannung, körperliche Ruhe und natürlich durch Schlafen.
Haben wir es mit lang anhaltenden Belastungen im beruflichen oder privaten Umfeld, einer überstandenen Krankheit beziehungsweise einer unerkannten Erkrankung (z. B. Herzschwäche, Schilddrüsenerkrankung, Depression, Diabetes mellitus) oder einer Mangelernährung zu tun, kann es sein, dass die normalen Mechanismen der Regeneration nicht mehr funktionieren. Dann geht Alltägliches irgendwie nicht mehr so richtig von der Hand, man fühlt sich abgeschlagen und nicht leistungsfähig.
Mögliche körperliche Ursachen müssen abgeklärt und eventuell behandelt werden. Handelt es sich um eine »normale« Erschöpfung – übrigens das zweithäufigste Symptom, das Allgemeinmediziner von ihren Patienten zu hören bekommen –, können Ihnen *Rosmarin, Zitrone* und natürlich *Wasser* zu neuen Kräften verhelfen.

Rosmarin für den erschöpften Geist

Die anregende Wirkung des Rosmarins verdankt er seinem Kampfergehalt und den enthaltenen Gerb- und Bitterstoffen, die unter anderem die Produktion von Noradrenalin ankurbeln. Dieser Neurotransmitter bringt den Sympathikus, also unseren »Leistungsnerv«, in Schwung. Auch die Dopaminproduktion kann durch Rosmarin positiv beeinflusst werden, wodurch das Glücksgefühl steigt – das ideale Kraut also gegen geistige Erschöpfung, Antriebslosigkeit, Niedergeschlagenheit und Müdigkeit. Die beste Wirkung erzielt hierbei das besonders anregende nordafrikanische Rosmarinöl (Chemotyp Cineol, (siehe auch Steckbrief »*Rosmarin*«). Am effektivsten geschieht dies, indem die Duftstoffe über eine Aromalampe oder einen Diffuser im Raum verteilt werden.

Anwendung

Füllen Sie die Schale der Aromalampe mit etwas Wasser, geben Sie 3 bis 5 Tropfen Rosmarinöl hinzu und entzünden Sie anschließend das darunterliegende Teelicht. Rosmarin harmoniert gut mit Zitrusdüften. Probieren Sie mal eine Mischung aus 3 Tropfen Rosmarinöl und 2 Tropfen Zitronenöl.

Effektiver sind Diffuser. Sie arbeiten nicht mit direkter Hitze, sondern beispielsweise mit Ultraschall oder Luftstrom. So bleibt die Qualität des Duftstoffes besser erhalten. Außerdem erzielen sie größere Reichweiten.

Diffuser gibt es schon ab etwa 30 Euro. Die Anwendung erfolgt nach Gebrauchsanleitung.

TIPP

Um morgens in Schwung zu kommen, hilft ein Duschbad mit Rosmarin und eine Tasse Rosmarintee (siehe auch »Blutdruck, niedriger«).

Rosmaringelee für Morgenmuffel

Dieses Gelee vereint raffiniert Süßes, Saures und Bitteres aus den Rosmarinzweigen und bringt Sie morgens noch ein bisschen mehr in Schwung.

Das brauchen Sie
60 g frische Rosmarinzweige
750 ml Wasser
1 Paket Gelierzucker 3:1
Saft von 1 Biozitrone

So geht's
Lassen Sie die Rosmarinzweige im Wasser aufkochen und 15 Minuten sieden, seihen Sie dann ab und lassen den Sud etwas abkühlen. Rühren Sie Gelierzucker in die warme Flüssigkeit und geben Sie den Zitronensaft dazu. Lassen Sie alles so lange köcheln, bis die Masse sprudelnd kleine Bläschen bildet (etwa 4 Minuten), und machen Sie dann eine Gelierprobe auf einem Teller. Fügen Sie nach Belieben noch etwas Zucker hinzu. Füllen Sie die Masse in saubere Schraubgläser, geben Sie eventuell zur Deko noch ein frisches Zweiglein ins Glas, verschließen es fest und stellen das Glas für 5 bis 10 Minuten auf den Deckel.

Stimmungskanone Zitrone

Kaum eine Pflanze verströmt mehr Frische als die Zitrone. Es ist ein mächtiger Duft, der schlechte Stimmung vertreibt, Konzentration sowie Wachsamkeit steigert und auch bei körperlicher Ermüdung einen schnellen Energiekick verpasst.

Anwendung 1: Aromalampe oder Diffuser
Verfahren Sie mit ätherischem Zitronenöl genauso wie unter »Rosmarin für den erschöpften Geist« beschrieben.

Anwendung 2: Schnüffeln erlaubt
Das ist ausdrücklich erlaubt und gilt sozusagen als eine Form der Inhalation. Geben Sie 1 bis 2 Tropfen Zitronenöl auf ein Taschentuch und riechen Sie daran, wenn Sie merken, dass Sie müde werden.

Anwendung 3: Frischekick für die Handtasche
Mischen Sie 20 bis 30 Tropfen Zitronenöl mit 50 ml Trägeröl. Reiben Sie bei Bedarf die Arme und den Nacken damit ein.

DAS CHRONISCHE FATIGUE-SYNDROM

Im Gegensatz zu »normalen« Erschöpfungszuständen gibt es das Chronische Fatigue-Syndrom (CFS) beziehungsweise die Myalgische Enzephalomyelitis (ME), eine schwere neuroimmunologische Erkrankung. Sie kann sich nach einer Infektion, z. B. mit dem Epstein-Barr- oder dem Coronavirus, entwickeln. CFS geht in der Regel mit Kopf-, Hals- und Muskelschmerzen, geschwollenen Lymphknoten sowie Gedächtnis- und Konzentrationsproblemen einher.
Manche Menschen sind so schwer betroffen, dass einfachste tägliche Verrichtungen einer Mammutaufgabe gleichen. Typisch ist oft eine Verschlechterung der Symptome nach einer Belastung. Dabei kann es nach Stunden oder sogar erst am nächsten Tag zu einem sogenannten Crash kommen, bei dem gar nichts mehr geht. Die Forschung zur Entstehung und Therapie der Erkrankung steht leider noch am Anfang, sodass viele Betroffene keine angemessene Behandlung erfahren.

Eine kalte Abreibung für den Oberkörper

Der korrekte Begriff kalte Oberkörperwaschung klinkt etwas trutschig. Der Effekt allerdings ist alles andere als trutschig. Die Waschung soll einen dünnen Wasserfilm auf dem ganzen Körper oder einzelnen Regionen erzeugen. Je gleichmäßiger das gelingt, desto besser die Wirkung. Die kalte Waschung des Oberkörpers wirkt als milder Reiz regulierend auf die Durchblutung der Brustorgane und hilft bei Erschöpfungs- sowie Schwächezuständen.

Anwendung

Wie bei allen kalten Anwendungen gilt: Sie müssen vorher warm sein (am besten also gleich morgens, wenn Sie noch Bettwärme haben). Falten Sie ein Leinenhandtuch (dünnes Baumwolltuch) mehrfach auf Handtellergröße zusammen. Tauchen Sie es in kaltes Wasser und wringen es leicht aus. Machen Sie den Oberkörper frei. Beginnen Sie die Waschung am rechten Arm außen am kleinen Finger und gehen Sie bis über die Schulter nach oben. Waschen Sie anschließend die Innenseite und wechseln Sie dann zum linken Arm. Falten Sie das Tuch neu oder machen es wieder frisch und umfahren Sie den Nacken von rechts nach links. Dann kommen Brust und Bauch dran. Zum Schluss falten Sie das Handtuch auseinander, fassen mit beiden Händen je ein Ende und ziehen einmal über die Schulter und jeweils die rechte und linke Diagonale des Rückens.

Alles geht ruckzuck und sollte nicht länger als eine Minute dauern. Nicht abtrocknen, sondern direkt anziehen.

TIPP

Diese Anwendung ist auch gut geeignet zur Stärkung des Immunsystems und der Atemwege.

Fieber

Fieber tritt oft als Folge einer Infektion auf. Die erhöhte Körpertemperatur ist eine natürliche Abwehrreaktion des Körpers, um Keime durch Hitze zu bekämpfen. Deshalb ist eine Fiebersenkung nur dann angezeigt, wenn man in den Bereich von hohem Fieber kommt (siehe Kasten) und man sich sehr unwohl fühlt. Zur Fiebersenkung eignen sich Wickel mit *Essig*, *Wasser* und *Zitrone*.

Der unschlagbare Wadenwickel

Er ist ein Klassiker unter den natürlichen Fiebersenkern. Durch die Wickel wird eine Verdunstungskälte erzeugt und so die erhöhte Temperatur des Körpers ausgeglichen. Gibt man dem Wickelwasser noch etwas Essig oder Zitrone hinzu, wird die Wirkung verstärkt. Gleichzeitig hat die Säure eine erfrischende Wirkung.

Anwendung
Sie brauchen 2 dünne Bauwolltücher (Geschirrtuch, Windel) und 2 Frotteehandtücher. Geben Sie auf 1 l kaltes Wasser (bei Kindern nur lauwarmes Wasser, das 1 °C bis maximal 5 °C unter der Fiebertemperatur liegen sollte) 3 EL Apfelessig oder Zitrone, tauchen die beiden Innentücher ins Wasser, wringen sie gut aus und wickeln die Tücher nacheinander straff um die Waden. Sie sollen vom Knöchel bis unter die Kniekehle reichen. Dann das Frotteehandtuch um das Innentuch wickeln und zudecken. Der Wickel bleibt etwa 10 Minuten liegen. 2- bis 3-mal wiederholen.

TIPP
Über Reflexbahnen wird auch der Kopf entlastet, und Kopfschmerzen oder Benommenheit bessern sich.

WICHTIG
Nicht anwenden bei Schüttelfrost, bei kalten Gliedmaßen oder bei arteriellen Durchblutungsstörungen. Bei Kindern unter einem Jahr nur in Rücksprache mit dem Kinderarzt.

Kinderkompatible Essigsocken

Für die Anwendung gelten die gleichen Vorsichtsmaßnahmen wie für den Wadenwickel. Und niemals gegen den Willen eines Kindes anwenden!

Anwendung
Tauchen Sie ein Paar dünne Socken in die Essig- oder Zitronenwasserlösung, die kälter als 36 °C ist. Wringen Sie die Socken aus und ziehen Sie sie über die Füße, dann ziehen Sie noch ein größeres Paar Socken (Mamas oder Papas Socken) drüber. Decken Sie das Kind an den Beinen nicht zu, damit die Wärme abgeleitet werden kann.

AB WANN SPRICHT MAN VON FIEBER?
Normal: 36,5 bis 37,5 °C
Erhöht: 37,6 bis 38,1 °C, bei Kindern bis 38,4 °C
Fieber: ab 38,2 °C, bei Kindern ab 38,5 °C, bei Säuglingen unter drei Monaten ab 38 °C
Hohes Fieber: ab 39 °C
Sehr hohes Fieber (Hyperpyrexie): ab 40 °C

Diese Angaben beziehen sich auf eine rektale Messung. Misst man im Ohr, sind die Messwerte etwa 0,3 bis 0,5 °C niedriger. Wird mit dem Stirnthermometer gemessen, ist das Ergebnis relativ ungenau. Einen Arzt sollte man aufsuchen, wenn hohes Fieber länger als drei Tage anhält oder bei Erwachsenen ohne erkennbare Ursache auftritt, ebenso wenn sich ein fiebriges Kind weigert zu trinken.

Zitronen an die Füße

Es ist sozusagen ein Wickel für die Füße aus der anthroposophischen Medizin, der fiebersenkend wirkt, aber auch insgesamt eine gute Wahl, um einer beginnenden Erkältung den Hahn abzudrehen. Auch Begleitsymptome einer Erkältung wie Halsschmerzen und Schnupfen kann man mit diesem Wickel zu Leibe rücken. Er leitet Wärme ab und wirkt – ähnlich wie der Wadenwickel – über Reflexbahnen auf das vegetative Nervensystem und soll helfen, überschießende Stoffwechselreaktionen des Körpers wieder zu normalisieren.

Anwendung

Schneiden Sie 1 Biozitrone in etwa vier 0,5 mm dünne Scheiben. Legen Sie jeweils 1 Zitronenscheibe in das Fußgewölbe und 1 Scheibe unter den Zehenballen und fixieren Sie alles mit einer Mullbinde oder ziehen dünne Söckchen drüber. Die Scheiben leicht andrücken. Der Fußwickel bleibt für eine Stunde liegen. Wenn der Kranke schläft, darf es auch länger sein.

Funktionelle Herzrhythmusstörungen

Das Herz rast, stolpert, fühlt sich beklommen an oder schmerzt sogar. Das wirkt bedrohlich, aber bei 30 bis 40 Prozent aller Patientinnen, die den Arzt wegen solcher Beschwerden aufsuchen, lassen sich laut Statistik keine krankhaften Veränderungen am Herzen feststellen. Das Herz ist also organisch völlig gesund, aber in seiner Funktion gestört – deshalb auch die Bezeichnung »funktionelle« Herzbeschwerden.
Das Herz ist jedoch nicht nur eine Pumpe, die zuverlässig das Blut durch unseren Körper schickt, sondern besitzt auch ein eigenes Nervensystem mit etwa 40 000 Nervenzellen, das mit dem Gehirn kommuniziert. Dieses »Herzgehirn« empfindet, erinnert, lernt und trifft eigene Entscheidungen. Verschiedene Entspannungsverfahren wie Yoga, Atemübungen oder kneippsche Wasseranwendungen können Sie mit wenig Aufwand in Ihren Alltag integrieren und so dem Herzen Gutes tun.
Rosmarin stärkt Ihr Herz langfristig. *Wasser* ist das ideale Erste-Hilfe-Mittel.

Schnelle Hilfe bei Herzrasen

Mit Wasser können Sie schnell den Herzschlag runterregulieren.

Anwendung 1: *Ein Glas Wasser*
Trinken Sie ein Glas kaltes Wasser in kleinen Schlucken. Das löst einen Reiz auf den Vagusnerv aus – dem wichtigs-

ten Entspannungsnerv im autonomen Nervensystem –, was zu einer Normalisierung des Herzschlags führt.

***Anwendung 2:** Kalte Stirn- oder Herzkompresse*
Falten Sie ein dünnes Baumwoll- oder Leinentuch mehrfach, tauchen es in kaltes Wasser und wringen es gut aus. Legen Sie es auf die Stirn oder die Herzgegend, decken es mit einem weiteren Tuch (kleines Frotteehandtuch) gut ab und legen abschließend ein wärmendes Wolltuch darüber. Die Kompresse wird abgenommen, sobald sie nicht mehr als angenehm kühl empfunden wird, und wenn nötig noch mal erneuert. Zwischendurch erwärmen lassen. Machen Sie nicht zu viele Wiederholungen, da sonst die Gefahr der Unterkühlung besteht.

***Anwendung 3:** Das kalte Armbad*
Siehe »Blutdruck, niedriger«.

TIPP

Regelmäßig angewendet kann das kalte Armbad langfristig das Herz stärken.

Herzstärkender Rosmarinwein

Wie wär's mit einer kleinen Weintherapie zur Stärkung des Herzens? Medizinalweine gehören schon seit Jahrtausenden zum therapeutischen Repertoire. Das älteste bekannte Kräuterweinrezept wurde auf einer sumerischen Tontafel aus dem Jahr 2230 v. Chr. gefunden.

Das brauchen Sie

20 bis 30 g frische Rosmarinzweige
1 l Weißwein
1 großes Schraubglas

So geht's

Spülen Sie die Zweige unter fließendem Wasser ab und schütteln Sie sie trocken. Geben Sie die Zweige in das Glas, gießen Sie den Wein auf und verschließen Sie das Gefäß. Lassen Sie den Ansatz fünf bis sieben Tage ziehen. Gießen Sie den Wein durch ein Sieb ab und füllen Sie ihn in eine Flasche. Trinken Sie als Kur täglich 2- bis 3-mal 1 Likörglas (20 ml).

Fußpilz

Dem Onlineportal Statista zufolge verwendeten im Jahr 2021 rund 1,2 Millionen Menschen in Deutschland mindestens einmal im Monat ein Nagel- oder Fußpilzmittel. Dermatophyten oder Hefesporen sind die Verursacher einer Hautpilzinfektion. Diese Fieslinge finden ideale Lebensbedingungen in der Zehenregion. Starker Juckreiz zwischen den Zehen, gerötete und/oder schuppige Haut sind erste mögliche Anzeichen. Im weiteren Verlauf entstehen aufgeweichte Hautstellen – ähnlich wie bei zu langem Baden –, manchmal mit kleinen Rissen. Rücken Sie den unliebsamen Gästen an Ihren Füßen mit *Apfelessig*, *Propolis* (umgangssprachlich auch als Bienenkitt bezeichnet) und *Salz* zu Leibe. Gerne können Sie alles miteinander kombinieren beziehungsweise die unten beschriebenen Fußbäder im Wechsel anwenden. Außerdem ist es ratsam, nur Socken aus Naturmaterialien zu tragen, auf bequeme Schuhe zu setzen, öfter barfuß zu gehen und die Füße nach dem Waschen gerade zwischen den Zehen immer gut abzutrocknen.

Essigsocken für die Nacht

Die Essigsäure bremst das Wachstum der Pilze und hilft so bei deren Bekämpfung.

Anwendung

Stellen Sie eine Wasser-Apfelessig-Lösung im Verhältnis 1:1 her. Tauchen Sie ein paar dünne Baumwollsöckchen in die Lösung, wringen Sie sie leicht aus und ziehen Sie sie an.

Darüber kommen trockene Socken – und ab ins Bett. Am nächsten Morgen die Füße abspülen und gut abtrocknen, vor allem zwischen den Zehen.

TIPP

Sind kleinere Stellen befallen, können Sie Apfelessig direkt darauftupfen. Dafür ein Wattepad mit Apfelessig tränken.

Propolis – der Topspezialist gegen Pilze

Die über 270 Inhaltsstoffe von Propolis, der hauseigenen Apotheke eines Bienenvolkes (siehe auch Steckbrief »*Honig*«), sind starke Geschütze, um unliebsame Keime im und um den Bienenstock abzuwehren bzw. zu eliminieren. Auch Pilzsporen werden in Schach gehalten. Außerdem hilft er den Hautzellen beim Aufbau gesunder Hautschichten. Propolis-Präparate (Tropfen, Tinkturen, Salben) gibt es in Apotheken, Drogerien, Reformhäusern sowie beim Imker.

Anwendung

Betupfen Sie die betroffenen Hautareale mithilfe eines Wattestäbchens mit Propolis. Legen Sie ein Papierküchentuch unter die Füße, um unliebsame Flecken zu vermeiden.

TIPP

Es gibt auch spezielle Propolis-Fußtinkturen zu kaufen, die Sie nach Packungsbeilage anwenden.

WICHTIG

Fünf bis zehn Prozent der Menschen reagieren allergisch auf die in Propolis enthaltenen Eiweiße. Geben Sie deshalb vor der Anwendung eine kleine Menge Tinktur auf den

Handrücken oder in die Armbeuge. Beobachten Sie etwa 10 Minuten, ob sich eine allergische Reaktion zeigt.

Pilzschreck Sole-Fußbäder

Salz hemmt durch seine desinfizierende Wirkung entzündliche Prozesse auf der Haut; kleine Wunden heilen ab. Das basische Solewasser hilft beim Aufbau eines intakten Säureschutzmantels der Haut, der wichtigsten Schutzbarriere gegen Eindringlinge aller Art. Somit bekämpfen Sole-Fußbäder nicht nur Pilzsporen, sondern beugen auch einer erneuten Pilzbildung vor.

Anwendung
Stellen Sie eine zehnprozentige Sole her. Geben Sie also für ein Fußbad 50 g Salz auf 5 l Wasser (siehe Steckbrief »*Salz*«). Baden Sie die Füße darin 1- bis 2-mal täglich etwa 15 Minuten. Tupfen Sie danach die Füße trocken und lassen Sie sie an der Luft völlig trocknen. Abgestorbene Hautreste sollten sorgfältig entfernt werden, denn sie könnten noch lebensfähige Pilznester enthalten. Tragen Sie anschließend Propolis-Tinktur auf, ziehen Sie frische Socken an oder gehen Sie ins Bett. Da Pilze widerspenstig sind, brauchen Sie etwas Geduld. Machen Sie diese Fußbäder daher mindestens drei Wochen lang.

TIPP
Vor dem Schlafengehen wirkt ein Sole-Fußbad schlafördernd.

WICHTIG
Nicht bei offenen Wunden anwenden.

Gastritis

Übelkeit, Brechreiz, Druck- und Völlegefühl im Magen, Aufstoßen und Appetitlosigkeit – so meldet sich eine Magenschleimhautentzündung. Zu der Entzündung kommt es, wenn die Magenschleimhaut durch äußere Einflüsse geschädigt wird und die Magenwand nicht mehr ausreichend vor der Magensäure schützen kann. Mit den drei Klassikern *Heilerde, Kamille* und *Leinsamenschleim* haben Sie wirksame Mittel zur Hand.

Neutralisierende Heilerde

Bei einer Magenschleimhautentzündung ist es wichtig, überschüssige Magensäure zu binden. Bestens dafür geeignet ist Heilerde, die überschüssige Säure wie ein Schwamm aufsaugt.

Anwendung
Trinken Sie 2- bis 3-mal täglich ein Glas Wasser (150 ml), in dem Sie 1 TL Heilerde verrühren.

Rolle, rolle mit Kamille

Kamille hilft der Magenschleimhaut, sich zu regenerieren, wirkt krampflösend und entzündungshemmend. Ein bewährtes Mittel ist die Rollkur mit Kamille, am bestens morgens auf nüchternen Magen. Laut neuen Forschungsergebnissen sind vor allem das Alpha-Bisabolol sowie der

Farbstoff Apigenin für die Wirksamkeit der Kamille bei Entzündungen der Magenschleimhaut verantwortlich. Trinken Sie tagsüber drei Tassen Kamillentee (wie hier für die Rollkur beschrieben) und machen Sie täglich eine Rollkur, bis die Beschwerden abklingen.

Anwendung
Beginnen Sie mit dem ersten Kamillentee morgens. Übergießen Sie 2 TL Kamille mit 250 ml heißem Wasser und lassen Sie den Sud 10 Minuten zugedeckt ziehen. Seihen Sie dann ab und trinken Sie den Tee in kleinen Schlucken. Nun geht's ans Rollen. Legen Sie sich zunächst 5 Minuten auf den Rücken, dann 5 Minuten auf die linke und rechte Seite und zum Schluss 5 Minuten auf den Bauch.

TIPP
Beides ist übrigens auch bei Magen-Darm-Infekten und unspezifischen Magenbeschwerden empfehlenswert.

Schleimen ausdrücklich erwünscht

Der Schleim, den Leinsamen bilden, hat eine strukturelle Ähnlichkeit mit dem natürlichen Magenschleim und kann sich an diesen für zwei bis drei Stunden anheften. Diese schützende Schicht gibt dem Magen Zeit und Ruhe, sich selbst zu regenerieren und Entzündungen sowie Läsionen abheilen zu lassen.

Anwendung
Weichen Sie 3 EL Leinsamen am Abend mit 500 ml Wasser ein und lassen Sie ihn über Nacht quellen. Kochen Sie am Morgen alles kurz auf und trennen Sie anschließend den

Schleim von den Leinsamen, indem Sie den Brei in ein Sieb geben. Den gewonnenen Leinsamenschleim in eine Thermosflasche füllen und über den Tag verteilt körperwarm und schluckweise trinken – ebenso abends vor dem Schlafengehen.

Gicht

Gicht ist die Folge von dauerhaft erhöhten Harnsäurespiegeln im Blut. Liegt der Wert höher als 6,5 mg/dl, kristallisiert die Harnsäure in den Geweben, Gelenken und den Nieren. Besonders das Großzehengrundgelenk ist eine bevorzugte »Lagerstätte« für überschüssige Harnsäure. Die darauffolgende Entzündung ist äußerst schmerzhaft. Mit einer entsprechenden Ernährung, die vor allem purinreiche Lebensmittel meidet oder ganz ausschließt, können Sie am besten vorbeugen. Kommt es dennoch zu einem Gichtanfall, gilt es, mit *Heilerde, Salz* und/oder *Zitrone* den Schmerz zu lindern und die Entzündung zurückzudrängen.

Kalte Pampe

Eine kalte Auflage mit Heilerde hat den Vorteil, dass die Erde lange kühl bleibt und dadurch überschüssige Wärme aus der entzündeten Stelle gezogen wird. Das langsame Trocknen der Erde entzieht der Haut Feuchtigkeit und wirkt dadurch ausleitend.

Anwendung

Rühren Sie die Heilerde mit Wasser zu einem dicken Brei an (siehe auch Arthrose, »Anwendung: Kalte Auflage«). Geben Sie einen kleinen Schuss Apfelessig hinzu, der den Kühleffekt noch verstärkt. Tragen Sie den Brei fingerdick auf feuchtes Küchenpapier oder Gaze auf und schlagen Sie alles zu einem Päckchen ein. Legen Sie das Heilerde-Päckchen so auf das entzündete Gelenk, dass sich nur eine Lage Küchenpapier/Gaze zwischen Heilerde und Haut befindet. Umwickeln Sie dann alles mit einem Baumwoll- und Wolltuch und lassen es für mindestens ein bis eineinhalb Stunden so. Spülen Sie danach alles mit lauwarmem Wasser ab und cremen Sie gegebenenfalls die Haut ein. Falls das schmerzhaft ist, können Sie die Stelle auch ganz zart mit einem Öl einreiben.

TIPP
Sie können diese Auflage mehrmals wiederholen.

Salzsocken für die Zehen

Bei einem akuten Gichtanfall im Zehengrundgelenk kann man sich die entzündungshemmenden und damit schmerzlindernden Eigenschaften von Salz zunutze machen. Salz hat zudem eine neutralisierende Wirkung auf die in den Gelenken angesammelte Harnsäure.

Anwendung
Stellen Sie eine drei- bis fünfprozentige warme Salzlösung her, also 3 bis 5 g auf 100 ml Wasser (siehe auch Steckbrief »*Salz*«). Legen Sie eine Baumwollsocke hinein, drücken Sie sie leicht aus und ziehen Sie sie an. Ziehen Sie eine dicke Wollsocke darüber und lassen Sie die Lösung 30 Minuten bis eine Stunde einwirken. Anschließend den Fuß lauwarm abspülen, trocknen lassen und eincremen. Auch diese Anwendung können Sie mehrmals täglich durchführen.

Antientzündlicher Zitronendrink

Die Schalen von Zitrusfrüchten enthalten das antioxidative und entzündungshemmende Flavonoid Nobiletin. Im weißen Häutchen findet sich zudem Rutin, ein weiteres antioxidatives und entzündungshemmendes Flavonoid. Und da aller guten Dinge bekanntlich drei sind, punktet die Zitrone zudem mit ihrem hohen Vitamin-C-Gehalt im Saft, denn Vitamin C kann mit seiner großen antioxidativen Wirkung ebenfalls überschießende Entzündungen eindämmen.

Anwendung
Waschen Sie 1 Biozitrone gründlich. Schneiden Sie sie mitsamt Schale in kleine Stücke und geben Sie sie zusammen mit 200 ml Wasser in einen Mixer. Süßen Sie den antientzündlichen Drink nach Belieben mit etwas Honig und trinken ihn bei einem akuten Gichtanfall 3-mal täglich, gerne kombiniert mit den Salzsocken und/oder der Heilerde-Auflage.

TIPP
Zur Vorbeugung von Gichtanfällen täglich etwas Zitronensaft in Getränken, Salaten oder pur einnehmen.

Haarausfall

Haarausfall kann viele Ursachen haben. Meist ist er jedoch hormonell bedingt, man spricht dann von androgenetischem Haarausfall. Dabei kommt es unter anderem zu einer Schrumpfung der Haarfollikel. Nicht nur Männer sind davon betroffen. Schwangerschaft, Wechseljahre oder Mangelerscheinungen können auch bei Frauen lichte Stellen auf der Kopfhaut erzeugen.
Von allen bisher untersuchten Naturstoffen bei androgenetischem Haarausfall konnte *Rosmarin* am besten abschneiden. In der Volksmedizin verschiedener Länder wird auch *Zitrone* gegen Haarausfall angewendet.

Schmieren Sie sich Rosmarin in die Haare

Schon im antiken Rom wurde von Rosmarin gegen Haarausfall Gebrauch gemacht. Es liegt wohl vorrangig an der Carnosinsäure mit ihren entzündungshemmenden und antioxidativen Eigenschaften, die dazu beitragen kann, geschädigte Strukturen zu regenerieren. Rosmarin verbessert auch die Durchblutung der feinen Kapillaren in der Kopfhaut. Das steigert die Aufnahme von Nährstoffen und stärkt die Haarfollikel.
In einer Studie mit 100 von Haarausfall Betroffenen schnitt die Behandlung mit ätherischem Rosmarinöl genauso gut ab wie die Therapie mit dem gängigen Medikament Minoxidil. Geduld und Regelmäßigkeit bei der Anwendung sind wichtig. Es dauert etwa drei bis sechs Monate, bis sich erste Erfolge einstellen.

Anwendung
Massieren Sie 2- bis 3-mal wöchentlich Rosmarinöl in die Kopfhaut in. Geben Sie dafür jeweils 5 Tropfen Rosmarinöl ct. Borneon und 5 Tropfen Rosmarinöl ct. Cineol in 1 bis 2 EL (je nach Haarpracht) eines neutralen Öls und massieren Sie es gut in die Kopfhaut ein. Lassen Sie das Öl mehrere Stunden (am besten über Nacht) einwirken. Waschen Sie dann die Haare mit einem milden Shampoo, dem Sie ebenfalls einige Tropfen Rosmarinöl zusetzen können.
Für die tägliche Haarwäsche geben Sie die gleiche Menge ätherisches Öl in eine kleine Menge Babyshampoo oder ein natürliches Shampoo und massieren es in die Kopfhaut ein. Mehrere Minuten einwirken lassen, dann kurz ausspülen.

TIPP

Bringen Sie die Haarfollikel zusätzlich mit einem Sud aus Rosmarinblättern auf Trab. Lassen Sie 3 bis 4 EL Biorosmarinblätter für 10 Minuten in ½ l Wasser köcheln, anschließend abkühlen, bis die Mischung lauwarm ist, und seihen Sie sie schließlich ab. Reiben Sie den Sud in die Kopfhaut ein. Nicht ausspülen.

Schützendes Vitamin C

In vielen Kulturen, z. B. im arabischen Raum, schwört man auf Zitronen als Mittel gegen Haarausfall. Es ist wohl ein ganzer Komplex an möglichen Wirkungen, der dabei eine Rolle spielen kann. Zum einen die antioxidative Kraft von Vitamin C, das mögliche Entzündungen hemmt. Bei einer übermäßigen Talgproduktion wiederum greift die Zitronensäure regulierend ein, und Zitronensaft fördert generell die Durchblutung der Kopfhaut – alles wichtige Faktoren für ein gesundes Haarwachstum.

Anwendung

Mischen Sie den frisch gepressten Saft von 1 Biozitrone (bei langen Haaren entsprechend mehr) mit Wasser oder wie in manchen Kulturen üblich mit Öl und reiben Sie das Gemisch in die Kopfhaut ein. Lassen Sie es 10 bis 15 Minuten einwirken und waschen es dann gründlich aus.

WICHTIG

Wenn Sie sich für das Wasser-Zitronen-Gemisch entscheiden, nicht öfter als 1- bis 2-mal pro Woche anwenden, da die Zitronensäure austrocknend wirkt.

Haut, trockene

Manche haben von Natur aus trockene Haut, andere entwickeln sie durch besondere berufliche Beanspruchung. Viele klagen vor allem im Winter über trockene Haut im Gesicht und an den Händen. Trockene, warme Heizungsluft und die ebenfalls trockene, kalte Außenluft im Winter sind eine Herausforderung für exponierte Partien wie Gesicht und Hände. Mit *Heilerde, Honig* und *Zitrone* können Sie Ihre Haut von Kopf bis Fuß ganz natürlich pflegen. Vitamin C erhöht die Kollagenproduktion, wodurch die Haut glatter und straffer wird. Außerdem wirkt es oxidativem Stress in den hautbildenden Strukturen entgegen, indem es Elektronen abgibt, um freie Radikale zu neutralisieren. Gleichzeitig sorgt sie durch ihre zusammenziehende Wirkung für ein klares Hautbild. Zitronensäure hilft, trockene und abgestorbene Hautzellen schneller zu lösen, wodurch die Produktion neuer Hautzellen angeregt wird. Honig wirkt wundheilend und macht die Haut weich. Die wertvollen Mineralien und Vitalstoffe in Heilerde werden durch die Poren aufgenommen.

Pflege von Kopf bis Fuß

Ob als Peeling, Maske, Teilbad oder Tonikum, die natürlichen Inhaltsstoffe geben Ihrer Haut alles, was sie braucht.

Anwendung 1: *Gesichtswasser zur Reinigung*
Vermischen Sie den Saft von ½ Biozitrone mit 125 ml Wasser. Tauchen Sie ein Wattepad darin ein und reinigen Sie damit das Gesicht.

Anwendung 2: Zitronen-Heilerde-Peeling fürs Gesicht
Verrühren Sie 1 EL abgeriebene Biozitronenschale mit 1 bis 2 EL Heilerde sowie mit etwas Wasser in einem Schälchen zu einer streichfähigen Masse. Tragen Sie das Peeling auf Gesicht, Hals und Dekolleté auf und massieren Sie es mit kreisenden Bewegungen 2 bis 3 Minuten lang ein. Waschen Sie dann alles mit lauwarmem Wasser ab und cremen Sie Ihre Haut nach Belieben ein.

Anwendung 3: Pflegende Heilerde-Maske
Verrühren Sie 2 gehäufte TL Heilerde, ein paar Tropfen Mandel-, Jojoba-, Kokos- oder Avocadoöl sowie etwas Wasser, bis eine breiige Masse entsteht. Tragen Sie die Maske auf und lassen Sie sie 10 bis 15 Minuten einwirken. Wenden Sie diese Maske einmal monatlich an.

Anwendung 4: Erfrischendes Gesichtstonikum
Verrühren Sie 1 TL flüssigen Honig und 1 EL Zitronensaft mit 150 ml Wasser und füllen Sie die Mischung in eine Sprühflasche. Bewahren Sie das Tonikum im Kühlschrank auf und benetzen Sie morgens und abends das Gesicht damit. Vor der Anwendung gut schütteln.

Anwendung 5: Süße Lippenpflege
Trockene Außenluft und trockene Heizungsluft im Winter setzen den Lippen zu. Sie platzen auf und werden rissig, was ausgesprochen unangenehm ist. Mit Honig können Sie trockenen Lippen helfen. Sparen Sie sich das Geld für teure Pflegestifte, die eventuell auch noch unliebsame Chemikalien enthalten. Tragen Sie einfach Honig auf die Lippen auf und lassen ihn 10 Minuten einziehen. Danach einfach abschlecken.

TIPP

Auch eingerissene Mundwinkel können Sie mit Honig pflegen.

***Anwendung** 6: Geschmeidige Hände*

Erwärmen Sie 2 EL Öl und geben Sie 1 TL Honig dazu. Verrühren Sie alles gut und reiben Sie die Hände damit ein. Am besten führen Sie die Anwendung abends durch und lassen das Gemisch über Nacht einziehen. Ziehen Sie eventuell dünne Baumwollhandschuhe über Nacht an.

***Anwendung** 7: Weichmacher Zitrone für die Ellbogen*

Durch mechanische Reibung wird die sehr dünne Haut an den Ellbogen schnell sehr trocken und großflächig schuppig. Zitronensaft macht die Haut wieder ganz geschmeidig. Massieren Sie frisch gepressten Zitronensaft in die Haut ein. Auch die ausgedrückten Hälften einer Zitrone eignen sich gut zur Pflege der Ellbogen, denn darin ist immer noch genug Saft.

***Anwendung** 8: Süßsaures für die Füße*

Fersen sind besonders oft von trockener Haut betroffen, die dann häufig schmerzhaft einreißt. Nutzen Sie die wundheilende Wirkung von Honig und die Weichmacherqualitäten von Zitrone.

Lösen Sie 3 EL Honig in einem Schälchen mit etwas lauwarmem Wasser (maximal 40 °C) auf und rühren Sie den Saft von einer halben Biozitrone darunter. Geben Sie die Mischung in eine mit warmem Wasser gefüllte Schüssel oder Fußbadewanne und baden Sie Ihre Füße 15 bis 20 Minuten darin. Entfernen Sie danach mit einem Bimsstein die abgestorbenen Zellen. Anschließend die Füße abspülen, gut abtrocknen und eincremen. Pflegen Sie Ihre Füße mehrmals wöchentlich mit diesem Fußbad.

Anwendung 9: Salziges für Hände und Füße

Solebäder für Hände oder Füße wirken nicht nur reinigend und desinfizierend. Das Salz bindet Feuchtigkeit, erhöht die Elastizität und wirkt trockener Haut entgegen.

Stellen Sie eine zehnprozentige warme Salzlösung her (siehe Steckbrief »*Salz*«) und füllen diese in eine große Schüssel oder Fußbadewanne. Baden Sie Ihre Hände oder Füße 15 Minuten darin und entfernen Sie anschließend eventuell die Hornhaut an den Füßen vorsichtig mit einem Bimsstein. Tauchen Sie die Füße nochmals kurz ins Salzwasser und lassen Sie sie dann an der Luft trocknen. Cremen Sie Hände oder Füße nach dem Bad ein.

Haut, unreine

Mit *Apfelessig, Heilerde, Kamille* und *Salz* steht Ihnen eine ganze Palette natürlicher Kosmetika zur Verfügung. Alle wirken entzündungshemmend, desinfizierend und reinigend. Zitrone und Apfelessig haben zudem eine zusammenziehende Wirkung, was der unerwünschten Talgbildung vorbeugt. Kamille wirkt außerdem wundheilend, hat einen positiven Effekt auf den Hautstoffwechsel und unterstützt so die Zellteilung. Heilerde kann aufgrund ihrer großen Oberfläche überschüssigen Talg, Fett und Bakterien aus den Poren binden. Zudem wird der pH-Wert Ihrer Haut durch eine regelmäßige Anwendung von Heilerde in ein basisches Milieu gebracht, was den säureliebenden Bakterien ebenfalls zusetzt.

Anwendung 1: *Gesichtswasser mit Kamille und Zitrone*
Übergießen Sie 2 Teebeutel Kamillentee mit einer Tasse heißem Wasser und lassen Sie diesen starken Aufguss abgedeckt ziehen, bis er abgekühlt ist. Entfernen Sie die Teebeutel, geben Sie 10 Tropfen Zitronensaft hinzu und füllen das Gesichtswasser in eine saubere (Sprüh-)Flasche. Verwenden Sie das Tonikum täglich zur Reinigung der Haut mit einem Wattepad.

Anwendung 2: *Gesichtsmaske mit Heilerde und Apfelessig*
Verrühren Sie 3 TL Heilerde, 1 TL naturtrüben Apfelessig und 1 EL Wasser zu einer Paste und tragen die Maske dick auf das Gesicht auf. Lassen Sie sie 15 Minuten einwirken und spülen dann mit lauwarmem Wasser ab.

Anwendung 3: *Heilerde-Kamillen-Maske*
Siehe »Akne«, 2-mal pro Woche anwenden.

Anwendung 4: Desinfizierende Salzwasserkompresse

Geben Sie 50 g Meersalz in 1 l warmes Wasser (fünfprozentige Lösung), rühren so lange um, bis sich das Salz gelöst hat, und tauchen ein dünnes Baumwolltuch in die Lösung. Leicht auswringen, aufs Gesicht legen und 15 Minuten einwirken lassen.

DIY

Salzpeeling für samtweiche Haut

Ein Salzpeeling eignet sich für jeden Hauttyp. Je nach Hautzone können Sie etwas gröberes oder feineres Salz verwenden. Ein Peeling am Abend unterstützt den nächtlichen Regenerationsprozess.

Das brauchen Sie

1 EL Pflanzenöl
1 EL Salz (je nach Hautzone grob oder fein)
für den Duft den Abrieb 1 Biozitrone oder 1 bis 2 Tropfen ätherisches Öl dazugeben
1 kleine Schale

So geht's

Mischen Sie alle Zutaten in einer kleinen Schale. Massieren Sie mit dem Peeling dann sanft die feuchte Haut für 2 bis 3 Minuten in kreisenden Bewegungen. Anschließend waschen Sie das Salzpeeling mit warmem Wasser ab und tupfen die Haut trocken. Bei nicht allzu empfindlicher Haut können Sie ruhig 1- bis 2-mal pro Woche ein Salzpeeling anwenden.

Herpes

Herpes-simplex-Viren vom Typ 1 lösen Lippenherpes aus. Fast 90 Prozent der Deutschen tragen diese Viren in sich. Wer sich einmal damit infiziert hat, wird sie für den Rest seines Lebens nicht mehr los. Zumeist befinden sie sich im Ruhezustand, und wir spüren nichts von ihnen. Erst wenn das Immunsystem geschwächt ist, etwa bei Infektionskrankheiten, Fieber, Stress oder starker Sonneneinstrahlung, werden die Herpesviren wieder aktiv.
Die typischen Herpesbläschen kommen meistens auf der Lippe zum Vorschein. Bereits bei den ersten Anzeichen wie Kribbeln, Spannungsgefühl oder leichtem Brennen sollten Sie mit *Honig, Propolis, Salz* oder *Zitronenöl* die Ausbreitung der Viren bekämpfen. Für alle Mittel gilt: schnelles Handeln!

Hilfe aus der Bienenapotheke

Honig sowie Propolis – Sie erinnern sich: der Stoff, den Bienen herstellen, um den Bienenstock und das Bienenvolk vor Infektionen jeglicher Art zu schützen (siehe auch Steckbrief »*Honig*«) – punkten mit starken antibiotischen Kräften. Bei Herpes sind es insbesondere die antiviralen Eigenschaften, die diese beiden Produkte aus der Bienenapotheke für uns interessant machen.

Anwendung

Tragen Sie bei den ersten Anzeichen etwas Honig auf die kribbelnde Stelle auf. Wenn Sie Propolis im Haus haben (was ich nur empfehlen kann), dann geben Sie mit einem

Wattetupfer etwas von der Lösung darauf. Mehrfach täglich wiederholen.

Virenkiller Zitronenöl

Die im ätherischen Öl der Zitrone enthaltenen Bestandteile Limonen und Beta-Pinen haben eine antivirale Wirkung. In der Volksmedizin vieler Länder findet Zitronenöl auch bei Herpes Anwendung.

Anwendung
Verdünnen Sie 1 bis 2 Tropfen Zitronenöl mit 1 EL Olivenöl und tragen es mit einem Wattetupfer auf. Wenn Sie kein ätherisches Zitronenöl im Haus haben, gibt es Alternativen: Waschen Sie 1 frische Biozitrone gründlich, reiben Sie die Schale ab und vermischen Sie sie mit etwas Olivenöl. Lassen Sie alles mehrere Stunden ziehen, damit die Wirkstoffe der Schale ins Öl übergehen können, und tragen es mit einem Wattestäbchen mehrmals täglich auf. Oder Sie pressen die abgeriebene Zitronenschale aus und vermengen die gewonnene Flüssigkeit mit der gleichen Menge Olivenöl.

VORBEUGEN IST BESSER ALS HEILEN

Wer besonders anfällig für Herpesinfektionen ist, sollte sein Immunsystem stärken und auf eine Vitamin-C-reiche Ernährung achten. Auch während der Erkrankungsphase unterstützen Vitamin-C-haltige Lebensmittel wie Zitrusfrüchte die Immunabwehr und damit eine schnelle Gesundung. Auch Ingwer mit seinen antiviralen Kräften eignet sich gut zur Prophylaxe. In diesem Buch finden Sie viele Rezepte mit Ingwer – ob Ingwer-Shots oder Ingwerwasser.

Ultrastarke Salzlösung

Eine hochkonzentrierte 26-prozentige Sole wirkt desinfizierend. Außerdem entzieht sie den mit Herpesviren gefüllten Bläschen die Feuchtigkeit und verhindert so deren Vermehrung. Entweder Sie haben eine 26-prozentige Sole vorrätig (siehe Steckbrief »*Salz*«) oder Sie stellen sie schnell und einfach selbst her.

Anwendung

Hat sich doch schon ein Bläschen gebildet, betupfen Sie es mehrmals täglich mit der Sole, bis eine Besserung eintritt. Sie können auch ein wenig der Lösung in ein kleines Fläschchen füllen und so die Sole tagsüber immer wieder auftragen.

Immunsystem

Zur Stärkung des Immunsystems eignen sich *Honig, Ingwer, Zitrone* und *Wasser* hervorragend. Na klar denkt man bei der Zitrone sofort an Vitamin C. Und tatsächlich weisen zahlreiche Studien zum Thema Erkältung, Grippe und Lungenentzündung darauf hin, dass Vitamin C das Risiko eines Virusinfektes reduzieren und die Dauer eines solchen (falls es doch dazu kommen sollte) verkürzen kann. Aber Münchner Forscher haben herausgefunden, dass auch die Zitronensäure erheblichen Anteil an der Stimulierung der Abwehrkräfte hat, indem sie unter anderem den Spiegel von antimikrobiellem Lysozym im Speichel erhöht. Auch der Scharfstoff Gingerol im Ingwer wirkt bereits in der Mundhöhle, indem er die Speichelzusammensetzung verändert und so mehr Kräfte im Kampf gegen unliebsame Erreger aktiviert.
Und auch Honig konnte in Studien seine immunstärkende Kraft zeigen, ebenso wie Propolis, das Supermedikament aus dem Bienenstock, das nicht nur Mikroorganismen bekämpft, sondern auch das Immunsystem stimuliert und Giftstoffe bindet.

Der tägliche Honigkick

Durch den Gehalt an Wasserstoffperoxid, das durch die Glucoseoxidase gebildet wird, wirkt Honig antibakteriell. Auch die enthaltenen Flavonoide haben einen Anteil daran, ebenso wie die Säuren. Im Darm, der Chefetage des Immunsystems, unterstützen die Säuren eine gesunde Darm-

flora, indem sie vor allem das Wachstum von immunstärkenden Bifidobakterien fördern, wodurch das Wachstum potenziell schädlicher Bakterien gehemmt wird.
In einer österreichischen Studie konnte gezeigt werden, dass der regelmäßige Verzehr von Honig den Immunstatus der Probanden deutlich verbesserte.

Anwendung

Nehmen Sie über acht Wochen täglich 2 EL Honig zu sich. Das kann verteilt über den Tag geschehen: pur auf dem Frühstücksbrötchen, im Müsli, als Süßungsmittel für einen immunstärkenden Ingwer-Zitronen-Shot (siehe Wohltuender Ingwer-Shot/Abnehmen), in einem Tee oder dem unten beschriebenen Immunbooster. Geben Sie den Honig bitte immer erst in warme Getränke, wenn sie auf Trinktemperatur abgekühlt sind, damit die wichtigen Enzyme im Honig nicht zerstört werden.

TIPP

Die immunstärkende Wirkung können Sie erhöhen, wenn Sie einmal täglich 10 Tropfen Propolis auf 1 TL geben (eventuell mit etwas Honig) und langsam im Mund zergehen lassen.

Immunbooster Ingwer-Honig

Stärken Sie Ihr Immunsystem mit Ingwer-Honig, bevor die erste Erkältungswelle anrollt. Bereiten Sie schon im September einen Wintervorrat für eine vorbeugende Kur beziehungsweise für Akutfälle zu.

Das brauchen Sie
50 g Bioingwer
1 Biozitrone
500 g flüssiger Honig
1 Schraubglas

So geht's
Waschen Sie den Ingwer gründlich und reiben Sie ihn fein. Waschen Sie die Zitrone heiß und schneiden Sie sie in dünne Scheiben. Geben Sie Ingwer und Zitrone zusammen mit dem Honig in ein Schraubglas. Je länger der Ingwer-Honig zieht, desto intensiver wird er. Als Kur 3-mal täglich 1 TL Ingwer-Honig über drei Wochen einnehmen, dann eine Woche Pause und erneut drei Wochen einnehmen.

Kalter Reiz – reizvoll fürs Immunsystem

Unterschiedliche Temperaturen üben über die Haut einen Reiz auf den Körper aus, der zu einer Reaktion führt. Durch den Temperaturunterschied zwischen Wasser und Körper kommt es zu einer verbesserten Durchblutung und damit auch automatisch zu einer besseren Versorgung mit Immunzellen.

Regelmäßige Kaltanwendungen (Güsse, Waschungen, Wickel) und Wechsel(teil)bäder (warm/kalt) regen zudem eine vermehrte Bildung von T-Lymphozyten, wichtigen Akteuren des Immunsystems, an. Außerdem wird das immunologische Gedächtnis intensiviert. Dazu zählen der kalte Knieguss und das wechselwarme Fußbad (siehe »Blutdruck, hoher«) sowie das kalte Armbad (siehe »Blutdruck, niedriger«). Eine weitere einfache Anwendung ist der kalte Gesichtsguss, der nicht nur munter macht, sondern die Haut strafft und die Abwehr im Bereich des Nasen-Rachen-Raums stärkt. Je besser Nasen-, Rachen- und Mundschleimhaut durchblutet sind, desto mehr Immunglobuline vom Typ A (Antikörper für die Keimabwehr) werden dort gebildet.
Damit die kalten Güsse wirken, müssen sie regelmäßig durchgeführt werden – mindestens 3-mal pro Woche.

***Anwendung 1:** Kalter Gesichtsguss*
Schrauben Sie den Duschkopf ab, damit Sie einen gleichmäßigen Wasserstrahl erzeugen können. Starten Sie mit dem kalten Wasserstrahl an der rechten Schläfe, dann über die Stirn zur linken Schläfe und über die Stirn zurück zur rechten Gesichtshälfte. Fahren Sie nun mit drei senkrechten Strichen die rechte Seite auf und ab, dann in gleicher Weise über die linke Seite. Anschließend umkreisen Sie das Gesicht noch 3-mal im Uhrzeigersinn. Dabei langsam durch den Mund ein- und ausatmen. Zum Schluss das Gesicht nur abtupfen.

TIPP

Für Kneipp-Fans empfehle ich die Anschaffung eines sogenannten Kneipp-Rohres, ein Aufsatz für den Duschschlauch, mit dem man einen perfekten Wasserstrahl erzeugen kann. Dazu gibt es noch einen Adapter, sodass der Wechsel zwischen Duschkopf und Kneipp-Rohr mit einem einzigen Handgriff erledigt ist. Es lohnt sich!

Anwendung 2: Wassertreten
Lassen Sie so viel kaltes Wasser (maximal 18 °C) in die Badewanne ein, dass die Knie im Stehen noch nicht bedeckt sind.

WICHTIG

Beine und Füße müssen warm sein. Steigen Sie in die Wanne und schreiten Sie im »Storchengang« auf der Stelle. Ziehen Sie bei jedem Schritt ein Bein vollständig aus dem Wasser, die Fußspitze zeigt nach unten. Steigen Sie aus der Wanne, sobald der Kältereiz zu stark wird. Danach das Wasser nur abstreifen, die Fußsohlen abtrocknen. Ziehen Sie Socken an und erwärmen Sie die Beine durch Gehen, Fußgymnastik oder gehen Sie ins Bett.

TIPP

Im Herbst und Winter sind Tau- oder Schneetreten eine preiswerte Alternative. Wer einen See in der Nähe hat, kann das Wassertreten natürlich gerne in einer »großen Badewanne« veranstalten.

Insektenstiche

Sie umschwirren uns in den Sommermonaten zuhauf: Insekten. So wichtig sie für den Kreislauf der Natur sind, so ätzend können ihre Stiche sein. Mücken und Wespen sind hierzulande die häufigsten Plagegeister, und Brennen und Jucken sind die unangenehmen Symptome ihrer Stichattacken. In schweren Fällen kommt es bei einem Bienen- oder Wespenstich zu einer gefährlichen allergischen Reaktion. Dann helfen keine Hausmittel mehr, sondern nur noch das Nothilfeset, das jeder Allergiker immer zur Hand haben sollte.
Gegen einen ansonsten harmlosen, aber schmerzhaften Insektenstich können *Apfelessig*, *Heilerde* und *Kamille* gute Dienste leisten.

Schnelle Hilfe mit Apfelessig

Er wirkt desinfizierend, kühlend und damit auch leicht abschwellend. Außerdem ist Apfelessig ruckzuck ohne großen Aufwand verfügbar.

Anwendung
Tränken Sie ein Tuch in etwas Apfelessig und legen Sie es auf die Einstichstelle. Alternativ können Sie auch ein mit Apfelessig getränktes Wattepad verwenden und mit einem Pflaster fixieren oder einfach nur Apfelessig auf die Einstichstelle träufeln. Wiederholen Sie die Anwendung mehrmals täglich.

SOFORTMASSNAHME KÜHLENDES EIS

Am besten hat man im Sommer immer eine Kühlkompresse im Gefrierfach. Aber auch Eiswürfel oder gefrorene Lebensmittel erfüllen als Soforthilfe ihren Zweck. Die Kälte verhindert ein Anschwellen an der Einstichstelle.

Die tiefgekühlte Kompresse darf aber nicht direkt auf die Haut, sondern es sollte ein dünnes Tuch zwischen Kompresse und Haut sein. Eiswürfel kann man in eine Plastiktüte tun und damit die Einstichstelle kühlen.

Heilerde entzieht Giftstoffe

Nutzen Sie die entgiftende Wirkung von Heilerde. Sie zieht die Toxine aus der Haut und wirkt gleichzeitig abschwellend und juckreizstillend.

Anwendung

Rühren Sie zu gleichen Teilen einen Brei aus Heilerde, kaltem Wasser und Apfelessig an und geben diesen auf die Einstichstelle. Decken Sie es mit einer Kompresse ab und fixieren alles mit einer Binde oder einem Tuch. Ist die Erde getrocknet, können Sie den Umschlag erneuern. Bei kleinen Stichen können Sie danach auch etwas Heilerde auf die Stofffläche eines Pflasters geben und aufkleben.

TIPP

Gegen den Juckreiz können Sie zwischendurch die Haut mit trockener feiner Heilerde einreiben.

Schmerzstiller Kamille

Die in der Kamille enthaltenen Stoffe Chamazulen, Bisabolol und Matricin bewirken unter anderem eine Hemmung von Entzündungsfaktoren, die in der Folge von Insektenstichen gebildet werden. Außerdem unterstützt Kamille die Wundheilung.

Anwendung
Übergießen Sie 1 Teebeutel Kamillenblütentee mit heißem Wasser und lassen Sie den Tee zugedeckt ziehen, bis er angenehm abgekühlt ist. Legen Sie den Teebeutel direkt auch die Stichstelle und fixieren Sie ihn. Alternativ können Sie ein Tuch in den Sud tauchen, auswringen und auf die betroffene Stelle legen.

Juckreiz

Juckreiz ist ein Symptom, das als Begleiterscheinung bei vielen Leiden wie Stoffwechsel-, Haut- und Gefäßerkrankungen oder Allergien auftritt. Er ist immer lästig, aber manchmal auch unerträglich. Zu den besten Juckreizstillern zählt *Kamille*. Auch *Essig, Wasser* und *Heilerde* wirken beruhigend. Viele konkrete Anwendungen finden Sie im vorhergehenden Kapitel »Insektenstiche« sowie unter den Stichworten »Neurodermitis« und »Psoriasis«.

Kopfschmerzen

Rund 60 Prozent der Deutschen leiden nach eigener Angabe gelegentlich unter Kopfschmerzen, jeder Vierte sogar regelmäßig. Die häufigste Form ist der Spannungskopfschmerz mit beidseitig dumpfen, drückenden oder ziehenden Schmerzen. Manchmal hat man das Gefühl, der Schmerz zieht sich wie ein Ring um den Kopf. Oft entsteht er durch eine Fehlsteuerung der Spannung in den Gefäßen im Kopfbereich. Eine Ursache kann Flüssigkeitsmangel sein. Fehlt es dem Organismus an Wasser, wird das Blut dickflüssiger, und feine Gefäße im Kopf werden nicht mehr ausreichend mit Blut und damit Sauerstoff versorgt.

Nicht selten sind aber auch Verspannungen im Nacken- und Schulterbereich Auslöser für Kopfschmerzen. Das Arbeiten an Bildschirmplätzen ist sozusagen der Klassiker für diese Art muskulärer Verspannungen.

Verschaffen Sie sich bei Kopfschmerzen Linderung mit *Ingwer, Rosmarin, Zitrone* und *Wasser*.

Schnelle Hilfe in der Akutphase

Probieren Sie aus, was bei Ihnen in der Akutphase am besten hilft.

Anwendung 1: *Wasser trinken*
Trinken Sie schlückchenweise 1 bis 2 Gläser Wasser, um einen möglichen Wassermangel auszugleichen.

Anwendung 2: Ingwer kauen
Kauen Sie einfach eine Scheibe Ingwer. Neben seiner schmerzstillenden Wirkung steigert Ingwer auch die Durchblutung im Kopfbereich, was den Gefäßen zugutekommt.

Anwendung 3: Einreibung mit Zitronenschale
Waschen Sie 1 Biozitrone heiß und schneiden Sie ein größeres Stück Schale ab. Streichen Sie mit der Innenseite der Zitronenschale 1 bis 2 Minuten lang kräftig über Stirn und Schläfen. Die ätherischen Öle in der Schale wirken erfrischend, durchblutungsfördernd und entspannend.

Anwendung 4: Einreibung mit Rosmarin- oder Ingweröl
Geben Sie 2 bis 3 Tropfen des jeweiligen Öls in 1 EL eines Trägeröls (kann einfaches Sonnenblumenöl sein) und reiben Sie damit Nacken- und Schulterpartie ein.

Anwendung 5: Fußbad mit Rosmarin
Geben Sie 3 bis 5 Tropfen Rosmarinöl – emulgiert mit etwas Honig oder Sahne – in etwa 5 l warmes Wasser.
Ein warmes Fußbad hilft nicht nur gegen kalte Füße, sondern macht den Kopf frei. Reflektorisch wird Blut aus dem »überfüllten« Kopf nach unten abgeleitet. Das Oberstübchen kann entspannen.

TIPP

Auch das temperaturansteigende (siehe »Blasenentzündung«), wechselwarme (siehe »Blutdruck, hoher«) oder das warme Fußbad, dem Sie Salz (siehe »Erkältung«) zugesetzt haben, kommen als Anti-Kopfschmerz-Therapie infrage.

Treuer Begleiter Inhalationsstift

Wenn Sie öfter unter Kopfschmerzen oder Migräne leiden, können Sie von einem Inhalationsstift profitieren. Den hat man immer dabei und ganz schnell zur Hand.

Das brauchen Sie

etwas reine Schurwolle/Heilwolle (Apotheke, Internet)
1 kleine Braunglasflasche (Apotheke, Internet)
3 bis 6 Tropfen ätherisches Öl Ihrer Wahl (Rosmarin, am besten vom Chemotyp Verbenon, Ingwer oder Zitrone)

So geht's

Füllen Sie etwas von der Wolle in das Fläschchen und tropfen Sie das ätherische Öl Ihrer Wahl darauf. Verschließen Sie das Fläschchen und schütteln Sie es gut durch. Bei Bedarf damit »trocken« inhalieren, jeweils nacheinander mit beiden Nasenlöchern.

TIPP

Mit diesen Ölen können Sie auch bei mentaler Erschöpfung trocken inhalieren. Ein Ingwer-Inhalationsstift kommt zusätzlich bei Übelkeit und Erkältung zur Anwendung.

Anti-Migräne-Trunk

Etwa zehn Prozent der Erwachsenen leiden mehr oder weniger häufig an Migräne, die anfallartig mit klopfendem halbseitigem Schmerz einhergeht. Oft treten zudem Übelkeit, Erbrechen, Schweißausbrüche, Schwindel oder eine große Geräusch- beziehungsweise Lichtempfindlichkeit auf. Manchmal kann ein starker Kaffee mit Zitrone die Migräneattacke abwenden oder die Symptome abschwächen. Das Vitamin C aus der Zitrone fördert die Bildung von Noradrenalin, das den Kopfschmerz dämpft. Koffein blockiert die Bildung eines Enzyms, das die Freisetzung von Prostaglandinen begünstigt. Diese Botenstoffe sind für die Weiterleitung des Schmerzes verantwortlich. Stoppt man deren Ausschüttung, nimmt man die Beschwerden nicht mehr so stark wahr.

Anwendung
Brühen Sie einen starken Kaffee auf und lassen ihn auf Trinktemperatur abkühlen. Geben Sie den Saft von einer halben Biozitrone (oder mehr) dazu und genießen den Anti-Migräne-Trunk schlückchenweise.

Ingwer-Fußbad-Kur bei Kopfschmerzen und Migräne

Wer unter chronischen Spannungskopfschmerzen oder Migräne leidet, kann mit regelmäßigen Ingwer-Fußbädern versuchen, die Häufigkeit der Anfälle zu verringern. Ingwer regt in der Tiefe der Beine eine sich langsam ausbreitende Wärmeentwicklung an, die sehr lange anhält. Es kommt zu einer vertieften Atmung und dadurch auch zu einer Entlastung des Nerven-Sinnes-Systems. Machen Sie mehrmals wöchentlich für mehrere Wochen dieses Fußbad.

Anwendung
Schütten Sie 3 gehäufte EL Ingwerpulver in eine Fußbadewanne, gießen Sie mit ca. 38 °C warmem Wasser auf und

verrühren Sie das Pulver gleichmäßig. Tauchen Sie die Füße hinein und bedecken Sie die Beine eventuell mit einem Handtuch. Baden Sie die Füße für maximal 20 Minuten. Trocknen Sie anschließend die Füße gut ab und ziehen Sie Socken an oder schlüpfen Sie unter die Bettdecke und ruhen 30 Minuten nach. Sie werden eine wohlige Entspannung empfinden.

Rosmarin »inhalieren«

Geben Sie bei den ersten Migräneanzeichen 1 bis 2 Tropfen ätherisches Rosmarinöl auf ein Taschentuch oder in die hohle Hand und »inhalieren« Sie (oder den oben beschriebenen Inhalationsstift verwenden). Zudem können Sie auch 1 Tropfen Öl auf jede Schläfenseite und in den Nacken einmassieren. Das wirkt nicht bei jeder Migräneart, kann aber bei manchen Migränetypen sehr starke Linderung bringen (einfach ausprobieren!).

Krampfadern

Etwa jeder vierte Deutsche leidet an Krampfadern, und 60 Prozent haben Besenreiser, die kleinere Version davon. Netzförmige Ansammlungen dieser Äderchen sind meist direkt unter der Oberhaut zu sehen, aber eher ein kosmetisches Problem, im medizinischen Sinne nämlich harmlos.

Krampfadern kommen vor allem an den Beinen, mitunter auch im Beckenbereich vor. Dabei handelt es sich um dauerhaft erweiterte knotenförmige, bläulich schimmernde Venen. Krampfadern entstehen durch eine eingeschränkte Funktionsfähigkeit der Venenklappen, die dafür sorgen, dass das Blut Richtung Herz gepumpt werden kann. Dadurch versackt ein Teil des Blutes in den Venen, die auf der Oberfläche der Muskeln liegen. Deren dünne Muskelschicht hält dem Druck nicht stand und dehnt sich aus – eine Krampfader ist entstanden. Eine angeborene Bindegewebsschwäche, langes Stehen oder eine Schwangerschaft fördern die Entstehung.

Stärken Sie die Funktion der Venenklappen durch Bewegung. Wippen Sie regelmäßig mit den Füßen oder benutzen Sie die Treppe. Damit aktivieren Sie die Wadenmuskulatur als Pumpe für den venösen Blutstrom. Mit *Heilerde* und *Wasser* haben Sie zwei Verbündete zur Stärkung der Venen in Ihrer Naturheilapotheke. Mit *Zitrone* machen Sie Besenreisern Beine.

Antientzündlicher Heilerdewickel

Durch den verlangsamten Blutfluss werden die Venen gereizt und können sich entzünden. Die Stelle rötet sich, wird heiß und schmerzt. Manchmal lässt sich ein harter Venenstrang unter der Haut ertasten. Das gehört in ärztliche Behandlung. Wichtig ist, die Entstehung einer Wunde zu verhindern, die zum gefürchteten offenen Bein führen kann.
Unterstützen Sie die Therapie mit kalten Heilerdewickeln. Sie wirken nicht nur angenehm kühlend, was die Entzündungswärme ableitet. Beim Trocknen hilft die Heilerde, Entzündungsstoffe aus dem Gewebe zu leiten, sodass sich die Haut beruhigen kann.

Anwendung
Rühren Sie 7 Teile Heilerde (hautfein) mit 2 Teilen kaltem Wasser zu einer salbenartigen Paste an und tragen Sie die Paste auf die betroffene Hautstelle auf. Umwickeln Sie alles mit einem feuchten Leinen- oder Baumwolltuch und decken Sie es noch mit einem trockenen Tuch ab. Lassen Sie den Wickel bis zu 1,5 Stunden einwirken.

Der kalte Schenkelklopfer

Steigern Sie das Level Ihrer (möglichen) bisherigen Kaltanwendungen mit dem kalten Schenkelguss. Er ist quasi die verlängerte Variante des kalten Kniegusses und deutlich intensiver. Für Anfänger empfiehlt es sich, erst einmal mit leicht temperiertem Wasser zu beginnen und allmählich den Kältereiz zu erhöhen. Der Schenkelguss strafft die Haut, kräftigt die Venen und wirkt entstauend.

Anwendung

Wie bei allen Kaltanwendungen ist es wichtig, dass Ihr Körper vorher warm ist.

Verwenden Sie ein kneippsches Gießrohr (eine gute Investition für alle Kneippgüsse und für Ihre Gesundheit) oder entfernen Sie den Duschkopf vom Duschschlauch. Führen Sie den kalten Wasserstrahl zunächst vom Fußrücken ausgehend an der Außenseite des rechten Beins nach oben, verweilen Sie ein paar Sekunden in Höhe der Leistengegend und bewegen Sie den Schlauch anschließend über die Beininnenseite abwärts. Danach wird das linke Bein in gleicher Weise begossen. Abschließend werden die rechte und die linke Fußsohle kalt abgespült. Streifen Sie das Wasser nur ab und sorgen Sie durch entsprechende Kleidung, Socken oder Bewegung für Wiedererwärmung.

TIPP

Dieser Guss ist nicht nur ein fantastisches Venentraning, sondern wirkt hautstraffend und stärkt das Immunsystem.

WICHTIG

Menschen mit akuten Nieren- und Blasenbeschwerden sowie arteriellen Durchblutungsproblemen sollten den Schenkelguss nicht anwenden. Auch während der Menstruation, bei Ischiasschmerzen und Harnwegsinfektionen ist Vorsicht geboten.

VENEN MÖGEN'S KALT

Anders als im Filmklassiker *Manche mögen's heiß* stehen die Venen auf Kälte. Kältereize verbessern die Gefäßspannung der Venen, sie regen die Zirkulation an und helfen, regelmäßig angewendet, systematisch die Venen zu stärken und die Symptome wie schwere

Beine zu lindern. So beugen Sie auch der Gefahr einer Venenentzündung vor.

Wichtig ist, dass Sie täglich eine Kaltanwendung praktizieren. Wechseln Sie zwischen Wassertreten, dem kalten Fußbad (siehe »Durchblutung«), dem kalten Knieguss, kalten Wadenwickeln (siehe »Fieber«) oder auch dem Allrounder Schenkelguss. Sie dauern alle nur wenige Sekunden und lassen sich gut in die morgendliche oder abendliche Alltagsroutine integrieren.

Optischer Aufheller Zitrone

Zur optischen Verbesserung des Hautbilds bei Besenreisern und zur vorbeugenden Stärkung der Gefäße können Einreibungen mit Zitronensaft beitragen, denn Zitrone wirkt zusammenziehend und hauterneuernd.

Anwendung
Tragen Sie etwas frisch gepressten Zitronensaft auf die betroffenen Hautpartien auf und reiben Sie ihn sanft ein. Lassen Sie ihn etwa 5 bis 10 Minuten einziehen und spülen Sie ihn dann ab.

Kraftmeier Zitrone

Zur Kräftigung des Bindegewebes, das bei Besenreisern schwächelt, können Sie Zitronenbäder nehmen.

Anwendung
Geben Sie den Saft von 5 Zitronen in ein Vollbad. Alternativ können Sie auch 1 EL kalt gepresstes Zitronenöl (Bioladen) oder 15 Tropfen ätherisches Öl mit etwas Salz oder Honig

vermischt verwenden. Die Badedauer beträgt 15 bis 20 Minuten.
Kalt gepresstes Zitronenöl wird aus den Schalen von Zitronen gewonnen, die bei der industriellen Verarbeitung von Zitronen anfallen, das ätherische Öl hingegen durch Destillation. Es ist hochkonzentriert.

Zitronenöl aus eigener Produktion

Die Schale von Zitronen landet auch in vielen Haushalten einfach im Müll. Machen Sie doch Ihr eigenes Zitronenöl, das Sie nicht nur für kosmetische Zwecke, sondern auch in der Küche zur Aromatisierung oder Verfeinerung von Speisen nutzen können.

Das brauchen Sie
500 ml Öl in Bioqualität (z. B. Olivenöl)
2 Biozitronen
1 sauberes Glas mit Schraubverschluss, das 500 ml fasst

So geht's
Reiben Sie die Schalen der Zitronen direkt in das Glas hinein. Füllen Sie das Glas anschließend mit dem Öl auf und verschließen es fest. Schütteln Sie das Zitronen-Öl-Gemisch gut durch und stellen es an einen Ort, an dem kein direktes Sonnenlicht darauf scheinen kann. Lassen Sie das Öl für zwei Wochen ziehen und schütteln es alle zwei Tage. Dann seihen Sie es durch einen Filter (z. B. Kaffeefilter) ab und füllen es am besten in eine dunkle Flasche.

Leber- und Gallenbeschwerden

Mit etwa 1400 g ist die Leber ein Schwergewicht unter den Organen. Sie hat ja aber auch eine Menge zu tun: Neben der Entgiftungsleistung ist sie Drehscheibe vieler unserer Stoffwechselvorgänge, außerdem produziert sie jede Menge Enzyme und Hormone und ist natürlich an der Verdauung beteiligt. Dabei müssen Eiweiße und Zucker gespalten oder Fette verstoffwechselt werden. Dafür produziert die Leber Gallensäuren, die sie dann in der unter ihr liegenden Gallenblase speichert, bis die Gallensäuren für die Verdauung benötigt werden.

Nicht immer gehen wir mit den beiden pfleglich um. Zucker, fettes Essen, Alkohol und Medikamente machen der Leber – und auch oft der Galle – zu schaffen. Mit einer ausgewogenen Ernährung, die vor allem auf frisch zubereitete Speisen mit hohem pflanzlichen Anteil setzt, können Sie die natürliche Regenerationsfähigkeit der Leber unterstützen und die Galle vor Steinbildung bewahren. Hilfreich dabei sind auch Anwendungen mit *Rosmarin, Salz* und *Wasser*.

Leberwickel zum Zweiten

Bereits im Kapitel »Entgiftung« finden Sie den Klassiker zur Entlastung der Leber, den berühmten Leberwickel. Sie können die Tiefenwirkung, die für eine verstärkte Durchblutung von Leber, Gallenblase und Gallengängen sorgt, durch den Einsatz von Rosmarin noch verstärken.

Anwendung

Stellen Sie zunächst einen starken Rosmarinaufguss her. Übergießen Sie dafür 1 EL Rosmarinblätter mit 250 ml kochendem Wasser und lassen Sie alles 10 Minuten zugedeckt ziehen. Alternativ können Sie auch 2 bis 3 Tropfen Rosmarinöl in das Wasser geben.

Füllen Sie eine Wärmflasche mit heißem Wasser. Legen Sie eine Wolldecke oder einen breiten Schal auf das Bett oder die Couch und darauf ein Handtuch auf Höhe des Oberbauchs, sodass Sie beides später im Liegen um sich wickeln können. Falten Sie ein dünnes Tuch (Geschirrtuch, Baumwollwindel o. Ä.) und tauchen Sie es in den Rosmarinsud. Wenn Sie ätherisches Rosmarinöl in Ihrer Hausapotheke haben, können Sie den rechten Oberbauch unter dem Rippenbogen zusätzlich mit 2 bis 3 Tropfen davon einreiben. Legen Sie sich bequem auf den Rücken und platzieren Sie das feuchtwarme Tuch auf diese Stelle. Jetzt die beiden anderen Tücher straff um den Bauch schlagen, zum Schluss die Wärmflasche drauflegen und zudecken. Lassen Sie den Wickel etwa 30 Minuten liegen.

Während einer kleinen Leberentgiftungskur (am besten im Urlaub) können Sie den Wickel täglich anwenden. Günstig ist die Zeit zwischen 13 und 14 Uhr. Ansonsten ist auch eine Kur über vier Wochen möglich, während derer Sie den Leberwickel 1-mal wöchentlich anwenden, am besten am Wochenende. Meiden Sie in dieser Zeit Alkohol.

FETTLEBER DURCH FRUCHTZUCKER

Jeder vierte Bundesbürger über 40 Jahre ist heutzutage von einer nichtalkoholischen Fettleber (NAFL) betroffen, die unentdeckt und unbehandelt zu einer Zirrhose (Zerstörung des Lebergewebes) führen kann. Obst oder Obstsäfte sind gesund, denkt man landläufig.

Aber zu viel schadet der Leber – ebenso wie Alkohol. Denn der süße Stoff im Obst, der Fruchtzucker – im Übermaß genossen –, stört den normalen Leberstoffwechsel. Im Ergebnis kommt es zur vermehrten Speicherung von Fett in der Leber und damit zur Fettleber. Besonders Fruchtsäfte oder mit Fruchtzucker gesüßte Lebensmittel sind eine regelrechte Falle für die Leber. Leberschützend wirkt übrigens das Trinken mehrerer Tassen Kaffee täglich.

Lebermassage mit Sole-Öl

Die Leber mag Bewegung. Auch Massagen bringen sie in Schwung. Gönnen Sie sich prophylaktisch eine Massagekur über drei Wochen zur Unterstützung der Leberfunktion. Am besten im Frühling, denn nach dem Verständnis der Traditionellen Chinesischen Medizin ist die Leber dem Frühling zugeordnet. Werden Sie also alles los, was sich im Winter in der Leber angesammelt hat.

BITTE ETWAS MEHR BITTER

Bitterstoffe in pflanzlichen Lebensmitteln, Samen und Kräutern fördern die Produktion von Galle, was die Leber entlastet und die Fettverdauung verbessert. Außerdem »putzen« Bitterstoffe die Gallenblase, unterstützen den Fett- und Zuckerstoffwechsel und verbessern insgesamt die Verdauung.

Unter den Samen sticht Leinsamen mit hohen Anteilen hervor. Auch Ingwer enthält Bitterstoffe, außerdem wirkt er positiv auf die Blutfette, indem er die Umwandlung von Cholesterin in Gallensäuren anregt. Von den Kräutern in Ihrer Hausapotheke bringen Rosmarin und Thymian eine ordentliche Portion Bitterstoffe mit. Die Devise lautet also: Sparen Sie nicht mit diesen natürlichen Medikamenten in Ihrer Ernährung.

Anwendung
Stellen Sie eine 26-prozentige Sole her (siehe »*Salz*«). Vermischen Sie 3 TL dieser gesättigten Salzlösung mit 100 ml Olivenöl und massieren Sie mit dem Salz-Öl-Gemisch mit kreisenden Bewegungen mehrmals wöchentlich den Bauch. Besonders gut wäre es, wenn ein Partner die Massage mit beiden Händen ausführt.

Heilwasser kontra Gallensteine

Heilwässer haben im Gegensatz zu Mineralwasser eine amtliche Zulassung durch das BfArM (Bundesinstitut für Arzneimittel und Medizinprodukte), wenn die Wirksamkeit, die Qualität sowie die Unbedenklichkeit mit aufwendigen Testverfahren nachgewiesen werden konnte. In einer kleinen italienischen Studie wurde aufgezeigt, dass das Trinken von sulfathaltigem Wasser die Produktion von Verdauungssäften in der Leber ankurbelt und so dazu beiträgt, die Bildung von Gallensteinen zu verhindern. Sulfate sind am Fettstoffwechsel der Leber sowie der Gallenfunktion beteiligt und wirken verdauungsfördernd.
Besonders bekannt unter den verdauungsfördernden Sulfaten ist das Abführmittel Glaubersalz (Natriumsulfat), denn Sulfat fördert auch die vermehrte Ausscheidung von Gallensäuren über den Stuhl. Dadurch wird der sogenannte enterohepatische Kreislauf unterbrochen, der dafür sorgt, dass 90 Prozent der Gallensäuren im Darm rückresorbiert werden und zurück in die Leber gelangen. So wird die Leber angeregt, neuen Gallensaft zu bilden.

Anwendung
Ein sulfatreiches Heilwasser sollte 1200 bis 1600 mg Schwefel pro Liter enthalten. Für eine Trinkkur werden vier bis sechs Wochen lang üblicherweise 3-mal täglich 300 bis 500 ml zusätzlich zur normalen Flüssigkeitsaufnahme empfohlen. Die Frauen in der Studie tranken über zwölf Tage lang täglich morgens 500 ml Wasser.

WICHTIG
Beachten Sie die Trinkempfehlungen und Anwendungsgebiete auf dem Etikett der abgefüllten Flasche.

Bittersüße Zitrone

Eine gute Mischung aus bitter und angenehm sauer vereinen etliche Zitrusfrüchte, vor allem Limetten und Zitronen. Die darin enthaltenen bioaktiven Substanzen, unter anderem das (D-)Limonen, sowie die Säure helfen, Gifte besser über die Leber und die Niere zu eliminieren.

Anwendung
Beginnen Sie morgens mit einem Glas lauwarmem Wasser, dem Sie den frisch gepressten Saft von einer halben Biozitrone (oder 1 Limette) und ½ TL Imkerhonig hinzugeben. Spülen Sie im Anschluss den Mund mit klarem Wasser aus, um die Zähne vor zu viel Säure zu schützen.

TIPP
Benutzen Sie einen Strohhalm zum Trinken, das schützt die Zähne vor zu viel Säure. Falls nicht, warten Sie mit dem Putzen der Zähne mindestens zwei Stunden.

Menstruationsbeschwerden

Kurz vor und während der Menstruation fühlen sich viele Frauen unwohl oder leiden unter Unterleibsschmerzen. Auch der veränderte Hormonhaushalt macht sich sowohl körperlich als auch seelisch durch das sogenannte prämenstruelle Syndrom bemerkbar. Viele Frauen leiden dann unter Stimmungsschwankungen, sind gereizt oder depressiv.
Die Beschwerden sind von Frau zu Frau unterschiedlich ausgeprägt und verschwinden bei den meisten rasch nach Einsetzen der Blutung wieder. Bei Frauen, die während des Zyklus vermehrt Prostaglandine (Schmerzbotenstoffe) in der Gebärmutterschleimhaut bilden, werden diese mit Einsetzen der Monatsblutung durch das Ablösen der Schleimhaut vermehrt freigesetzt. Je nach Veranlagung kann es dann – unabhängig von der Blutungsstärke – kurz vor und während der Menstruation zu Schmerzen kommen.
Mit *Ingwer, Kamille, Rosmarin* und *Zitrone* an Ihrer Seite kommen Sie besser durch diese Zeit.

Krampflösender Ingwer-Zitronen-Drink

In mehreren Studien wurden herkömmliche Schmerzmittel und Ingwer bei der Bekämpfung von Schmerzen vor und während der Regelblutung getestet. Ingwer konnte dabei genauso gut abschneiden wie verschiedene synthetische Präparate. So hemmen seine Scharfstoffe ähnlich wie die typischen Schmerzmittel das Enzym Cyclooxygenase. Dadurch wird auch die Produktion der Prostaglandine unterbunden, was zu weniger Schmerzen führt. In den Studien nahmen die Teilnehmerinnen zwischen 0,75 und 2 g Ingwerpulver in Kapseln in den ersten drei bis vier Tagen der Periode ein. (Ingwerkapseln gibt es in der Apotheke. Die Einnahme erfolgt nach Packungsbeilage.) Ganz einfach und vor allem deutlich preiswerter ist ein Drink mit Ingwer und Zitrone. Als Faustregel gilt: Mit etwa 5 g frischem Ingwer (entspricht etwa zwei Tassen Ingwerwasser) oder 0,75 g Ingwerpulver pro Tag beginnen und die Dosis bei Bedarf steigern.

Anwendung

Geben Sie ½ TL Ingwerpulver und den Saft einer frisch gepressten halben Biozitrone in 250 ml warmes oder kaltes Wasser und rühren alles gut um. Nach Gusto etwas Honig hinzufügen. Der Drink wirkt nicht nur schmerzstillend, sondern tut auch der Leber gut (siehe »Leber«).

Süße Ingwer-Medizin gegen Schmerzen

Wenn Sie regelmäßig von Menstruationsschmerzen geplagt werden, dann bereiten Sie sich doch einen Ingwersirup mit Zitrone zu. Er schmeckt nicht nur gut, sondern die Zitrone verstärkt die Wirkung von Ingwer, da sie ebenfalls die Prostaglandin-Synthese moduliert.

Das brauchen Sie

300 g Bioingwer
5 Biozitronen
500 g Honig
1 l Wasser
1 Topf
2 bis 3 verschließbare leere Flaschen

So geht's
Schneiden Sie den gut gewaschenen Ingwer mit Schale in grobe Stücke und zerkleinern Sie ihn mit der Küchenmaschine. Waschen Sie die Zitronen mit heißem Wasser, schneiden Sie sie – ebenfalls mit Schale – in grobe Stücke und geben sie mit dem Ingwer und den anderen Zutaten in einen großen Topf. Das Ganze zum Kochen bringen und dann 20 Minuten köcheln lassen. Sieben Sie den Sud danach gut ab – pressen Sie ihn eventuell mit etwas Druck durch ein Küchentuch, um alles aus den Zitronen rauszuholen – und füllen ihn noch heiß in Flaschen.
Geben Sie den Sirup in Tee oder Wasser (vorher auf Trinktemeperatur abkühlen lassen) und trinken Sie ein bis drei Tassen täglich kurz vor und während der Menstruation. So schlagen Sie den Schmerzen genussvoll ein Schnippchen.

TIPP
Diese Anti-Schmerz-Mischung können Sie natürlich bei Schmerzen jeglicher Art ausprobieren.

Dampfende Kamille für den Bauch

Der »Vorname« der Kamille, *Matricaria,* bedeutet »Gebärmutter« und weist darauf hin, dass die Heilpflanze bei gynäkologischen Beschwerden wie Menstruationsbeschwerden und dem prämenstruellen Syndrom (PMS) zum Einsatz kommt. Bei den typischen Bauchkrämpfen, die viele Frauen echt in die Zange nehmen, können das Trinken von Kamillentee (siehe »Gastritis«) sowie eine dampfende Auflage Wunder bewirken.

Das Prozedere mag zunächst etwas umständlich erscheinen, doch nach einer Anwendung haben Sie den Dreh raus und die Schmerzen besser im Griff.

Anwendung

Nehmen Sie ein größeres Baumwolltuch und legen Sie es zum Aufwärmen zwischen zwei Wärmflaschen oder auf die Heizung. Es wird später das Außentuch der Bauchkompresse. Legen Sie weiterhin ein Frotteehandtuch sowie ein Baumwoll- oder Leinentuch parat, das Sie auf Bauchgröße falten und in das Frotteetuch einrollen.

Stellen Sie aus 6 EL getrockneten Kamillenblüten und ½ l heißem Wasser einen starken Kamillenaufguss her. Lassen Sie den Aufguss 5 Minuten zugedeckt ziehen, gießen Sie ihn dann in eine etwas größere Schüssel ab und geben 1 l kochendes Wasser zu dieser Abkochung hinzu.

Nun wird die Handtuchrolle in die Schüssel getaucht oder mit der Flüssigkeit übergossen, sodass sie sich richtig vollsaugen kann. Wringen Sie die Rolle dann kräftig aus – je kräftiger, desto besser (je weniger Nässe im Innentuch verbleibt, desto heißer verträgt man die Kompresse auf der Haut und desto länger hält sich die Wärme).

Wickeln Sie jetzt das Innentuch aus dem Handtuch aus und schlagen es zwischen das vorgewärmte Außentuch ein. Testen Sie die Dampfkompresse am Unterarm, ob sie nicht zu heiß ist, und legen Sie sie vorsichtig, aber zügig auf den Bauch. Achtung: Wird sie als zu heiß empfunden, sofort wegnehmen und etwas abkühlen lassen!

Belassen Sie die Kamillen-Dampfkompresse für 5 bis 15 Minuten auf dem Bauch. Bei Bedarf können Sie die Anwendung am nächsten Tag wiederholen. Insgesamt darf eine solche Dampfkompresse über mehrere Tage, aber jeweils nur einmal täglich angewendet werden.

TIPP
Wirkt auch sehr gut gegen Blähungen.

Rhythmusgeber Rosmarin

Bei unregelmäßiger Menstruation beginnen Sie drei Tage vor dem erwarteten Menstruationstermin täglich mit Rosmarin-Fußbädern, am besten abends.

Anwendung
Emulgieren Sie 3 bis 5 Tropfen Rosmarinöl mit 1 EL Salz, Honig oder Sahne und geben Sie die Mischung in eine Schüssel mit etwa 5 l warmem Wasser (38 °C). Baden Sie die Füße 10 bis 15 Minuten darin und gießen Sie immer wieder etwas warmes Wasser nach.

Mundgeruch

Anders als viele Menschen annehmen, kommt der schlechte Geruch meist nicht aus Rachen oder Magen, sondern zu mehr als 90 Prozent direkt aus dem Mund. Oft sind es Essensreste, die verlockend für Bakterien sind und deren Wachstum fördern – und das trotz scheinbar guter Mundhygiene.

Die Crux: Beim einfachen Zähneputzen reinigen Sie zwar die Kauflächen und die Außenwände der Zähne, aber etwa 40 Prozent der Zahnoberfläche liegt in den Zahnzwischenräumen, die allein mit einer Zahnbürste nicht sauber gehalten werden können. Dort richten sich Bakterien besonders gerne ein, zersetzen die Zuckerreste der Nahrung und scheiden dabei übel riechende Schwefelverbindungen aus.

Ein trockener Mund und damit zu wenig Speichelfluss fördert ebenfalls Mundgeruch. Na ja, und dass Knoblauch, Zwiebeln, Fisch oder Alkohol einen unangenehmen Atem verursachen, weiß jeder. In seltenen Fällen weist Mundgeruch auf eine Krankheit wie beispielsweise Reflux (aufsteigende Magensäure) hin und muss abgeklärt werden.

Mit der richtigen Mundhygiene und den Bakterienkillern *Apfelessig, Leinöl* und *Salz* wird Ihr Atem garantiert frisch. Und gegen gelegentlich üble Gerüche von Lebensmitteln ist *Ingwer* das Mittel der Wahl.

Spülis für den Mund

Schlechter Mundgeruch ist ja nicht nur unangenehm, vor allem für Mitmenschen, sondern eine anhaltende hohe

bakterielle Besiedlung greift die Zähne und das Zahnfleisch an. Karies, Parodontitis oder gar Zahnausfall blühen schlimmstenfalls.
Schützen Sie Ihren Mundraum mit entsprechenden Spülungen. Apfelessig und Salz wirken antibakteriell und desinfizierend, was die Bakterien im Mund reduziert. Verwenden Sie sie im Rahmen einer Kur, um das bakterielle Milieu im Mund zu sanieren, eventuell im Wechsel.

***Anwendung 1:** Apfelessig*
Geben Sie auf ein Glas Wasser 2 EL Apfelessig und spülen damit hin und wieder den Mund nach dem Zähneputzen.

TIPP
Ein paar Tropfen Apfelessig auf die Zahnbürste geben und die Zunge nach dem Zähneputzen damit reinigen, denn die meisten Bakterien tummeln sich auf der Zunge.

***Anwendung 2:** Salzwasser*
Lösen Sie 1 TL Salz in 250 ml warmem Wasser auf und spülen Sie damit regelmäßig den Mund. Nicht nur die Zähne profitieren davon, auch die Schleimhäute. Beläge werden gelöst, sodass eine Regeneration des Zahnfleisches eintritt. Verwenden Sie am besten Meersalz, das frei von Zusätzen wie Rieselhilfen ist. Salz unterstützt zudem den Feuchtigkeitshaushalt der Mundschleimhaut und beugt so einem trockenen Mund vor.

***Anwendung 3:** Ölziehen*
Nehmen Sie 1 bis 2 EL Leinöl in den Mund und bewegen Sie das Öl etwa 5 bis 10 Minuten mit kauenden Bewegungen durch den Mund und die Zähne hin und her, danach aus-

spucken und mit warmem Wasser spülen. Putzen Sie dann ganz normal die Zähne.

Ölziehen entfernt nicht nur Giftstoffe und Keime aus dem Mundraum, es verhindert auch Entzündungen sowie schlechten Mundgeruch. Im Ayurveda gehört das Ölziehen zur morgendlichen Gesundheitspflege. Diese Mundpflege können Sie täglich bedenkenlos anwenden.

TIPP

Sie können auch zwischen verschiedenen Ölen wechseln, um von den gesundheitlichen Vorteilen der einzelnen Öle zu profitieren.

DAS A UND O: GRÜNDLICHE MUNDHYGIENE

Putzen Sie 2-mal täglich die Zähne. Verwenden Sie zur Reinigung der Zahnzwischenräume Zahnseide oder Interdentalbürsten, am besten abends.

Reinigen Sie auch 1-mal täglich die Zunge, z. B. mit einem Zungenschaber oder mit der Zahnbürste.

Vorsicht ist bei Spülungen mit dem Wirkstoff Chlorhexidin geboten. Der tötet zwar die Bakterien ab, allerdings auch die nützlichen, die wichtig für die Abwehr von Krankheiten und für eine gesunde Mundflora sind. Zudem kann Chlorhexidin die Zähne verfärben, Zahnstein fördern und das Geschmacksempfinden beeinträchtigen.

Lassen Sie 1- bis 2-mal jährlich Ihre Zähne professionell beim Zahnarzt reinigen. Viele Krankenkassen übernehmen anteilig die Kosten, oft über Bonusprogramme, Gesundheitskonten oder besondere Tarife.

Ingwer vertreibt Mundgeruch

Thomas Hofmann und seine Mitarbeiter von der Technischen Universität München haben herausgefunden, warum Ingwer Mundgeruch deutlich reduziert – und zwar innerhalb weniger Sekunden. Nach dem Genuss von Ingwer steigt die Konzentration des Enzyms Sulfhydryloxidase 1 im Speichel um das 16-Fache an. Dieses Enzym baut im Mund übel riechende schwefelhaltige Verbindungen ab. Auf diese Weise kann es den anhaltenden Nachgeschmack von Zwiebeln, Knoblauch und anderen »Stinkern« mindern, und der Atem riecht besser. Verantwortlich für diesen Effekt ist offenbar das scharf schmeckende Gingerol.

Anwendung
Kauen Sie einfach eine Scheibe Ingwer, bis Sie keinen Geschmack mehr abgibt.

TIPP
Das häufige Trinken von Ingwerwasser wirkt ebenfalls antibakteriell und regt zudem den Speichelfluss an.

KÖNNEN SIE SICH SELBST RIECHEN? DER SELBSTTEST

Wir merken es oft gar nicht, dass wir einen unangenehmen Atem haben. Leider leiden andere darunter, trauen sich aber nicht, uns das zu sagen – ziemlich peinlich.
Wer selbst testen möchte, ob er oder sie Mundgeruch hat, kann den Plastiktüten-Test machen: Dafür durch die Nase einatmen und durch den Mund gleichmäßig in eine Tüte ausatmen. Die Tüte verschließen und nach 15 Minuten öffnen und daran schnuppern. Wer dabei einen fauligen Geruch bemerkt, hat Mundgeruch.

Muskelverspannungen/Muskelkater

Schmerzhafte Verspannungen der Rückenmuskeln bilden sich meist aufgrund von Durchblutungsstörungen, die eine ausreichende Sauerstoffversorgung der Muskulatur verhindern. Dadurch wird der Stoffwechsel des Muskelgewebes gestört. Die Folge sind schmerzhafte Verhärtungen, die entstehen, weil die verspannten Muskeln die feinen Blut- und Nervengefäße zusammenquetschen. Die verminderte Sauerstoff- und Nährstoffzufuhr verstärkt die Beschwerden.
Stress, Fehlhaltungen, Bewegungsarmut und monotone oder falsche Bewegungsabläufe sind häufige Auslöser für schmerzhafte Verspannungen der Rückenmuskeln. Einen bedeutenden Anteil an Fehlhaltungen hat die oft stundenlange Nutzung von Smartphones. Auch langes Sitzen am Arbeitsplatz bei gleichzeitigem Bewegungsmangel ist heutzutage eher der Normalfall. Durch diese Kombination aus ungünstiger Körperhaltung und untrainierter Muskulatur kommt es besonders häufig an der Halswirbelsäule und im Nacken zu Verspannungen.
Durchblutungsfördernder *Ingwer* und *Rosmarin* oder *warmes Wasser* lösen Verspannungen und vertreiben damit den Schmerz.

Gesalbt mit Ingwer

Ingwer greift gezielt in den Entzündungsstoffwechsel ein. Die Scharfstoffe machen die Schmerzrezeptoren unempfindlicher gegenüber dem Schmerzempfinden.

Anwendung
Geben Sie 1 EL Ingwerpulver in 200 g Kokosfett oder Sheabutter und erhitzen Sie alles, während Sie dabei gut durchmischen. Lassen Sie es einen Tag durchziehen, erhitzen es erneut und füllen es dann in ein Glas. Reiben Sie die schmerzende Stelle damit ein.

Reizender Rosmarin

Rosmarin reizt bei äußerlicher Anwendung die Haut und das darunterliegende Gewebe, was die Durchblutung anregt. Gleichzeitig wird der Einfluss entzündungsauslösender Stoffe wie der Prostaglandine gehemmt.
Gut gegen Muskelverspannungen jeglicher Art eignen sich Rosmarin-Einreibungen oder das Auflegen von mit Öl getränkten Tüchern. Entweder Sie haben einen selbst gemachten Ölauszug zur Hand (siehe »Entgiftung«) oder Sie geben auf 25 ml Öl (Sesam-, Mandel- oder Olivenöl) 30 Tropfen (gut 1 ml) ätherisches Rosmarinöl.

Anwendung
Reiben Sie die verspannte Muskelpartie mit dem Öl ein. Alternativ tränken Sie ein Stoff- oder Papiertuch mit der Ölmischung und legen es auf die verspannte Muskelpartie. Decken Sie das Tuch mit einem weiteren Tuch ab und fixieren Sie beide z. B. mit einem Gästehandtuch oder einer Folie. Das Tuch kann ein bis zwei Stunden aufliegen. Wenn Sie ein Stofftuch verwenden, können Sie das Tuch nach der Behandlung in einem Behälter aufbewahren und wiederholt auflegen.

Den Kopf hängen lassen für einen warmen Guss

Bei chronischer Verspannung der Nackenmuskulatur, dem Schulter-Arm-Syndrom oder akutem Hartspann (Myogelose) an Rücken oder Nacken ist der warme/heiße Nackenguss ein effektives Mittel zur Lösung verhärteter Muskulatur und zur allgemeinen Entspannung. Außerdem wirkt er durchblutungsfördernd. Um den Nackenguss optimal durchführen zu können, brauchen Sie einen Partner. Zu zweit geht manches eben leichter.

Anwendung

Schrauben Sie den Duschkopf ab. Beugen Sie sich über den Badewannenrand und lassen Sie ganz entspannt den Kopf hängen. Ihr Partner setzt den Wasserstrahl ab der Höhe des sechsten Brustwirbels an, sodass eine Wasserplatte gleichmäßig den Nackenbereich bedeckt. Wählen Sie zu Anfang eine mäßig warme Temperatur von ca. 35 °C und steigern Sie sie langsam bis zur Erträglichkeitsgrenze (maximal 40 °C). Bewegen Sie den Kopf während des Gusses leicht seitlich hin und her. Der Nacken wird für einige Minuten so lange begossen, bis eine kräftige Durchblutung (Rötung) sichtbar wird. Anschließend abtrocknen und eventuell mit einem Öl einreiben. Den Oberkörper wieder bedecken und im Bett nachdünsten.

WICHTIG

Nicht bei grauem oder grünem Star, Bluthochdruck und Schilddrüsenerkrankungen.

Nagelbettentzündung

Diese Entzündung des Gewebes rund um die Hand- oder Fußnägel kann sehr schmerzhaft sein. Wie bei jeder Entzündung gibt es Schwellungen, Rötungen, und es bildet sich Eiter. Manchmal sind es nur kleine Verletzungen, die nicht schnell genug heilen, manchmal chemische Reizstoffe oder Keime, die Entzündungen befeuern.
Handelt es sich um chronische Entzündungen, sollte ein Dermatologe zurate gezogen werden. Eine einfache akute Nagelbettentzündung bekommen Sie gut mit *Heilerde, Kamille, Leinsamen* und *Salz* in den Griff.

Heilerde-Kamille-Duo

Nutzen Sie die entzündungshemmenden, abschwellenden und wundheilenden Eigenschaften von Kamille und Heilerde.

Anwendung
Bereiten Sie aus 2 EL Kamillenblüten und 250 ml heißem Wasser einen starken Aufguss, den Sie 10 Minuten gut durchziehen lassen und danach abseihen. Verrühren Sie etwas von dem Kamillenaufguss mit Luvos-Heilerde (fein) zu einer Paste. Reinigen Sie das Nagelbett und tragen Sie dann 2-mal täglich die Paste auf. Lassen Sie sie 20 bis 30 Minuten einwirken, eventuell fixieren Sie sie mit einer Binde oder einem dünnen Tuch. Anschließend abspülen. Baden Sie die entzündete Stelle zwischendurch immer mal wieder im Kamillensud.

Den Eiter einschleimen

Das kann Leinsamen wunderbar, und zwar in Form einer warmen Auflage. Die Schleimstoffe beruhigen die entzündete Haut. Sie wirken abschwellend und schmerzlindernd. Die Wärme des Umschlags fördert die Durchblutung und hilft dabei, den Eiter schneller loszuwerden. Gleichzeitig spenden Leinsamen Feuchtigkeit, was die Wundheilung fördert.

Anwendung
Mischen Sie 1 bis 2 EL Leinsamen (je nach Größe der entzündeten Stelle) mit etwas Wasser und kochen das Ganze kurz auf, bis ein dickflüssiger, schleimiger Brei entsteht. Lassen Sie es etwas abkühlen und geben Sie es dann auf ein dünnes Gazetuch. Schlagen Sie es zu einem Päckchen ein und legen Sie es mit der einfachen Seite auf die entzündete Stelle. Fixieren Sie das Leinsamenpäckchen mit einer Binde oder einem kleinen Tuch und lassen Sie den kostbaren Schleim 2- bis 3-mal täglich für 20 bis 30 Minuten einwirken, danach jeweils abspülen.

Ab ins Salzbad

Salz wirkt desinfizierend und unterstützt dadurch eine schnelle Abheilung. Außerdem entzieht Salz den Bakterien die Lebensgrundlage.

Anwendung
Geben Sie 1 TL Salz (etwa 6 g) in 100 ml warmes Wasser und tauchen Sie den Finger hinein. Wenn eine Zehe betroffen ist, dann erhöhen Sie die Wasser- und Salzmenge entsprechend, um den Fuß einzutauchen.

Nasennebenhöhlenentzündung

Es beginnt mit einem harmlosen Schnupfen und kann mit einer Entzündung der Schleimhäute in den Nasennebenhöhlen enden. Sie schwellen an und machen die Ausgänge der Nebenhöhlen quasi dicht, wodurch das vermehrt gebildete Nasensekret in den Höhlen festsitzt. Die große Gefahr besteht darin, dass sich zusätzlich noch eine bakterielle Infektion entwickelt. Kopfschmerzen, unangenehmer Druck beim Schnäuzen, Klopfschmerz über den Nebenhöhlen, Abgeschlagenheit und manchmal sogar Fieber können mit dieser Entzündung einhergehen.
Eine effektive Strategie ist die Zufuhr von Wärme, um eine gesteigerte Durchblutung der entzündeten Nasennebenhöhlen zu fördern. Das lindert einerseits die Symptome und führt andererseits zu einer Stärkung der Immunreaktion – eine wichtige Maßnahme, um eine Verschlimmerung durch eine bakterielle Komplikation zu vermeiden. Mit einer Kombination aus Spülungen, Inhalationen, Auflagen und Bädern verschaffen Sie sich Erleichterung und Heilung. Mit *Leinsamen, Kamille* und *Thymian* haben Sie mehrere wirksame Mittel zur Hand.

Druckentlastende Leinsamenkompresse

Eine feuchtwarme Leinsamenkompresse ist ein guter Wärmespeicher. Sie fördert die Durchblutung in der Region, wodurch der Abfluss des Nasensekrets angeregt wird, und der unangenehme Druckschmerz lässt nach.

Anwendung
Kochen Sie drei Tassen Leinsamen mit vier Tassen Wasser zu einem dicken Brei. Dieser reicht für mehrere Kompressen, die Sie vorbereiten können und nacheinander auflegen. Geben Sie jeweils 1 EL des Breis auf ein Papiertaschentuch und schlagen es zu einem Päckchen zusammen. Alternativ können Sie den Leinsamen auch in Teefilterbeutel füllen. Bevor Sie die ersten beiden Kompressen links und rechts der Nase auf die Wangen legen, halten Sie die übrigen warm, indem Sie sie mit einer Wärmflasche in ein Handtuch einschlagen. Legen Sie die ersten beiden Kompressen links und rechts der Nase für 10 Minuten auf und wechseln diese dann durch neue, warm gehaltene aus. Zum Schluss unbedingt nachruhen und kalte Luft meiden, bis die Gesichtshaut wieder auf Normaltemperatur ist.

TIPP

Am besten gleichzeitig ein selbst hergestelltes Salz-Nasenspray verwenden (siehe »Erkältung«), damit alles gut abfließen kann.

Warme Fußbäder

Machen Sie über einen Zeitraum von zwei Wochen jeden Tag abends ein warmes Fußbad. Dies fördert die Durchblutung insgesamt, wodurch auch die Immunzellen besser im Körper zirkulieren.

Anwendung
Bei dem Fußbad sollte das Wasser optimalerweise bis zur Mitte der Waden (bei Krampfadern nur bis zum Knöchel) reichen und eine Temperatur zwischen 36 und 38 °C haben.

Sie können gerne noch 1 EL Salz dazugeben, denn da Salz eine hohe Wärmebindungskapazität hat, kühlt das Wasser nicht so schnell aus. Durchblutungsfördernd wirkt auch die Zugabe von 3 bis 5 Tropfen Rosmarinöl, das Sie vorher in etwas Sahne, Honig oder Salz emulgieren, bevor Sie es dem Fußbad hinzugeben.

TIPP

Empfehlenswert ist auch das temperaturansteigende Fußbad (siehe »Blasenentzündung«)«).

Inhalationen

Kopf-Dampfbäder helfen nicht nur bei den üblichen Symptomen einer Erkältung wie Husten, Schnupfen und Heiserkeit, sondern auch bei Nasennebenhöhlenentzündungen. Der warme Wasserdampf befeuchtet die Schleimhäute, wirkt schweißtreibend und hilft, Krankheitserreger auszuleiten. Außerdem fördert die Wärme die Sekretbildung. Die abschwellende, entzündungshemmende und schmerzlindernde Wirkung wird durch den Zusatz von Kräutern erhöht, was auch den Abfluss des festsitzenden Sekrets erleichtert.

Anwendung

Die Rezepturen für eine Inhalation mit *Kamille* oder *Thymian* finden Sie unter »Erkältung«.

VON INNEN EINHEIZEN

Warme Flüssigkeiten regen die Durchblutung und die Schleimproduktion an. Scharfmacher wie Ingwer, Zimt oder Kardamom setzen da noch einen drauf. Ein Ingwerwasser kann man gut und gerne mit diesen beiden Gewürzen und 1 TL Honig zu einem schmackhaften Getränk kombinieren.

Eine heiße Hühnerbrühe schmeckt nicht nur sehr gut, sondern liefert neben dem immunstärkenden Spurenelement Zink auch den Eiweißstoff Cystein, der Entzündungen hemmt und im Erkältungsfall die Schleimhäute abschwellen lässt. Gerne können Sie in die Brühe ebenfalls ein großes Stück Ingwer tun – das schmeckt gut und tut gut. Wer scharfe Gewürze wie Chili oder Pfeffer liebt, sollte sie ebenfalls reichlich verwenden.

Keimkiller Thymian und Kamille

Die beiden Hauptinhaltsstoffe im Thymian, Thymol und Carvacrol, haben eine 20-mal höhere keimhemmende Wirkung als die von Phenolen, die vielen Desinfektionsmitteln beigefügt werden. Kamille liefert mit Bisabolol, Chamazulen, Matricin und dem Pflanzenfarbstoff Apigenin eine geballte Ladung an entzündungshemmenden Stoffen.

Anwendung

Übergießen Sie 3 TL Kamillenblüten und 1 TL Thymiankraut mit 500 ml heißem Wasser. Lassen Sie die Kräuter 7 bis 10 Minuten abgedeckt ziehen, seihen Sie den Tee dann ab und füllen ihn in eine Thermoskanne. Über den Tag verteilt trinken. Nach Belieben mit etwas Honig süßen.

Neurodermitis

Sie wird auch atopische Dermatitis oder atopisches Ekzem genannt. Diese Hauterkrankung ist oft chronisch und geht in bestimmten Phasen mit starkem Juckreiz einher. Der Drang zum Kratzen ist so groß, dass sich Betroffene die Haut blutig kratzen. Besonders die Armbeugen, die Kniekehlen sowie die Hals- und Gesichtspartie sind anfällig für Juckreiz und Ekzeme. Es ist wichtig, diesen Juck-kratz-Kreislauf zu unterbinden, denn in die verletzte Haut dringen Keime ein und führen zu Entzündungen.
Die entzündungshemmenden, juckreizstillenden, keimtötenden und zellerneuernden Eigenschaften von *Honig/Bienenwachs, Kamille* und *Salz* können hier gute Dienste leisten. Außerdem helfen sie, die gestörte Hautschutzbarriere wieder aufzubauen.

Hautwunder Honig

Er tötet Mikroben ab, die auf der Haut Schaden anrichten, kann die Reparatur von Gewebe fördern oder immunologische Parameter modulieren – um nur einige wissenschaftlich untersuchte Wirkmechanismen von Honig zu nennen. In der traditionellen Medizin vieler Länder wird er seit jeher zur Behandlung verschiedener Hautprobleme eingesetzt (siehe Kasten).
In einer Studie zeigte eine Mischung aus Honig, Olivenöl und Bienenwachs (1:1:1) bei verschiedenen Hauterkrankungen wie Neurodermitis oder Schuppenflechte Verbesserungen in Bezug auf die Symptome wie Juckreiz, Schuppung und Hautrötungen. Olivenöl spendet Feuchtigkeit und enthält das Hautvitamin E. Bienenwachs bildet eine feuch-

tigkeitsspendende Schutzbarriere und schützt die Haut vor Reizstoffen. Die Probandinnen trugen die Salbe 3-mal täglich für vier Wochen auf.

Anwendung

Geben Sie 50 g kalt gepresstes Olivenöl und 50 g Bienenwachs (Apotheke, Internetshop, Naturkostläden) in ein Schälchen und lassen Sie das Wachs im heißen Wasserbad schmelzen. Lassen Sie anschließend alles unter Rühren im kalten Wasserbad abkühlen, bis es lauwarm (etwa 40 °C) ist, und rühren Sie dann 50 g Imkerhonig (oder Manuka-Honig oder zertifizierten Honig vom Deutschen Imkerbund) in die Olivenöl-Bienenwachs-Mischung (das dauert etwa 5 Minuten). Füllen Sie die Salbe in eine Cremedose oder ein Schraubglas. Sie hält bei Zimmertemperatur etwa drei Monate.

KLEINE HONIG-WELTREISE

In vielen Kulturen kommt Honig traditionell bei unterschiedlichen Erkrankungen der Haut zum Einsatz. In der persischen Medizin wird Honig bei der Behandlung von Wunden, Ekzemen und Entzündungen eingesetzt. Das Spektrum der ayurvedischen Medizin schließt die Behandlung von Schnittwunden, Verbrennungen und Hautkrankheiten sowie Fournier-Gangrän ein. Im afrikanischen Burkina Faso wird Honig von den Einheimischen als Hautreinigungsmittel und zur Behandlung von Masernausschlag verwendet.

Beruhigende Kamille

Eine kleine Studie an Freiwilligen zeigte, dass die Flavonoide der Kamille und ihre ätherischen Öle in die tieferen Hautschichten eindringen und so eine tiefgreifende entzündungshemmende Wirkung entfalten. Je nach Größe der betroffenen Hautareale können Sie Auflagen, Teil- oder Vollbäder nutzen.

Anwendung 1: *Kamillenkompresse*

Übergießen Sie einen gehäuften EL Kamillenblüten mit 150 ml heißem Wasser und lassen Sie den Tee 5 bis 10 Minuten zugedeckt ziehen. Danach abseihen. Tauchen Sie 1- bis 2-mal täglich ein Baumwoll- oder Leinentuch in diesen Kamillenauszug ein, drücken es leicht aus und legen es auf die Haut. Wickeln Sie ein trockenes Tuch um die Stelle und lassen Sie den Umschlag etwa 20 Minuten einwirken.

Anwendung 2: *Kamillen-Sahne-Bad*

Emulgieren Sie 15 Tropfen ätherisches Kamillenöl mit 3 EL Sahne (gerne auch mehr) und geben Sie die Mischung zum Badewasser. Anschließend die Haut eincremen.

TIPP

Für ein Teilbad zum Baden von Händen, Armen, Beinen oder Füßen geben Sie 5 Tropfen des Öls (emulgiert) auf 10 l Wasser. Sie können auch Salz oder Honig zum Emulgieren verwenden.

Anwendung 3: *Kamillen-Hauptpflege*

Verrühren Sie 1 EL Trägeröl (z. B. Distel- oder Sonnenblumenöl) mit 2 bis 3 Tropfen ätherischem Kamillenöl. Reiben Sie damit 2- bis 3-mal täglich die betroffenen Hautstellen ein, bis eine Besserung eintritt und die Haut vollständig geheilt ist.

WICHTIG

Wer auf die Echte Kamille allergisch reagiert, kann auf das ätherische Öl der Römischen beziehungsweise Marokkanischen Kamille ausweichen.

Baden im Salz

Solebäder lindern den Juckreiz. Sie fördern die Abschuppung und haben eine entzündungshemmende sowie desinfizierende Wirkung. Außerdem unterstützen sie den Säureschutzmantel, der als Barriere der Haut gegen Mikroorganismen und Feuchtigkeitsverlust dient. Für ein Solebad kann man gut preiswertes Kochsalz verwenden. Oder man löst Meersalz/Totes-Meer-Salz im Wasser auf. Meersalze enthalten bis zu fünf Prozent weitere Inhaltsstoffe wie Kalium, Kalzium, Magnesium und Sulfat, die über die Haut aufgenommen werden können.

Anwendung

Bereiten Sie eine Sole zu. Bei offenen Hautstellen darf nur eine einprozentige Salzlösung (1 kg Salz auf 100 l Wasser), bei unempfindlicher Haut kann bis zu einer fünfprozentigen Sole (5 kg Salz auf 100 l Wasser) angewendet werden. Lassen Sie Wasser mit etwa 37 °C Temperatur in die Wanne ein, rühren Sie das Salz durch gut auf und baden Sie 15 bis 20 Minuten darin. Duschen Sie sich anschließend nicht ab, sondern tupfen Sie die Haut lediglich sanft trocken.

TIPP

Bei Ekzemen an den Händen hat sich die regelmäßige Anwendung von Sole-Handschuhen als wirkungsvoll erwiesen (siehe »Arthrose«).

WICHTIG

Solebäder strengen den Kreislauf an! Nehmen Sie bei Herz-Kreislauf-Beschwerden daher eventuell nur ein Teilbad. Nicht bei akuten Infekten und rheumatischen Entzündungen sowie bei Fieber anwenden.

Ohrenschmerzen

Schmerzen in den Ohren entstehen oft, wenn im Laufe einer Erkältung die Verbindung zwischen Ohr und Nasen-Rachen-Raum, die Eustachische Röhre, zugeschwollen ist. Dadurch wird der Druckausgleich verhindert, was sehr schmerzhaft ist. Wer *Propolis* im Haus hat, kann sich damit behelfen oder auf *Salz* zurückgreifen.

Propolis-Olivenöl-Watte

Sowohl Propolis als auch Olivenöl wirken im Falle einer Infektion antiviral, antibakteriell und lokal schmerzlindernd. Nicht umsonst wird Propolis auch als natürliches Antibiotikum der Bienen bezeichnet.

Anwendung
Wärmen Sie 1 EL Olivenöl in einem Schälchen an und rühren Sie 10 Tropfen Propolis-Tinktur unter. Tränken Sie einen kleinen Wattebausch mit der Mischung, stecken diesen in den Gehörgang (nicht zu tief!) und lassen ihn zwei bis drei Stunden wirken. Führen Sie diese Anwendung 2- bis 3-mal täglich bis zum Abklingen der Beschwerden durch.

WICHTIG
Die Tropfen auf keinen Fall direkt in den Gehörgang träufeln!

Warme Salzauflage

Wärme lindert die Schmerzen. Auch eine eventuelle Entzündung klingt schneller ab, da durch die gesteigerte Durchblutung mehr Abwehrstoffe zum Ort des Geschehens transportiert werden.

Anwendung

Füllen Sie eine Tasse Salz in ein Baumwoll- oder Leinensäckchen und erhitzen es im Backofen bei 50 bis 60 °C etwa 20 Minuten. Legen Sie das Säckchen vorsichtig (Hitze am Unterarm testen) auf das betroffene Ohr, fixieren Sie es mit einer Mütze oder einem Stirnband und lassen es 15 bis 20 Minuten wirken. Wiederholen Sie die Prozedur, bis die Beschwerden abgeklungen sind.

Osteoporose

Die landläufig als Knochenschwund bezeichnete Erkrankung Osteoporose zählt zu den zehn wichtigsten Volkskrankheiten. In Deutschland sind etwa acht Millionen Menschen von Osteoporose betroffen, die Dunkelziffer dürfte größer sein.
Ein gesunder Knochen erlebt einen andauernden fein abgestimmten Auf- und Abbau von Zellen. Er repariert sich pausenlos selbst, beschädigte Zellen werden entsorgt und durch intakte ersetzt. So bleibt der Knochen stabil. Werden allerdings mehr Zellen abgebaut und weniger neue gebildet, kommt es zu einer allmählichen Veränderung der Knochenstruktur. Etwa ab dem 35. Lebensjahr kann dieser Prozess einsetzen.
Die drei wichtigsten »Gegengifte« – auch bei einer bereits bestehenden Osteoporose – sind regelmäßige Bewegung, kalziumreiche Ernährung und eine ausreichende Vitamin-D-Zufuhr. Unterstützend bei der Vorbeugung von Osteoporose oder ergänzend zu einer Behandlung können auch *Honig*, *Kamille* und *Zitrone* wirken. Sie ersetzen jedoch keine medizinische Therapie.

Süßsaures Frühstück für die Knochen

In etlichen Studien mit Tieren und einer Studie mit Frauen nach der Menopause zeigte sich, dass Honig positive Wirkungen auf die Knochengesundheit hat. Die Frauen nahmen täglich 20 g Tualang-Honig ein, ein malaysischer Honig, der in seiner Zusammensetzung dem Manuka-Honig

ähnelt. Die enthaltenen Flavonoide und Polyphenole haben entzündungshemmende und antioxidative Eigenschaften. Der antiosteoporotische Effekt wird aber auch der im Honig enthaltenen Gluconsäure in Verbindung mit Kalzium zugeschrieben. Gluconsäure verbessert die Aufnahme von Kalzium deutlich. Auch heimischer Honig (Imkerqualität) enthält Gluconsäure und Kalzium.
In ersten experimentellen Tierstudien konnte auch der Einfluss von Nomilin – einem Limonoid in Zitrusfrüchten – auf den Knochenstoffwechsel gezeigt werden. Es führte unter anderem zu einer Erhöhung der Knochendichte und verminderte die Aktivität der knochenabbauenden Zellen.
Auch das reichlich in Zitronen vorhandene Vitamin C trägt zur Knochengesundheit bei. Es hilft bei der Synthese von Kollagen, einem Protein, das die Struktur von Knochen, Knorpel und Bindegewebe bildet. Zusätzlich wirkt es neben anderen bioaktiven Stoffen in Zitronen entzündlichen Prozessen entgegen.

Anwendung

Verrühren Sie 1 Becher Naturjoghurt mit 3 EL Magerquark. Geben Sie Fruchtstückchen Ihrer Wahl – Orangen, Grapefruit oder Mandarine – und den Saft von einer halben Biozitrone dazu. Für eine Extraportion Kalzium und Magnesium noch 1 EL Sesam unterrühren und das Ganze mit 1 EL Honig versüßen.

TIPP

Experimentieren Sie mit Joghurt und Magerquark, Haferflocken, Honig und Zitrusfrüchten sowie Nüssen, Samen und Mandeln, um mit einem morgendlichen Kalzium-Booster in den Tag zu starten.

Naturstoff Kamille

Zur Behandlung von Osteoporose werden verschiedene Wirkstoffe eingesetzt, darunter Bisphosphonate, Calcitonin und Selektive Östrogen-Rezeptor-Modulatoren (SERMs). Auf der Suche nach Naturstoffen, die möglicherweise eine ähnliche Wirkung wie die synthetischen SERMs haben, untersuchten griechische Wissenschaftler Extrakte von Bergtee, Anis und Kamille. Alle drei Pflanzenextrakte konnten bei der Stimulierung knochenaufbauender Zellen punkten. Außerdem wurde eine antiöstrogene Wirkung auf Brustkrebszellen nachgewiesen.
Auch andere Inhaltsstoffe der Kamille, wie Apigenin, wurden in Zell- und Tierstudien mit einer Förderung der knochenaufbauenden Zellen (Osteoblasten) und einer Hemmung der knochenabbauenden Zellen (Osteoklasten) in Verbindung gebracht. Nicht zuletzt wirken sich die entzündungshemmenden Eigenschaften der Kamille positiv auf den Knochenstoffwechsel aus, indem sie oxidativen Stress reduzieren.

Anwendung

Trinken Sie fleißig Kamillentee und tragen Sie so dazu bei, die Zahl von einer Million Tassen, die täglich weltweit davon getrunken werden, noch zu steigern. In den Studien wurde aufgezeigt, dass die größte Wirkung durch Extrakte erreicht wird. Es gibt Kapseln mit Kamillenextrakten, die man nach Packungsbeilage einnehmen kann. Oder gönnen Sie sich hin und wieder eine selbst gemachte knochenstärkende Limo.

Limo für die Knochen

Kombinieren Sie die knochenschützenden Eigenschaften von Honig, Kamille und Zitrone in einer süffigen Limonade.

Das brauchen Sie

500 ml Wasser
2 EL getrocknete Kamillenblüten
500 ml kaltes Wasser oder Sprudelwasser
Saft von 2 Biozitronen
2 bis 4 EL Honig
nach Belieben Eiswürfel, Zitronenscheiben

So geht's

Kochen Sie 500 ml Wasser und lassen Sie die Kamillenblüten 10 Minuten darin ziehen. Seihen Sie den Tee ab und lassen Sie ihn abkühlen. Mischen Sie den abgekühlten Kamillentee mit Honig, Zitronensaft und dem kalten Wasser oder Sprudelwasser, füllen Sie ihn in einen Krug und geben nach Belieben Eiswürfel und Zitronenscheiben hinein.

Psoriasis

Psoriasis, im Volksmund als Schuppenflechte bekannt, ist eine chronisch verlaufende Erkrankung, die durch Fehlreaktionen des Immunsystems entsteht. Der Körper bildet stetig und im Übermaß neue Hautzellen. Schuppende, trockene Hautareale, nässende und verletzliche Haut unter den Schuppen sowie Juckreiz sind die typischen Symptome.

Äußerlich helfen *Heilerde* und *Salz*. Von innen können Sie Ihren Organismus unterstützen, indem Sie Lebensmittel bevorzugen, die entzündungshemmend wirken. Dazu gehören auch Öle, Nüsse und Ölsaaten, die viel Omega-3-Fettsäuren und Vitamin E enthalten, wie etwa *Leinöl* oder *geschroteter Leinsamen*.

Sanft kühlende Heilerde

Therapieziel ist die Linderung von Juckreiz und die schonende Ablösung der Schuppen. Luvos-Heilerde hemmt zusätzlich die Blutung unter den abgelösten Schuppen und fördert außerdem die Wundheilung.

Anwendung

Verrühren Sie 7 Teile Luvos-Heilerde mit 2 Teilen kaltem Wasser zu einer salbenartigen Paste (oder verwenden Sie die gebrauchsfertige Paste) und verstreichen Sie sie auf den betroffenen Hautstellen.

Grundsätzlich gilt: Je größer die zu behandelnde Fläche ist, desto dünner sollte die Paste aufgetragen werden – auf größeren Flächen bleistiftdick; auf kleineren Flächen fingerdick. Decken Sie die Stelle mit einem feuchten Baumwoll- oder Leinentuch ab und hüllen Sie ein trockenes Tuch darüber. Sie können die Heilerde auch direkt auf das feuchte Tuch geben. Wenn die Heilerde getrocknet ist, spülen Sie sie mit Wasser ab und lösen dabei schonend die Schuppen.

TIPP

Zur Pflege danach können Sie die Bienenwachs-Honig-Olivenöl-Salbe verwenden (siehe »Neurodermitis«), die in einer Studie auch bei Patienten mit Psoriasis getestet wurde.

Badezauber mit Salz

Wie bei der Neurodermitis lindern Solebäder den Juckreiz. Sie fördern die Abschuppung und haben eine entzündungshemmende sowie desinfizierende Wirkung. Außerdem unterstützen sie den Säureschutzmantel, die Barriere der Haut gegen Mikroorganismen und Feuchtigkeitsverlust.

Anwendung

Siehe unter »Neurodermitis«.

Gut geölt von innen

Studien zeigen, dass die Symptome der Psoriasis wie Schuppenbildung, Juckreiz und Hautrötungen zurückgehen können, wenn die Betroffenen ausreichend Omega-3-Fettsäuren über pflanzliche Öle (außer Sonnenblumenöl, das Arachidonsäure enthält) oder den Verzehr von Fisch zuführen. Wichtig ist aber auch, den Verbrauch gesättigter Fettsäuren (vor allem Arachidonsäure), also tierischer Fette, deutlich zu reduzieren. In der westlichen Ernährungsweise haben diese ein Übergewicht, was viele entzündliche Prozesse begünstigt. Die Devise lautet also, mehr Pflanzenpower essen und dabei noch von den Hautvitaminen C sowie E und den entzündungshemmenden sekundären Pflanzenstoffen profitieren.

Anwendung

Nehmen Sie täglich 2 EL Leinöl oder geschrotete Leinsamen zu sich, entweder pur, in Salaten, Müsli oder Smoothies.

Reizdarm/-magen

Bei zwei Dritteln aller Menschen, die aufgrund von Magen- oder Darmbeschwerden einen Arzt aufsuchen, kann dieser eine organische Erkrankung als Ursache ausschließen. Dann liegt eine funktionelle Störung zugrunde, die Medininer als Reizmagen oder Reizdarm bezeichnen. Ein Reizmagen geht mit Schmerzen, Krämpfen und Missempfindungen im gesamten Bauch einher. Auch Völlegefühl, Appetitlosigkeit, Druck im Magen, eine verzögerte Magenentleerung bis hin zu Problemen im Bereich der Galle prägen das Bild dieser sogenannten dyspeptischen Beschwerden.
Beim Reizdarm ist der untere Verdauungstrakt betroffen. Auch hier können krampfartige Schmerzen auftreten. Verstopfung, Durchfall und Blähungen machen den Betroffenen das Leben oft recht schwer. Neben der Reduktion von Stress können Sie mit der Ernährung positiven Einfluss auf den gereizten Magen oder Darm nehmen (siehe Kasten). Sehr hilfreich haben sich bei der (Mit-)Behandlung der Beschwerden *Heilerde, Ingwer* und *Kamille* erwiesen.

Erde schlürfen

Immer dann, wenn jemand Magen-Darm-Beschwerden hat und die Diagnose Reizdarm oder Reizmagen lautet, kann ein Versuch mit Heilerde sinnvoll sein. Das sehr feine Pulver wird in Kliniken oder Ambulanzen der integrativen Medizin auch bei der Therapie von Reizmagen und Reizdarm eingesetzt. In einer kleineren Studie mit 64 Betroffenen – wo die Probandinnen und Probanden über einen Zeitraum

von sechs Wochen Heilerde einnahmen – erfuhren etwa zwei Drittel eine deutliche Besserung der Symptome.
Das sehr feine Pulver kann Säure, galliges Sekret sowie Giftstoffe absorbieren und auch Blähungen, Durchfällen sowie Verstopfung entgegenwirken.

Anwendung
Eine Kur ist auch zu Hause gut durchführbar. Rühren Sie 3-mal täglich 1 TL Heilerde (ultrafein) in ein Glas Wasser ein und trinken es schluckweise.

TIPP
Wem das zu viel Erde im Mund ist, der kann auch Kapseln einnehmen.

Ingwer entfacht das »Verdauungsfeuer«

Im Ayurveda hat der Magen-Darm-Trakt aufgrund seiner vielfältigen Funktionen schon immer eine besondere Bedeutung für die Gesundheit. Eine gutes »Verdauungsfeuer«, Agni genannt, ist das A und O für den reibungslosen Ablauf aller Stoffwechselprozesse. Bei zu schwachem Agni entstehen pathologische, toxische Stoffwechselprodukte, die im Ayurveda als »Ama« bezeichnet werden und zu vielfältigen Störungen führen. Zu den zehn Heilpflanzen, die im Ayurveda bei der Behandlung von Magen-Darm-Beschwerden infrage kommen, zählt auch Ingwer. Er regt das Verdauungsfeuer an, unterstützt die Ausleitung toxischer Stoffwechselprodukte und wirkt krampflösend. Außerdem hilft er gegen Übelkeit und fördert die Magenentleerung.

Anwendung

Für den empfindlichen Magen hat sich Reisbrei mit Ingwer bewährt, denn der milde Reis belastet den Verdauungstrakt nicht. Dafür 5 g frische, klein geschnittene Ingwerwurzel mit 100 g gekochtem Milch- oder Langkornreis vermischen und bei akuten Beschwerden in den Speiseplan integrieren, z. B. als schonende Abendmahlzeit.

TIPP

Trinken Sie mehrmals am Tag Ingwerwasser (siehe »Cholesterin«) oder fügen Sie ihm etwas Zitrone und Honig hinzu.

OPTIMALE ERNÄHRUNG

Für eine gesunde Verdauung ist eine ausgewogene Balance zwischen der Säuren- und Basenzufuhr notwendig. Der Basenüberschuss im Blut wird durch die Bildung basischer Drüsensekrete wie Speichel, Gallenflüssigkeit, Bauchspeichelsaft und Darmsekrete aufrechterhalten. Diese Basen werden zur Neutralisation der im Stoffwechsel ständig anfallenden Säuren benötigt. Es ist wichtig, das leicht basische Milieu des Körpers zu erhalten.

Einen Beitrag dazu leistet eine Ernährung mit viel Gemüse und Kartoffeln. Maßvoll sollten Sie mit säurebildenden Lebensmitteln wie Fleisch, Wurst, Käse, Zucker oder Weißmehl umgehen. Reizdarmpatienten brauchen eine faserreiche Ernährung, also Ballaststoffe – naturbelassene Lebensmittel, frisches Obst und Gemüse. Besonders geeignet sind Haferflocken, Leinsamen oder Flohsamen, da sie auch die Gleitfähigkeit des Stuhls erhöhen.

Ballaststoffe regulieren auf natürliche Weise das Verdauungsgeschehen. Empfohlen werden etwa 35 g Ballaststoffe am Tag, aber steigern Sie die Menge nur allmählich, da ballaststoffhaltige Lebensmittel auch zu Blähungen führen können. Das gilt vor allem für Kohl, Speisepilze und Hülsenfrüchte.

Kamille beruhigt und entkrampft

Ihre entzündungshemmenden, krampflösenden und beruhigenden Eigenschaften machen Kamille zu einem beliebten Mittel bei funktionellen Störungen wie Reizmagen (funktionelle Dyspepsie) und Reizdarm (RDS). Bei Reizmagen wirken Bisabolol und Apigenin krampflösend auf die glatte Muskulatur des Magens. Ihre entzündungshemmenden Eigenschaften beruhigen die Magenschleimhaut und regulieren eine mögliche überschießende Produktion von Magensäure (siehe »Gastritis«).
Kamille wirkt insgesamt förderlich auf den Verdauungsprozess und kann auch eine verzögerte Magenentleerung verbessern. Im Darm lindert Kamille Krämpfe durch Entspannung der Darmmuskulatur. Außerdem wirkt sie entblähend und beruhigt über die Darm-Hirn-Achse das Nervensystem.

Anwendung
In einer Studie wurde Kamillenextrakt bei Reizmagen getestet. Die Teilnehmerinnen nahmen über zwei Wochen jeweils morgens und abends 10 Tropfen Kamillenextrakt mit etwas Wasser ein. Alle mit dem Reizmagen verbundenen Symptome besserten sich in diesem Zeitraum deutlich.

TIPP

Für einen Ingwer-Kamillen-Tee reiben Sie etwas Ingwer (1 TL). Geben Sie ihn mit 1 EL Kamillenblüten in 500 ml kochendes Wasser und lassen den Tee 2 bis 3 Minuten simmern. Nehmen Sie den Topf vom Herd und lassen Sie den Tee weitere 10 Minuten ziehen. Durch ein Sieb abgießen und mit Honig süßen. Trinken Sie eine Tasse morgens auf nüchternen Magen. Den Rest füllen Sie in eine Thermoskanne und trinken die zweite Tasse nachmittags.

Rheuma

Im medizinischen Sinne zählen alle Krankheiten im Bereich des Bewegungsapparats (Gelenke, Knochen, Muskeln oder Sehnen), die nicht durch eine Verletzung oder Tumoren verursacht wurden, zum rheumatischen Formenkreis. Rheuma ist somit ein Sammelbegriff für über 200 verschiedene Krankheiten. Zu den häufigsten gehören die verschleißbedingte Arthrose sowie die Gicht. Bei der rheumatoiden Arthritis handelt es sich um eine entzündungsbedingte Gelenkerkrankung, auch Polyarthritis genannt, die durch eine Autoimmunreaktion des Körpers entsteht.

Allen Rheumaerkrankungen ist gemeinsam, dass sie starke Schmerzen und Einschränkungen der Beweglichkeit verursachen. *Heilerde, Ingwer, Salz* und *Wasser* sind neben der notwendigen medikamentösen Therapie der rheumatoiden Arthritis gute Partner zur Bekämpfung der Schmerzen.

Entzündungshemmende Kältewickel

Kälteanwendungen helfen in Phasen der akuten Entzündung, den Schmerz zu lindern und die Entzündung zu hemmen. Kälte verengt die Gefäße, was zu einer Minderdurchblutung führt. Dadurch werden Stoffwechselprozesse verlangsamt, was den Schwellungen entgegenwirken kann. Außerdem blockiert Kälte vorübergehend Nerven und Schmerzrezeptoren. Auch die Muskelspannung verändert sich. Kurzzeitig wird sie durch die Kälte erhöht und nimmt dann nach 15 bis 20 Minuten zunehmend ab, was ebenfalls zur Schmerzlinderung beiträgt.

Anwendung

Rühren Sie Heilerde mit kaltem Wasser zu einem dicken Brei an. Benutzen Sie dafür Holz- oder Plastiklöffel. Tragen Sie den Brei fingerdick entweder direkt auf die Haut auf oder geben Sie ihn auf feuchtes Küchenpapier oder Gaze und schlagen alles zu einem Päckchen ein. Legen Sie die mit der Heilerde nur einfach bedeckte Seite auf das Gelenk, umwickeln es mit einem Baumwoll- und Wolltuch und lassen es für mindestens 30 Minuten bis zum Antrocknen des Breis liegen, gerne auch länger. Danach die Stelle mit warmem Wasser abspülen und etwas eincremen, da die Haut durch den Wickel trocken wird (siehe auch »Arthrose«).

Wohltuende Wärme

In nicht entzündlichen Phasen der Erkrankung wird Wärme als sehr angenehm empfunden. Neben dem Wohlfühlfaktor steigert Wärme die Durchblutung, wirkt krampflösend, schmerzlindernd und muskelentspannend. Es gibt viele Möglichkeiten, Wärme zuzuführen.

***Anwendung 1:** Warme Auflagen mit Heilerde*

Rühren Sie die Heilerde mit heißem Wasser an und packen Sie ein Päckchen – wie oben beschrieben. Legen Sie die Auflage so heiß, wie es Ihnen möglich ist, auf das Gelenk und umwickeln Sie es mit einem Baumwoll- und Wolltuch. Lassen Sie den Wickel bis zum Abkühlen wirken und verfahren Sie dann wie oben beschrieben.

Anwendung 2: Trockenbaden in Salz

Verteilen Sie 3 bis 4 kg Kochsalz auf einem Backblech und erwärmen es im Ofen bei 50 bis 70 °C etwa 20 Minuten. Geben Sie das Salz in eine Schüssel und »baden« Sie – so warm wie möglich – die schmerzenden Gelenke darin für 10 bis 15 Minuten. Die Füße (oder die Hände) dabei immer wieder etwas bewegen.

Anwendung 3: Warme Bäder oder Teilbäder (Hände, Füße)

Die wohltuende Wirkung wird durch den Zusatz von Ingwer noch verstärkt. Übergießen Sie für ein Vollbad 5 EL frisch geriebenen Ingwer mit 2 l heißem Wasser und lassen den Badezusatz 15 Minuten ziehen. Filtern Sie die Flüssigkeit durch ein feines Sieb oder einen Kaffeefilter und geben sie zum Badewasser. Für ein Teilbad nehmen Sie entsprechend weniger Ingwer.

TIPP

Anschließend mit einer Einreibung (z. B. selbst gemachte Ingwersalbe, »Muskelverspannungen«) die Durchblutung weiter ankurbeln.

Anwendung 4: Ingwer-Nierenwickel

Er bewirkt eine langsame, aber nachhaltige innere Wärmebildung, die sich bis in die Fingerspitzen ausbreiten kann.

Legen Sie ein baumwollenes Innen- und Zwischentuch sowie ein wollenes Außentuch (Schal) im Bett auf Nierenhöhe bereit. Befüllen Sie eine Wärmflasche mit heißem Wasser und wärmen die Tücher damit vor.

Übergießen Sie 2 EL Ingwerpulver mit 300 ml etwa 60 °C heißem Wasser, verrühren das Pulver und lassen es 2 bis 3 Minuten quellen.

Stellen Sie die Schüssel mit dem Ingwerwasser ans Bett. Falten Sie nun das Innentuch auf die Größe der Nierenregion (es soll über beide Nieren reichen), tauchen es in das Ingwerwasser und wringen es aus. Entfernen Sie die Wärmflasche, legen das getränkte Tuch als Innentuch auf die Nierenregion und legen sich auf die vorbereiteten Tücher. Das Zwischen- und Außentuch straff um den Körper wickeln. Lassen Sie den Wickel für mindestens 30 Minuten einwirken und ruhen Sie weitere 30 Minuten nach.

WICHTIG

Den Wickel nicht anwenden bei einer Unverträglichkeit gegenüber Ingwer, Überempfindlichkeit der Haut, Fieber, Lungenentzündung, Niereninsuffizienz oder Blinddarmentzündung. Auch nicht bei kleinen Kindern und sehr alten Menschen anwenden.

Schlafstörungen

»Nimm dir jeden Tag eine halbe Stunde für deine Sorgen, und in dieser Zeit mache ein Schläfchen«, soll Laotse, ein chinesischer Philosoph, gesagt haben. Was für eine schöne Vorstellung: der Schlaf als »Sorgenvertreiber«. Tatsächlich ist Schlaf eine unserer größten Quellen der Erholung. Bei vielen Menschen ist er jedoch gestört. Der Klassiker: Ein- und Durchschlafstörungen. Sie betreffen Millionen Erwachsene, aber auch bereits Kinder und Jugendliche.

Schlafprobleme sind der dritthäufigste Anlass für einen Arztbesuch. Stress, Sorgen, kribbelnde Beine, kalte Füße, nächtliche Toilettengänge oder allein die Angst, nicht (wieder) ein- oder durchschlafen zu können, sind häufige Ursachen für Probleme mit dem Schlaf.

Wir können jedoch eine Menge für erholsamen Schlaf tun. Probieren Sie die Ein- und Durchschlaftipps, bei denen *Honig/Bienenwachs, Kamille, Wasser* und *Zitrone* die Hauptrolle spielen.

Honigmilch und warmer Wickel

Milch ist reich an Tryptophan. Diese Aminosäure wird im Gehirn in das Schlafhormon Melatonin umgewandelt und fördert so das Einschlafen. Der Fruchtzucker im Honig beschleunigt den Prozess.

Anwendung

Erwärmen Sie ein Glas Milch auf angenehme Trinktemperatur und rühren Sie 1 TL Honig hinein. Trinken Sie die warme Honigmilch vor dem Schlafengehen.

TIPP

Wenn Sie dann noch einen Bienenwachswickel auf die Brust legen (siehe »Bronchitis«), wird der beruhigende Effekt erhöht.
Es gibt auch fertige Bienenwachsfolien (z. B. Wachswerk) zu kaufen, die zur Unterstützung der Schlafbereitschaft unter anderem noch Zusätze ätherischer Öle wie Kamille enthalten.

Sanfte Schlafhilfe Kamille

Der Duft von Kamille, insbesondere der beiden ätherischen Verbindungen Bisabolol und Chamazulen, regt die an der »Naht« der beiden Hirnstammhälften gelegenen Raphe-Kerne an, schlafförderndes Serotonin auszuschütten. Innerlich eingenommen entfaltet der sekundäre Pflanzenstoff Apigenin eine schlaffördernde Wirkung. Er bindet an Benzodiazepin-Rezeptoren im Nervensystem, was zur Beruhigung der Nervenzellen führt.
In einer Studie mit älteren Heimbewohnern konnte neben der positiven Wirkung von Kamille auf den Schlaf auch die Abnahme von Ängsten nachgewiesen werden. Die Studienteilnehmer bekamen 2-mal täglich (nach Mittag- und Abendessen) 400 mg Kamille in Kapselform. Nach vierwöchiger Einnahme war die Schlafqualität der Senioren besser als in der Kontrollgruppe.

***Anwendung 1:** Serotoninlevel erhöhen*
Geben Sie 3 bis 4 Tropfen ätherisches Öl der Kamille in eine Duftlampe und lassen Sie den Duft auf Ihre Raphe-Kerne wirken.

Schlaf, Kindlein, mit dem Kamillenkissen

Bei Babys und kleinen Kindern wirkt ein Kamillenkissen bei Schlafschwierigkeiten Wunder, insbesondere beim Zahnen.

Das brauchen Sie
1 kleines Stoffsäckchen aus Baumwolle, etwa 10 × 10 cm (je nach Alter des Kindes eventuell mit ansprechenden Motiven und einmal gewaschen), das man gut verschließen kann. (Wer Lust hat, kann auch selbst ein Säckchen nähen und nach dem Befüllen zunähen.)
1 Handvoll Kamillenblüten

So wird's gemacht
Ob gekauft oder selbst genäht, das Säckchen mit der Kamille befüllen, verschließen und zum Einschlafen aufs Kopfkissen legen.

Anwendung 2: *Beruhigender Kamillentee*
Fahren Sie mit einem starken Kamillentee Ihr Stresslevel herunter und schalten Sie in den Entspannungsmodus. Übergießen Sie dafür 2 TL getrocknete Kamillenblüten mit heißem Wasser, lassen es 5 bis 10 Minuten zugedeckt ziehen und seihen dann ab. Trinken Sie den Tee etwa 30 Minuten vor dem Schlafengehen.

Anwendung 3: *Entspannender Kamillen-Smoothie*
Geben Sie 8 bis 10 Kamillenblüten, 1 Banane und 200 ml Milch oder Hafermilch in einen Mixer. Die beruhigende Wirkung der Kamille wird durch Bananen, die die Seroto-

ninproduktion anregen, unterstützt. Auch Hafer wirkt auf die Psyche beruhigend.

TIPP

Das Kamillensäckchen wirkt auch sehr gut bei Nasennebenhöhlenentzündungen, Ohrenschmerzen oder Bauchweh bei Kindern. Wärmen Sie es zwischen zwei Wärmflaschen oder auf dem Heizkörper an und legen Sie es auf die Stirn. Dort kann es auch mit einem Stirnband fixiert werden.

Der Zitronentrick

Die ätherischen Öle von Zitrone, Limonen und Beta-Pinen, wirken gleich mehrfach auf die Psyche: einerseits anregend und andererseits beruhigend. So hat der Duft eine ausgleichende Wirkung auf Nervenbotenstoffe: Er fördert die stimmungsaufhellenden Substanzen wie Serotonin und Dopamin und bremst das Stresshormon Noradrenalin aus. So kann ihr Aroma unter anderem dabei helfen, negative Gedanken und Stimmungen zu vertreiben, die das Einschlafen erschweren.

Anwendung

Geben Sie ein paar Tropfen Zitronenöl auf ein Stofftuch und legen Sie es neben das Kopfkissen. Alternativ können Sie eine Zitrone mit etwas Druck auf dem Tisch hin- und herrollen und dann die Schale mit einer Gabel mehrmals einstechen, damit die ätherischen Öle freigesetzt werden. Ein paar Zitronenscheiben abschneiden und auf einem Teller neben das Bett stellen.

Sodbrennen

Brennenden Schmerz im Brustbereich, Aufstoßen und Schluckbeschwerden – z. B. nach einem üppigen Essen – kennen Millionen Menschen. Sodbrennen ist eine typische Zivilisationskrankheit, etwa 20 Prozent der Bevölkerung der westlichen Industrieländer sind betroffen. Der Rückfluss von Magensäure (Reflux) aus dem Magen (Gaster) in die Speiseröhre (Ösophagus) wird als gastroösophageale Refluxkrankheit bezeichnet. Normalerweise dürfte das nicht passieren, denn die Verbindung zwischen Magen und Speiseröhre öffnet sich nur beim Schlucken – ansonsten ist sie verschlossen, und die Magensäure kann nicht aufsteigen. Doch bei vielen Menschen ist dieser obere Verschluss quasi ausgeleiert, sodass Magensäure in die Speiseröhre zurücklaufen kann. Ein überdehnter voller Magen begünstigt die Situation, weil der Schließmuskel nicht richtig schließt.

Sodbrennen lässt sich in den meisten Fällen gut mit einer gesunden Ernährung und Hausmitteln lindern. Meiden Sie Reizfaktoren wie Alkohol, Tabak und fettiges Essen (siehe auch Reizmagen/-darm, Kasten »Ernährung«). Sorgen Sie mit *Heilerde, Kamille* und *Leinsamen* für ein basisches Milieu. Diese wirken entzündlichen Prozessen entgegen und pflegen die empfindliche Schleimhaut der Speiseröhre.

Schneller Helfer Heilerde

Im Fall von Sodbrennen ist nur Luvos-Heilerde als Naturarzneimittel in Deutschland zugelassen (gegen Sodbren-

nen, säurebedingte Magenbeschwerden sowie Durchfall). Die hohe Säurebindungsfähigkeit dieser speziellen Erde entspricht den Vorgaben des Bundesinstituts für Arzneimittel und Medizinprodukte (BfArM) für eine Einzeldosis Säure bindender Arzneimittel.
Neben der Säurebindung legt sich die Heilerde wie eine Schutzschicht auf die Schleimhaut der Speiseröhre. In einer Studie mit 146 Teilnehmern bewerteten 80 Prozent der Betroffenen die Wirkung zwischen »sehr gut« und »gut«. Der große Vorzug der Heilerde: die rasch eintretende Wirkung, die sich innerhalb von 5 bis 15 Minuten zeigt.

Anwendung
Empfehlenswert ist die Einnahme von Portionsbeuteln à 6,5 g oder in Form von Kapseln nach Packungsbeilage im Akutfall. Alternativ: 6,5 g (ca. 1 gehäufter TL) in etwas Wasser auflösen und 30 Minuten vor einer Mahlzeit trinken. Bei chronischem Sodbrennen kann Heilerde auch über einen längeren Zeitraum eingenommen werden.

WICHTIG
Beachten Sie bei gleichzeitiger Medikamenteneinnahme einen ausreichend großen zeitlichen Abstand, da Heilerde die Wirkung von Medikamenten beeinflussen kann (siehe Steckbrief »*Heilerde*«).

Die gute Kamille

Mit ihren entzündungshemmenden Eigenschaften spielt sie im Trio der Anti-Sodbrennen-Mittel eine ebenso wichtige Rolle wie ihre beiden anderen Partner. Sie dämmt Schleimhautreizungen in der Speiseröhre ein und fördert deren Heilung. Mit ihrer krampflösenden Wirkung beeinflusst sie die glatte Muskulatur, was sich positiv auf die Funktion des Speiseröhrenschließmuskels auswirkt. Last, but not least reduzieren die beruhigenden Komponenten der Kamille Stress, der die Magensäureproduktion erhöht.

Anwendung
Wenn Sie zu Sodbrennen neigen, trinken Sie täglich zwei bis drei Tassen Kamillentee als Kur über zwei bis drei Wochen. Übergießen Sie 1 bis 2 TL getrocknete Kamillenblüten mit 250 ml heißem Wasser und lassen Sie den Tee 5 bis 10 Minuten ziehen. Sehr empfehlenswert ist das Trinken von Kamillentee etwa 30 Minuten vor dem Schlafengehen, um nächtlichem Sodbrennen das Wasser abzugraben.

Schutzschild Schleim

Die Schalen der Leinsamen enthalten große Mengen an Schleimstoffen. Sobald sie mit Flüssigkeit in Berührung kommen, lösen sie sich aus der Schale und bilden einen gelartigen Schleim. Dieser legt sich wie ein Schutzfilm auf die Schleimhaut von Speiseröhre und Magen, wodurch die Reizung durch Magensäure reduziert wird. Im Magen kann der Schleim überschüssige Magensäure binden und neutralisieren. Hinzu kommt eine entzündungshemmende Wirkung durch die enthaltenen Omega-3-Fettsäuren.

***Anwendung 1:** Leinsamendrink*
Übergießen Sie 1 bis 2 EL geschrotete Leinsamen mit 200 bis 300 ml heißem Wasser und lassen die Mischung 10 bis 15 Minuten ziehen. Anschließend langsam – am besten 2-mal täglich vor den Mahlzeiten – trinken.

Anwendung 2: Starkes Leinsamengel

Weichen Sie 1 EL geschrotete Leinsamen in 200 ml kaltem Wasser über Nacht ein. Am nächsten Morgen die schleimige Lösung kurz aufkochen und danach abseihen. Den entstandenen Schleim über den Tag verteilt schluckweise trinken. Sehr hilfreich bei starkem Sodbrennen.

TIPP

Bauen Sie vermehrt Leinsamen in die Ernährung ein, um regelmäßig die Schleimstoffe aufzunehmen. Dabei immer viel trinken, da Leinsamen Flüssigkeiten bindet.

WICHTIG

Wie Heilerde können Leinsamen die Aufnahme bestimmter Medikamente verringern. Halten Sie mindestens ein bis zwei Stunden Abstand zwischen der Einnahme von Leinsamen und Medikamenten.

Leinsamenpudding fürs Frühstück

Zugegeben, Wasser und Leinsamen, oder Leinsamenschleim pur, sind kulinarisch nicht gerade der Renner – eher eine Medizin. Aber es geht auch schmackhafter. Probieren Sie doch mal Leinsamenpudding.

Das brauchen Sie

2 EL Leinsamen (geschrotet)
150 ml Wasser oder Pflanzenmilch
1 TL Honig
nach Belieben frisches Obst und/oder klein gehackte Nüsse, Mandeln oder auch ein paar Haferflocken

So geht's

Übergießen Sie die Leinsamen mit der Flüssigkeit und lassen Sie diese über Nacht im Kühlschrank quellen. Morgens dann die anderen Zutaten hinzufügen. Probieren Sie verschiedene Kombinationen.

Übelkeit

Ob gegen Übelkeit infolge der Reisekrankheit, nach einer Chemotherapie oder aufgrund anderer Auslöser – es gibt verschiedene bewährte Hausmittel. Eines der am besten untersuchten Mittel ist *Ingwer*. Aber auch *Kamille* und *Zitrone* können bei Übelkeit beziehungsweise Brechreiz helfen.

Ingwer verübelt Übelkeit bei Reisekrankheit

Jedem zehnten Europäer wird es auf Auto-, Bus- oder Schiffsfahrten übel. Roher Ingwer ist ein ausgezeichnetes Hilfsmittel dagegen. Seine Scharfstoffe sowie die Bitterstoffe regen den Speichelfluss und die Magensaftproduktion an und vertreiben so Übelkeit und Magenbeschwerden.

Anwendung
Schneiden Sie eine Scheibe geschälten Ingwer ab und kauen Sie vor Reisebeginn darauf herum oder Sie reiben etwa 20 g Ingwer fein und drücken den Saft aus, z. B. durch einen Teebeutel. Das ergibt etwa 10 ml. Trinken Sie vor Reiseantritt die Hälfte und nehmen Sie den Rest in einem Fläschchen mit. So sind Sie gerüstet, wenn Ihnen dennoch schlecht wird. Alternativ können Sie fertigen Ingwersaft (aus dem Bioladen oder Drogeriemarkt) einnehmen.

TIPP
Ingwer hilft auch bei Übelkeit nach Operationen.

WICHTIG

Bei Schwangerschaftsübelkeit sollten Sie vorsichtig sein, denn Ingwer in konzentrierter Form kann wehenfördernd wirken.

ÜBELKEIT NACH CHEMOTHERAPIE

Die Wirkung der meisten chemischen Medikamente gegen Übelkeit und Brechreiz (Antiemetika) beruht darauf, dass sie die für die Serotoninausschüttung verantwortlichen Rezeptoren blockieren, also Serotonin-Antagonisten sind. Serotonin kann, wenn es an bestimmte Rezeptoren im Brechzentrum andockt, Übelkeit und Erbrechen auslösen. Nach einer Krebsbehandlung mit Zytostatika oder nach einer Strahlentherapie setzen die Zellen des Magen-Darm-Traktes vermehrt Serotonin frei (95 Prozent des menschlichen Serotoninvorrats befinden sich in der Schleimhaut des Magen-Darm-Trakts).

Ingwer wirkt als natürlicher Serotonin-Antagonist. Nach den bisherigen Erkenntnissen beruht die Wirkung nicht auf einem einzelnen Inhaltsstoff, sondern die Gesamtdroge macht den Effekt. Kontrollierte klinische Studien sehen Ingwer als wirksames Mittel gegen Übelkeit nach Operationen und Unwohlsein bei einer Chemotherapie. Ingwertee kann in solchen Phasen sehr hilfreich sein. Er wirkt gleichzeitig appetitanregend, was nach einer Chemotherapie besonders wichtig ist. Dafür über den Tag verteilt drei bis vier Tassen Ingwertee trinken.

Magen mit Kamille beruhigen

Nutzen Sie bei aufkommendem Brechreiz die magenberuhigende Wirkung der Kamille.

Anwendung
Trinken Sie mehrmals täglich einen Kamillentee (siehe »Schlaf«).

Brechreiz mit Zitrone vertreiben

Erbrechen ist eine gesunde Reaktion des Körpers, um Erreger oder giftige Substanzen loszuwerden. In der Regel ist der Brechreiz damit behoben. Anders sieht es bei Schwangerschafts- oder Reiseübelkeit aus. Hier kann Zitronenschale helfen.

Anwendung
Waschen Sie eine Biozitrone heiß, schneiden Sie ein Stück Schale ab und kauen Sie darauf herum. Wem das zu sauer ist, der kann etwas Zitronensaft mit Wasser verdünnen und trinken.

Verstopfung

Rein medizinisch diagnostiziert man eine Verstopfung (Obstipation) erst, wenn über mehrere Wochen hinweg seltener als 3-mal pro Woche der Darm entleert werden kann. Im Volksmund spricht man häufig schon von Verstopfung, wenn es eigentlich um Darmträgheit geht, das heißt, der Darm ist nicht ausreichend stark in Bewegung. Die Folge ist eine lange Verweildauer des Stuhls im Darm, man fühlt sich irgendwie aufgebläht und unwohl. Darmputzer wie *Honig, Leinsamen* und *Zitrone/Apfelessig* helfen Ihrem Darm auf die Sprünge.

Milder Darmputzer Honig

Honig ist ein bewährtes Mittel, um die Verdauung zu regulieren. Mit Honigwasser unterstützen Sie die Verdauung. Da Honig zu großen Teilen aus Fruktose besteht, wirkt er wie ein leichtes Abführmittel. Fruktose zieht Wasser in den Darm und macht den Stuhl weicher.

Anwendung

Verrühren Sie 1 TL Honig in einem Glas lauwarmem Wasser. Trinken Sie 2-mal täglich Honigwasser, am besten 30 Minuten vor dem Frühstück und 30 Minuten vor dem Abendessen.

Abgeführt mit Leinsamen

Der abführende Effekt des Leinsamens basiert auf seiner hohen Wasserbindungsfähigkeit. So können 100 g Leinsamen sage und schreibe das Vier- bis Sechsfache an Wasser binden, was zu einer großen Volumenzunahme der Leinsamen führt. Der genaue Wert hängt davon ab, ob er ganz oder geschrotet eingenommen wird. Nach dem Europäischen Arzneibuch soll Leinsamen mindestens die Quellzahl 4 aufweisen, das heißt beim Quellen sein Volumen mindestens um das Vierfache vergrößern. Wird er gegen Verstopfung eingenommen, kommt es dadurch logischerweise auch zu einer Zunahme des Stuhlvolumens – durch den erhöhten Füllungsdruck auf die Darmwand wird die Darmperistaltik angeregt, und der Darm kommt in Gang.

Anwendung
Nehmen Sie bei Obstipation 2- bis 3-mal täglich 1 EL ganze Leinsamen mit jeweils mindestens 150 ml Wasser zu sich (1 EL Leinsamen entspricht etwa 10 g). Leinsamen sollte nicht mit Milch eingenommen werden, da dabei kein Quelleffekt eintritt. Wird zerkleinerter (geschroteter) Leinsamen verwendet, kann der Quellvorgang schon im Magen und nicht – wie erwünscht – erst im Dickdarm einsetzen. Leinsamen ist wegen seiner guten Verträglichkeit besonders bei der häufig auftretenden Verstopfung im Alter empfehlenswert.

Gib dem Darm Saures

Zitronensaft oder Apfelessig können die Verdauung zusätzlich anregen. Die Säuren fördern die Ausschüttung von Speichel und Magensaft, indem sie die Produktion von Verdauungssäften und damit auch die Darmperistaltik anregen.

Anwendung

Geben Sie den Saft von einer halben Biozitrone in ein Glas lauwarmes Wasser. Alternativ verwenden Sie 2 TL Apfelessig auf 150 ml Wasser. Morgens auf nüchternen Magen trinken.

TIPP

Sie können auch gerne noch etwas verdauungsfördernden Honig hinzufügen.

Zahnfleischentzündungen

Zahnfleischentzündungen können vielfältige Ursachen haben: bakterielle Beläge, ungenügende Mundhygiene, Diabetes mellitus oder eine Übersäuerung der Mundhöhle. Auch ein zu geringer Speichelfluss und damit eine erhöhte Mundtrockenheit – etwa durch zu wenig Flüssigkeitszufuhr – begünstigt Entzündungen. Medikamente wie Blutdrucksenker, Antibiotika oder Antidepressiva können sich ebenso ungünstig auf den Speichelfluss auswirken. Daher gilt: Die Schleimhaut im Mund immer schön feucht halten.

Das A und O für gesundes Zahnfleisch ist jedoch eine gute Mundhygiene. Kommt es trotzdem zu Entzündungen, können *Apfelessig, Kamille* und *Salz* für ein gutes Milieu im Mundraum sorgen oder unliebsame Bakterien bekämpfen.

Apfelessig

Er regt die Speichelbildung an und kann so Entzündungen vorbeugen. Das ist vor allem für ältere Menschen wichtig, bei denen die Speichelbildung naturgemäß zurückgeht. Oft haben sie auch noch Probleme mit dem Kauen, das wiederum auf natürliche Weise den Speichelfluss anregt.

Anwendung

Trinken Sie zum Essen ein Gläschen Apfelessig-Wasser. Dafür 2 TL Essig und ein Glas Wasser mischen und für den besseren Geschmack noch 1 TL Honig hinzufügen.

Kamille

Die entzündungshemmenden, beruhigenden, antibakteriellen und wundheilungsfördernden Eigenschaften der Kamille werden auch in der Zahnheilkunde geschätzt. So konnten in einer Studie auch Tumorpatientinnen von Kamille-Mundspülungen profitieren, die durch eine Strahlentherapie im Kopf-/Nackenbereich eine schmerzhafte Entzündung der Mundschleimhaut entwickelten. Der Mix aus ätherischen Ölen (vor allem Bisabolol und Chamazulen), Schleimstoffen sowie entzündungshemmenden Flavonoiden macht sie zu einem ausgezeichneten Hausmittel.

Anwendung

Stellen Sie einen starken Aufguss (1 EL Kamille auf 200 ml heißes Wasser) her und lassen ihn 10 Minuten zugedeckt ziehen. Danach abseihen und 3-mal täglich den Mund damit spülen. Am besten das erste Mal frühmorgens nach dem Aufwachen und jeweils eine Stunde vor oder nach dem Mittagessen sowie vor dem Zubettgehen.

Alternativ können Sie 10 ml Kamillentinktur (Apotheke oder selbst gemacht, siehe Akne, Kasten »Kamillentinktur selber machen«) in ein Glas Wasser geben und den Mund spülen.

TIPP

Diese Form der Spülung ist auch nach einer Zahn-OP sehr hilfreich.

GUTE NACHT BEI ZAHNUNGSBESCHWERDEN

Bei manchen Babys verläuft das Zahnen relativ schmerzfrei, doch bei den meisten ist das leider nicht so. Für die lieben Kleinen sind diese Phasen sehr schmerzhaft. Sie rauben ihnen und den Eltern nicht selten den Schlaf. Mit einer Doppelstrategie können Sie für nächtliche Beruhigung sorgen. Legen Sie in Kopfhöhe ein Kamillenkissen (siehe »Schlaf«) ins Kinderbett. Lassen Sie sich in der Apotheke folgenden Kinderberuhigungstee mischen: 20g Passionsblumenkraut, jeweils 10g Melissenblätter, Kamillenblüten und Fenchelfrüchte. Übergießen Sie 1 TL der Mischung mit einer Tasse heißem Wasser und lassen Sie den Tee 10 Minuten zugedeckt ziehen. Abseihen und abends zum Trinken geben.

Mit Salzwasser den Mund mal voll nehmen

Sole neutralisiert den pH-Wert und hilft so bei der Wiederherstellung einer gesunden Mundflora. Die antibakterielle Wirkung von Salz verhindert die Ausbreitung von Bakterien. Regelmäßige Sole-Mundspülungen haben sich bei Zahnfleischentzündungen bewährt und beugen zudem der gefährlichen chronischen Parodontitis vor, durch die sich sogar Zähne lockern können.

Anwendung

Stellen Sie eine kräftige zehnprozentige Sole her. Geben Sie dafür 10 g Salz auf 100 ml lauwarmes Wasser, rühren Sie gut um und spülen den Mund damit. Die Flüssigkeit dabei zwischen den Zähnen hindurchziehen. Machen Sie diese Spülung 2- bis 3-mal täglich, bis die Entzündung abgeklungen ist.

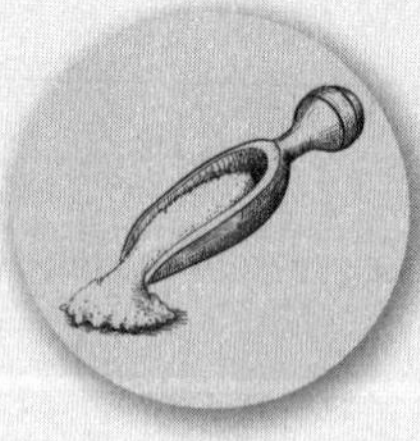

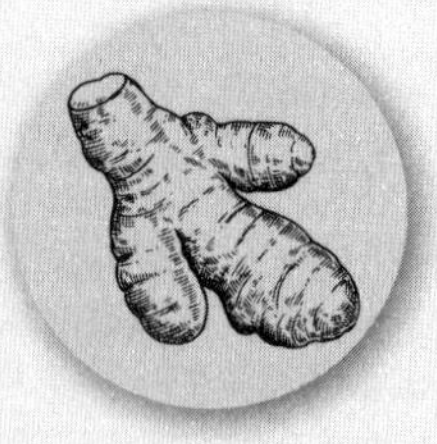

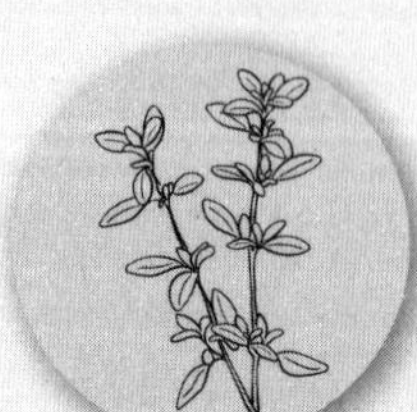

EXTRA: HEILEN MIT DER KRAFT DER HÄNDE

Akupressur für den Hausgebrauch

Wir haben sie immer bei uns, und jeder hat wohl mehrfach in seinem Leben die Erfahrung gemacht, dass Berührungen, Streicheln oder einfach die Hand auf eine schmerzende Stelle legen, etwas Heilsames haben. Es lindert Schmerzen oder beruhigt den Geist.
Fernöstliche Medizinsysteme haben die Heilkraft der Hände in ihre Therapiekonzepte integriert. So entstanden Techniken wie Mudras, Reiki oder Akupressur, aus der später die Akupunktur hervorging.
Die Akupressur können wir auch als Laien nutzen, um unterschiedlichen Beschwerden wie Kopfschmerzen, Nacken- und Schulterverspannungen, Schlafstörungen oder Übelkeit zu Leibe zu rücken. Dazu braucht man nichts weiter als seine Finger und das Wissen um die richtigen Punkte.

Das Energiemodell

Alte fernöstliche Heilsysteme – sei es der Ayurveda, die klassische tibetische, japanische oder chinesische Medizin – gehen von einem energetischen Welt- und Menschenbild aus, in dem sich alles in ständigem Austausch und Wachstum befindet. Der Mensch selbst ist ein Naturprozess, eingebunden in das übergeordnete große Geschehen des Universums, das ebenso von ständigem Wandel geprägt ist. Alles bildet mit allem ein Netzwerk. Die Lebensenergie – in der chinesischen Medizin als Qi bezeichnet – spielt in diesen Konzepten eine zentrale Rolle. Sie fließt auf Energiebahnen, den Meridianen, durch den Körper.

Um das Qi in gesundem Fluss zu halten oder Störungen dieses energetischen Flusses zu beheben, kommen in den fernöstlichen Medizinsystemen ganz unterschiedliche Heilmethoden zum Einsatz. Neben Kräutern, Massagetechniken, Schröpfen, Mudras oder Ernährungstherapien hat in der klassischen chinesischen Medizin die Akupunktur einen hohen Stellenwert. Dabei begann eigentlich alles mit Akupressur, der Ein-Punkt-Methode, bei der Druck mit den Fingerspitzen auf bestimmte Hautareale ausgeübt wurde, um Beschwerden zu lindern. Später wurde der Druck mit Stäbchen oder Keilen aus Stein, Holz oder Knochen präziser gesetzt und verstärkt. Allmählich wurden aus diesen Hilfsmitteln dann Nadeln aus Gold, Silber oder Stahl, und es entwickelte sich die Technik der Akupunktur.

Jedes Ding hat zwei Seiten

Wir sprechen auch von der Kehrseite der Medaille. Eine andere Redewendung besagt: Wo Licht ist, ist auch Schatten. In der taoistischen Naturphilosophie spricht man von Yin und Yang und beschreibt damit die Auffassung, dass sich alle Dinge zwischen zwei Gegensätzen bewegen.
Yin und Yang sind symbolhafte Begriffe für die beiden polaren Energiezustände in unserem Leben – ein Überschuss wird als Yang- und ein Mangel als Yin-Zustand bezeichnet. Beide ergänzen sich und befinden sich im Idealfall in einer Harmonie. Das Symbol der Monade ist ein wunderbares Sinnbild dafür. Auf den Menschen bezogen bedeutet eine solche Harmonie im Organismus Gesundheit. Ist die Balance gestört, kommt es zu körperlichen und/oder seelischen Dysbalancen, also Erkrankungen.

Yin- und Yang-Meridiane

Unter Meridianen versteht man Bahnen, die den gesamten Organismus durchziehen und in denen nach traditioneller Vorstellung die Lebensenergie Qi fließt. Es existieren zwölf Hauptmeridiane, die jeweils auf der linken und der rechten Körperhälfte verlaufen und – ebenso wie die dazugehörigen Organe oder Organsysteme – das Yin-Yang-Prinzip repräsentieren.
Das Perikard, also der Herzbeutel, ist nach chinesischem Verständnis ein eigenständiges Organ mit einem eigenen Meridian. Der »Dreifache Erwärmer« ist ein Organ, das keine direkte anatomische Zuordnung hat, wie sie etwa Herz oder Leber besitzen. Man kann ihn sich als vermittelnde Instanz der inneren Organe im Brust-, Bauch- und

Beckenraum vorstellen, und dementsprechend hat er einen starken Einfluss auf alle Organe, den Stoffwechsel und den Hormonhaushalt. Er erwärmt Herz und Lungen, schließt Magen und Milz mit ein, reguliert das Nerven- und Immunsystem und spielt bei der Behandlung vieler Beschwerden eine große Rolle.

Zusätzlich gibt es noch acht sogenannte Wundermeridiane, von denen das Lenkergefäß (LG) und das Konzeptionsgefäß (KG) samt ihrer zugehörigen Akupunkturpunkte die wichtigsten sind.

Yin-Meridiane	**Yang-Meridiane**
Lungenmeridian (Lu)	Dickdarmmeridian (Di)
Magenmeridian (Ma)	Milz-Pankreas-Meridian (MP)
Herzmeridian (He)	Dünndarmmeridian (Dü)
Blasenmeridian (Bl)	Nierenmeridian (Ni)
Perikardmeridian (Pe)	Dreifach-Erwärmer-Meridian (3E)
Gallenblasenmeridian (Gb)	Lebermeridian (Le)

Reizende Punkte

Akupunkturpunkte sind kleine konzentrische Hautareale, die über eine größere elektrische Leitfähigkeit verfügen als die Umgebung. Rein anatomisch gesehen liegen an den meisten dieser Punkte Nerven- und Gefäßbündel unter der Haut. Es gibt insgesamt 365 klassische Akupunkturpunkte, die durch das Meridiansystem untereinander in Verbindung stehen. Einige Punkte stechen hervor und werden auch als sogenannte Meisterpunkte bezeichnet.

Kleine Gebrauchsanleitung für den richtigen Druck

- Nehmen Sie sich Zeit für eine Akupressur.
- Reiben Sie vor Beginn der Akupressur Ihre Hände, damit sie warm sind. Das verstärkt den Energiefluss.
- Üben Sie den Druck zwischen 30 Sekunden und 3 Minuten aus. Da die zwölf Meridiane (mit Ausnahme der Mittelmeridiane) symmetrisch angelegt sind, wird immer beidseits behandelt. Beginnen Sie mit der von den Beschwerden betroffenen Seite.
- An den Armen und Beinen wird an den Punkten in Längsrichtung, ansonsten punktförmig massiert.
- Für eine beruhigende Wirkung sollte ein gleichmäßig fester Druck angewandt werden, für eine Anregung hingegen nur ein sanfter Druck.
- Bei akuten Erkrankungen kann man die Akupressur 2- bis 3-mal täglich, bei chronischen Krankheiten 2- bis 3-mal wöchentlich anwenden.

WICHTIG

Nicht anwenden bei schweren fieberhaften Erkrankungen, Epilepsie und in der Schwangerschaft (gilt für Punkte des Unterleibs).

Elf Superpunkte für die Selbsthilfe

Meisterpunkte wirken bei bestimmten Beschwerden besonders gut. Einige dieser Punkte könnte man der Kategorie »Supermeister« zuordnen, da sie bei vielen Beschwerden besonders wirksam sind. Bei den elf hier beschriebenen Punkten wird jeweils die besondere Wirkung hervorgehoben. Die Auswahl konzentriert sich auf die häufigsten und relevantesten Alltagsbeschwerden.

Lu 7 (Lungenmeridian)

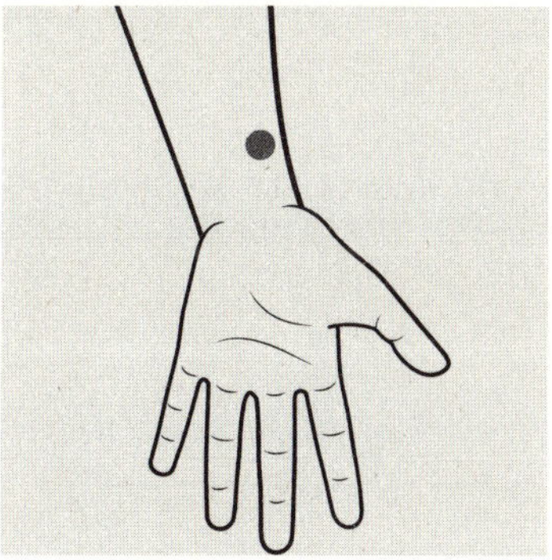

Lu 7, Lungenmeridian

Chinesischer Name: Lieque
Position: am Unterarm vor dem Handgelenk, zwei Daumenbreiten (es gilt das eigene Daumenmaß) oberhalb der Handgelenksfalte auf der Seite des Daumens. Beim Ineinanderlegen der Hände deutet die Spitze des Zeigefingers auf die Stelle über der Knochenkante.
Besonders wirksam bei: Husten jeglicher Art (Asthma, Bronchitis, Erkältung) und Nackenschmerzen in Verbindung mit emotionalem Stress

Lu 11 (Lungenmeridian)

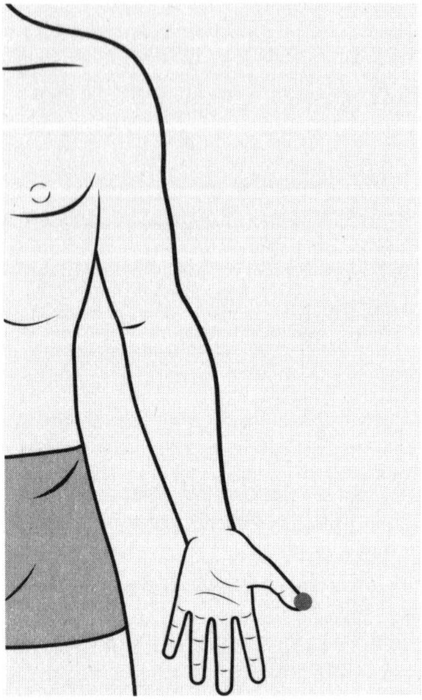

Lu 11, Lungenmeridian

Chinesischer Name: Shaoshang
Position: am äußeren Nagelfalzwinkel des Daumens
Besonders wirksam bei: Halsschmerzen und Heiserkeit

Di 4 (Dickdarmmeridian)

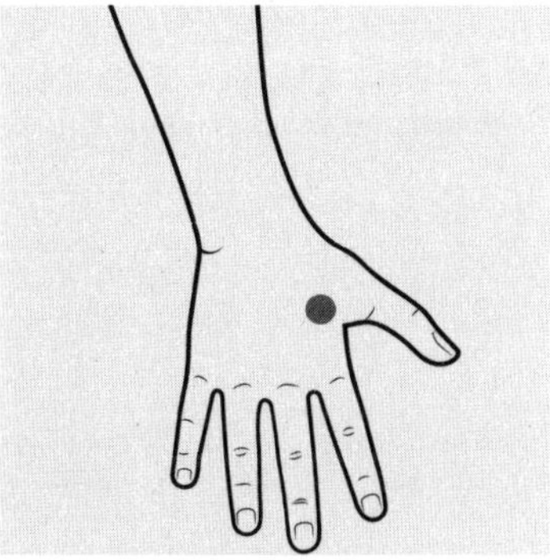

Di 4, Dickdarmmeridian

Chinesischer Name: Hegu
Position: auf dem Handrücken, zwischen Zeigefinger und angelegtem Daumen, an der höchsten Stelle des Muskelwulstes
Besonders wirksam bei: Schmerzen (auch bei Zahnungsbeschwerden bei Kleinkindern), Reizdarm, Hautunreinheiten, Bindehautentzündung, Erkältung, Schnupfen

Di 11 (Dickdarmmeridian)

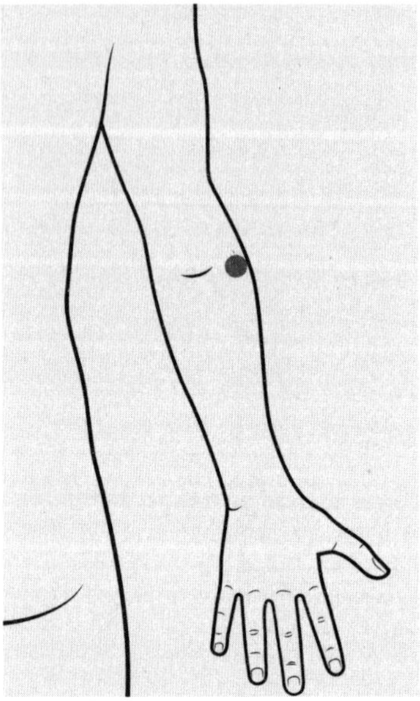

Di 11, Dickdarmmeridian

Chinesischer Name: Quchi
Position: bei gebeugtem Unterarm an der Außenseite des Ellbogens, am Ende der Ellbogenfalte
Besonders wirksam bei: Infektanfälligkeit, Allergien; zur Stärkung des Immunsystems

Ma 36 (Magenmeridian)

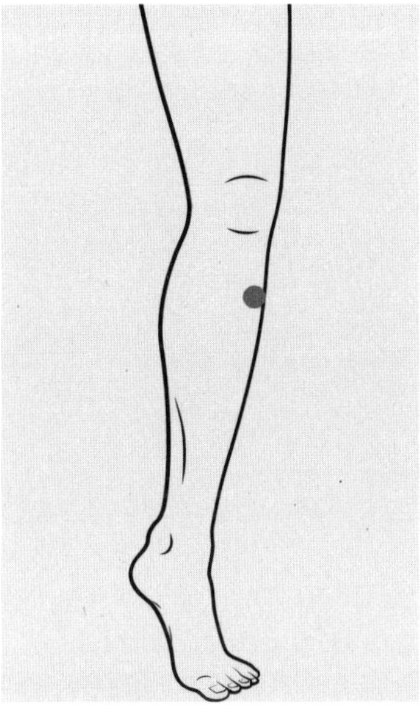

Ma 36, Magenmeridian

Chinesischer Name: Zusanli

Position: eine Handbreit (vier Querfinger) unterhalb der Kniescheibe und eine Daumenbreite außenseitig der Schienbeinkante. Der Punkt liegt in einer Vertiefung zwischen Schienbein und Beinmuskel, genau dort, wo der Daumen Platz findet.

Besonders wirksam bei: Appetitlosigkeit, Reizmagen, Verdauungsbeschwerden jeglicher Art, bei Erschöpfung, Nervosität und Verspannungszuständen. Er trägt den Beinamen »Großer Heiler der Füße« und ist besonders bei Knieproblemen zu empfehlen. Ma 36 kräftigt das Qi der Mitte und harmonisiert sowohl die Verdauungsorgane als auch die Psyche. Er gilt als Jungbrunnen und Kraftquelle, da er die körperliche und seelische Gesundheit stärkt.

MP 6 (Milz-Pankreas-Meridian)

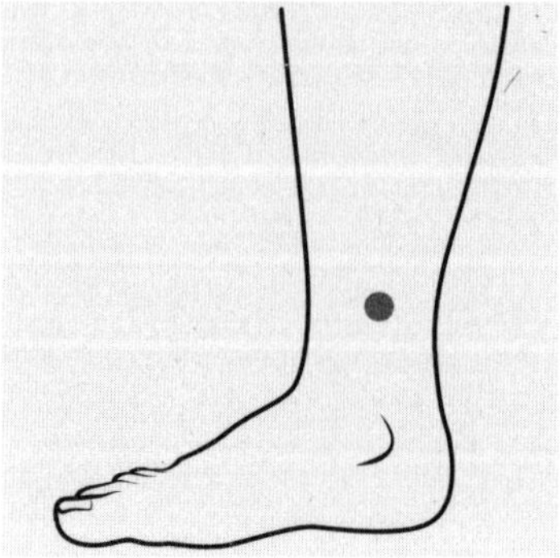

MP 6, Milz-Pankreas-Meridian

Chinesischer Name: Sanyinjiao
Position: eine Handbreit (vier Querfinger) oberhalb des Innenknöchels, an der Hinterkante des Schienbeins
Besonders wirksam bei: Menstruations- und Wechseljahresbeschwerden. Er wird auch »Herr des Blutes« genannt und gilt daher als Meisterpunkt bei Frauenleiden. Da er sich mit dem Nierenmeridian kreuzt, wirkt er zudem bei Bettnässen und Harnverhalten. Auf der seelischen Ebene beruhigt er den Geist, insbesondere wenn Sorgen aufs Gemüt drücken.

MP 10 (Milz-Pankreas-Meridian)

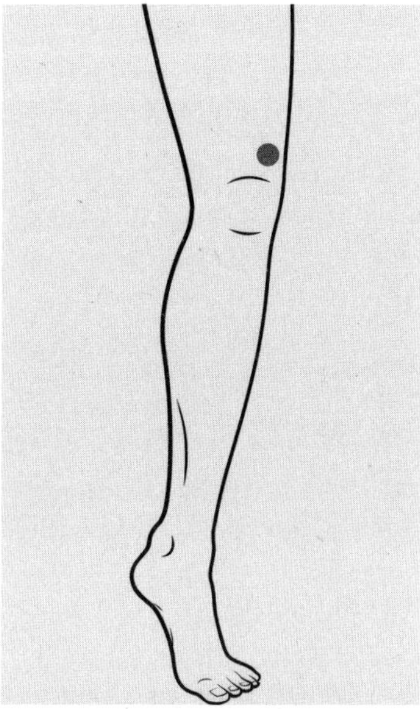

MP 10, Milz-Pankreas-Meridian

Chinesischer Name: Xuehai
Position: zwei Daumenbreiten oberhalb der Kniescheibe, an der Innenseite des Oberschenkels
Besonders wirksam bei: Juckreiz

H 7 (Herzmeridian)

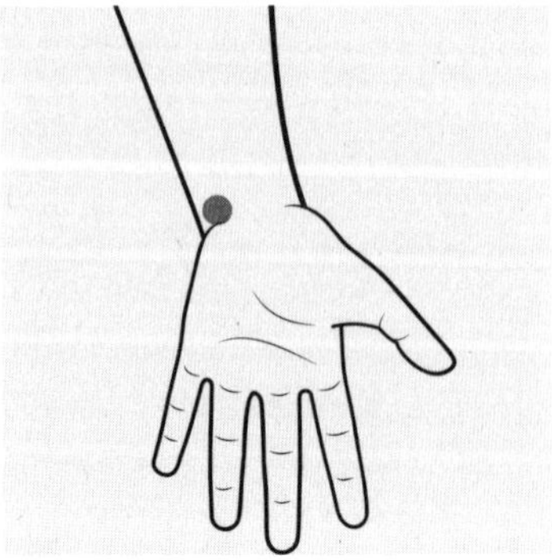

H 7, Herzmeridian

Chinesischer Name: Shenmen
Position: am Handgelenk, vor dem Kleinfingerballen, neben dem tastbaren Handwurzelknochen
Besonders wirksam bei: nervösem Herzrasen, Albträumen, Angstzuständen, Flugangst, Lampenfieber, Prüfungsangst, Niedergeschlagenheit

Ni 1 (Nierenmeridian)

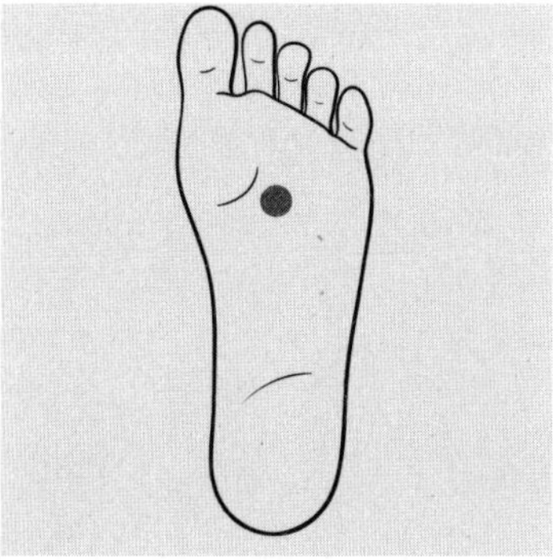

Ni 1, Nierenmeridian

Chinesischer Name: Yongquan
Position: in einer Vertiefung zwischen den beiden vorderen Fußballen
Besonders wirksam bei: Blutdruckkrisen, Fieber, Migräne, Kopfschmerz, Unruhe und Schlaflosigkeit, Übelkeit sowie extremer Unruhe bei Kindern

GB 34 (Leber-Gallen-Meridian)

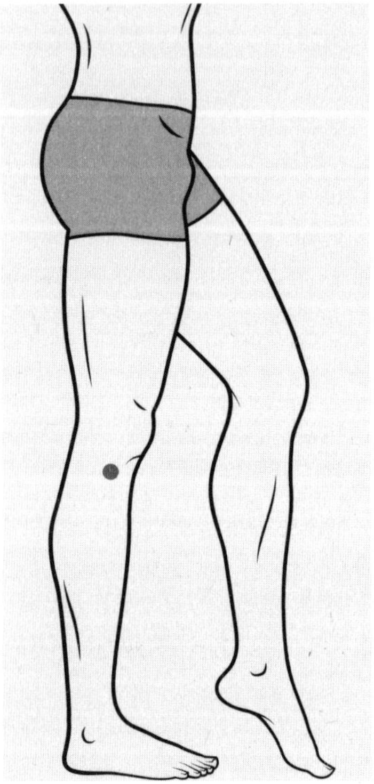

GB 34, Leber-Gallen-Meridian

Chinesischer Name: Yanglingquan
Position: an der Außenseite des Unterschenkels, eine Daumenbreite vor und unterhalb des Wadenbeinköpfchens, in einer Vertiefung
Besonders wirksam bei: allen schmerzhaften Problemen an Muskeln, Sehnen und Gelenken, sehr wirksam auch bei Hüft- und Kniebeschwerden

GB 41 (Leber-Gallen-Meridian)

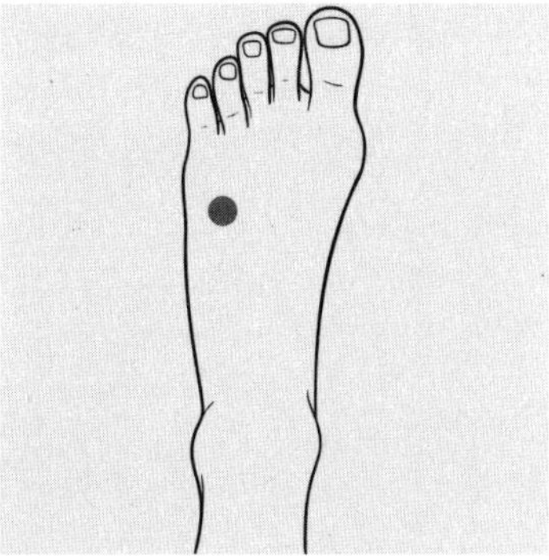

GB 41, Leber-Gallen-Meridian

Chinesischer Name: Zulinqi
Position: auf dem Fußrücken, zwischen dem vierten und fünften Mittelfußknochen, vor dem Kleinzehengrundgelenk
Besonders wirksam bei: rheumatischen Beschwerden (Top-Punkt)

Drei Meisterpunkte für allgemeine Notfälle

Manchmal sind solche Fälle nicht zu vermeiden. Da heißt es, einen kühlen Kopf zu bewahren und möglicherweise von der Akupressur zu profitieren. Bei unklaren Notfällen allerdings unbedingt den Notruf wählen.

Pe 6 (Perikardmeridian)

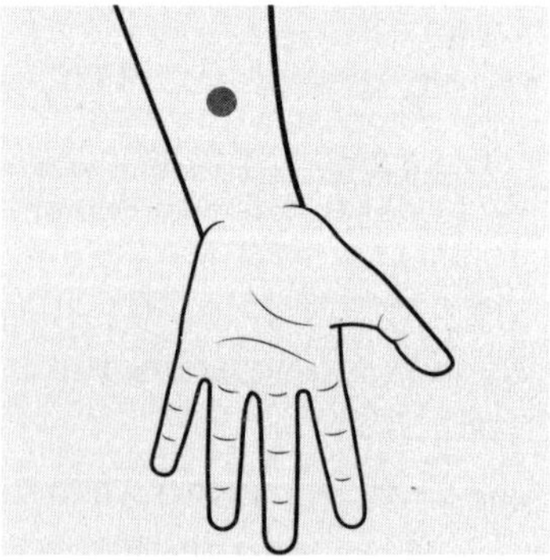

Pe 6, Perikardmeridian

Chinesischer Name: Neiguan
Position: auf der Innenseite des Unterarms, drei Querfinger von der Handgelenksfalte entfernt, zwischen den zwei tastbaren Beugesehnen
Besonders wirksam bei: Erbrechen, Schwangerschaftserbrechen, Schwindel und Übelkeit; Spezialpunkt bei allen Erkrankungen des Magens, der Galle, des Milz- und Pankreassystems sowie des Herzens

3 E 5 (Dreifacher-Erwärmer-Meridian)

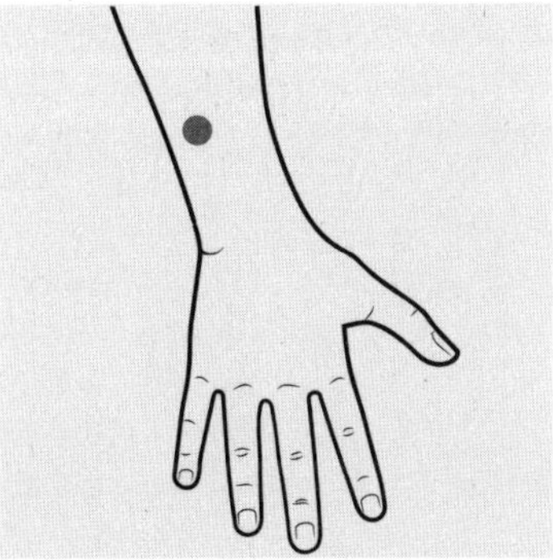

3 E 5, Dreifacher-Erwärmer-Meridian

Chinesischer Name: Waiguan
Position: an der Außenseite des Unterarms, drei Querfinger vor dem Handgelenk, in der Mitte zwischen Elle und Speiche
Besonders wirksam bei: Kopfschmerzen, Nachtschweiß, Wetterfühligkeit; Meisterpunkt für Schmerzen in den kleinen Gelenken

LG 26 (Lenkergefäß)

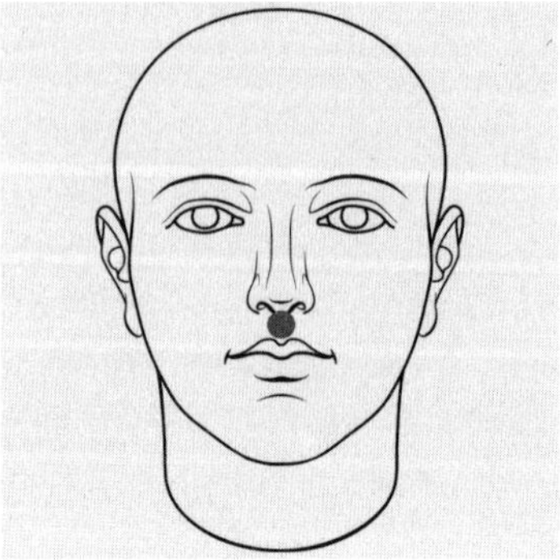

LG 26, Lenkergefäß

Chinesischer Name: Renzhong
Position: im Gesicht, mittig zwischen Oberlippe und Nase
Besonders wirksam bei: akuten Notfällen wie Kreislaufschwäche, Ohnmacht, Schmerzanfall; wirkt stark energetisierend

Quellen

Apfelessig

Abou-Khalil, R., Andary, J., El-Hayek, E. (2024). Apple cider vinegar for weight management in Lebanese adolescents and young adults with overweight and obesity: a randomised double blind, placebo-controlled study. In: *BMJ Nutrition, Prevention & Health*, 2024; 0:e000823. doi: 10.1136/ bmjnph-2023-000823 (abgerufen am 17.02.2025).

Hefter, U. (2012). Apfelessig: Gesund und schön mit altbewährten Hausmitteln. In: *NATUR & HEILEN* (April 2012).

Khezri, S. S., Saidpour, A., Hosseinzadeh, N., Amiri, Z. (2018). Beneficial effects of Apple Cider Vinegar on weight management, Visceral Adiposity Index and lipid profile in overweight or obese subjects receiving restricted calorie diet: A randomized clinical trial. In: *Journal of Functional Foods*, Volume 43, 2018 April, 95–102. https://doi.org/10.1016/j.jff.2018.02.003 (abgerufen am 08.02.2025).

Sabersky, A. (2021). *Apfelessig neu entdeckt* (1. Aufl.).

Heilerde

Hübl, L. et al. (2016). Geophagy in Northern Uganda: Perspectives from Consumers and Clinicians. In: *The American Journal of Tropical Medicine and Hygiene*, 95(6), 2016, 1440–1449. doi: 10.4269/ajtmh.15-0579 (abgerufen am 17.02.2025).

Kleinhenz, J., Hotfiel, K., Radecki, M., Roßmeißl, A. (2021). Luminale Histaminbindung durch Heilerde – Klinische Effekte und in vitro Daten zur Histaminbindung als potentieller Therapieansatz bei Histamin-vermitteltem Reizdarm. In: *Zeitschrift für Gastroenterologie*, 2021, 59(08): e261–e262. doi: 10.1055/s-0041-1733754 (abgerufen am 17.02.2025).

Madisch, A., Schaper, S., Stange, R., Uehleke, B. (2020). Wirksamkeit der Luvos-Heilerde bei dyspeptischen und reizdarmtypischen Symptomen – Ergebnisse einer prospektiven nicht-interventionellen Studie. In: *Zeitschrift für Gastroenterologie*, 2020; 58(08): e192. doi: 10.1055/s-0040-1716249 (abgerufen am 17.02.2025).

Mokhtare, M. et al. (2018). Efficacy of adding Luvos® Healing Earth supplementationto mebeverinein improving symptoms and quality of life of patients with diarrhea-predominantirritable bowel syndrome: A randomized clinical trial. In: *Biomedical Research and Therapy*, 5(10), 2776–2783. doi: https://doi.org/10.15419/bmrat.v5i10.493 (abgerufen am 08.02.2025).

Uehleke, B. (2019). Mit Heilerde natürlich behandeln – innerlich und äußerlich. In: *Ernährung & Medizin*, 2019; 34, 199–207. doi: https://doi.org/10.1055/a-0979-0257 (abgerufen am 08.02.2025).

Honig

Ahmed, S., Othmamn, N. H. (2013). Review of the medicinal effects of tualang honey and a comparison with manuka honey. In: *Malaysian Journal of Medical Sciences*, 2013 May; 20(3), 6–13. PMID: 23966819; PMCID: PMC3743976 (abgerufen am 17.02.2025).

Al-Waili, N. S. (2004). Topical honey application vs. acyclovir for the treatment of recurrent herpes simplex lesions. In: *Medical Science Monitor*, 2004 Aug; 10(8), MT94–98. Epub 2004 Jul 23. PMID: 15278008 (abgerufen am 17.02.2025).

Amling, M. (2010). Wie der Magen die Stabilität der Knochen beeinflusst – Neue Erkenntnisse zur Kalzium-Therapie bei Osteoporose. https://www.gesundheitsforschung-bmbf.de/de/wie-der-magen-die-stabilitat-der-knochen-beeinflusst-neue-erkenntnisse-zur-kalzium-therapie-3044.php (abgerufen am 08.02.2025).

Frank, R., Shinhan-Kumpfmüller, K., Puttinger, J., Reitinger, A. (2007). Wirkung von Honig auf das Immunsystem und die Gesundheit. In: *Ernährung und Medizin*, 2007, 22(4), 183–189, doi: 10.1055/s-2007-993770 (abgerufen am 17.02.2025).

Hibatullah, A., Albury, Ch., Lee, J. (2021). Effectiveness of honey for symptomatic relief in upper respiratory tract infections: a systematic review and meta-analysis. In: *BMJ Evidence Based Medicine,* 2021 Apr; 26(2), 57–64. doi: 10.1136/bmjebm-2020-111336. Epub 2020 Aug 18. PMID: 32817011 (abgerufen am 17.02.2025).

Klatt, R. (2021). Honig hilft gegen Erkältungen und Husten oft besser als Antibiotika. https://www.forschung-und-wissen.de/ (abgerufen am 08.02.2025).

McLoone, P., Oluwadun, A., Warnock, M., Fyfe, L. (2016). A Therapeutic Agent for Disorders of the Skin. In: *Central Asian Journal of Global Health*, 2016 Aug 4; 5(1), 241. doi: 10.5195/cajgh.2016.241 (abgerufen am 17.02.2025).

Mohd Effendy, N. et al. (2012). The Effects of Tualang Honey on Bone Metabolism of Postmenopausal Women. In: *Evidence-Based Complementary and Alternative Medicine,* Volume 2012, Article ID 938574. doi: 10.1155/2012/938574 (abgerufen am 17.02.2025).

Ingwer

Adib Rad, H. et al. (2018). Effect of Ginger and Novafen on menstrual pain: A cross-over trial. In: *Taiwanese Journal of Obstetrics & Gynecology*, (57)6, December 2018, 806–809.

Anh, Nguyen H. et al. (2020). Ginger on Human Health: A Comprehensive Systematic Review of 109 Randomized Controlled Trials. In: *Nutrients,* 12(1), 157. https://doi.org/10.3390/nu12010157 (abgerufen am 10.02.2025).

Bader, M. et al. (2018). Dynamic Proteome Alteration and Functional Modulation of Human Saliva Induced by Dietary Chemosensory Stimuli. In: *Journal of Agricultural and Food Chemistry*, 2018, 66, 22, 5621–5634. https://doi.org/10.1021/acs.jafc.8b02092 (abgerufen am 10.02.2025).

Bartels, E. M. et al. (2015). Efficacy and safety of ginger in osteoarthritis patients: a meta-analysis of randomized placebo-controlled trials. In: *Osteoarthritis and Cartilage*, (23)1, 2015 January, 13–21.

Daily, J. W., Zhang, X., Kim, D. S., Park, S. (2015). Efficacy of Ginger for Alleviating the Symptoms of Primary Dysmenorrhea: A Systematic Review and Meta-analysis of Randomized Clinical Trials. In: *Pain Med.* 2015 Dec; 16(12), 2243–2255. doi: 10.1111/pme.12853. Epub 2015 Jul 14. PMID: 26177393 (abgerufen am 17.02.2025).

Mohd Sahardi, N. F. N., Makpol, S. (2019). Ginger (Zingiber officinale Roscoe) in the Prevention of Ageing and Degenerative Diseases: Review of Current Evidence. In: *Evidence-Based Complementary and Alternative Medicine*, Vol. 2019, Article ID 5054395, 13.

Na, J.-Y., Song, K., Lee, J.-W., Kim, S., Kwon, J. (2016). 6-Shogaol has anti-amyloidogenic activity and ameliorates Alzheimer's disease via CysLT1R-mediated inhibition of cathepsin B. In: *Biochemical and Biophysical Research Communications*, 477(1), 2016 August 12, 96–102.

van Tilburg, M. A. L., Palsson, O. S., Ringel, Y., Whitehead, W. E. (2014). Is ginger effective for the treatment of irritable bowel syndrome? A double blind randomized controlled pilot trial. In: *Complementary Therapies in Medicine*, 2014 Feb; 22(1), 17–20. doi: 10.1016/j.ctim.2013.12.015. Epub 2014 Jan 8. PMID: 24559811; PMCID: PMC3958926 (abgerufen am 17.02.2025).

Vagedes, J. et al. (2022). The Immediate Effect of Sinapis nigra and Zingiber officinale as Thermogenic Substances during Footbaths: A Randomized Controlled Crossover Trial. In: *Complementary Medicine Research*, 29(3), 213–222. PubMed: 34933309 (abgerufen am 17.02.2025).

Kamille

Abdullahzadeh, M. et al. (2017). Investigation effect of oral chamomilla on sleep quality in elderly people in Isfahan: A randomized control trial. In: *Journal of Education an Health Promotion*, 2017 Jun 5; 6, 53. doi: 10.4103/jehp.jehp_109_15. eCollection 2017 (abgerufen am 17.02.2025).

Charousaei, F., Dabrian, A., Mojab, F. (2011). Using chamomile solution or a 1% topical hydrocortisone ointment in the management of peristomal skin lesions in colostomy patients: results of a controlled clinical study. In: *Ostomy Wound Management*, 2011 May; 57(5), 28–36. PMID: 21617262 (abgerufen am 17.02.2025).

Kassi, E. et al. (2004). Greek Plant Extracts Exhibit Selective Estrogen Receptor Modulator (SERM)-like Properties. In: *Journal of Agricultural and Food Chemistry*, 2004, 52, 23, 6956–6961. https://doi.org/10.1021/jf0400765 (abgerufen am 10.02.2025).

Sah, A. et al. (2022). A Comprehensive Study of Therapeutic Applications of Chamomile. In: *Pharmaceuticals*, 15(10), 1284. https://doi.org/10.3390/ph15101284 (abgerufen am 17.02.2025).

Srivastava, J. K., Shankar, E., Gupta, S. (2010). Chamomile: A herbal medicine of the past with bright future. In: *Molecular Medicine Reports*, 2010 Nov 1; 3(6), 895–901. doi: 10.3892/mmr.2010.377. PMID: 21132119; PMCID: PMC2995283 (abgerufen am 17.02.2025).

Sung, B., Chung H. Y., Kim, N. D. (2016). Role of Apigenin in Cancer Prevention via the Induction of Apoptosis and Autophagy. In: *Journal of Cancer Prevention*, 2016 Dec; 21(4), 216–226. doi: 10.15430/JCP.2016.21.4.216. Epub 2016 Dec 30. PMID: 28053955; PMCID: PMC5207605 (abgerufen am 17.02.2025).

Viola, H. et al. (1995). Apigenin, a component of Matricaria recutita flowers, is a central benzodiazepine receptors-ligand with anxiolytic effects. In: *Planta Medicine*, 1995 Jun; 61(3), 213–216. doi: 10.1055/s-2006-958058. PMID: 7617761 (abgerufen am 17.02.2025).

Leinsamen/Leinöl

Buck, K. et al. (2011). Serum Enterolactone and Prognosis of Postmenopausal Breast Cancer. In: *Journal of Clinical Oncology*. doi: 10.1200/JCO.2011.34.6478 (abgerufen am 17.02.2025).

Goyal, A. et al. (2014). Flax and flaxseed oil: an ancient medicine & modern functional food. In: *Journal of Food Science and Technology* 51(9), 1633–1653. https://doi.org/10.1007/s13197-013-1247-9 (abgerufen am 17.02.2025).

Hutchins, A. M. et al. (2013). Daily flaxseed consumption improves glycemic control in obese men and women with pre-diabetes: A randomized study. In: *Nutrition Research*, 2013; 33(5), 367–375. doi: 10.1016/j.nutres.2013.02.012. Epub 2013 Apr 1. PMID: 23684438 (abgerufen am 17.02.2025).

Javidi, A. et al. (2016). The effect of flaxseed powder on insulin resistance indices and blood pressure in prediabetic individuals: A randomized controlled clinical trial. In: *Journal of Research in Medical Sciences*, 2016; 21(5), 70. doi: 10.4103/1735-1995.189660. PMID: 27904615; PMCID: PMC5122190 (abgerufen am 17.02.2025).

Katsimbri, P. et al. (2021). The Effect of Antioxidant and Anti-Inflammatory Capacity of Diet on Psoriasis and Psoriatic Arthritis Phenotype: Nutrition as Therapeutic Tool? In: *Antioxidants* (Basel), 2021 Jan 22; 10(2), 157. doi: 10.3390/antiox10020157. PMID: 33499118; PMCID: PMC7912156 (abgerufen am 17.02.2025).

Kawakami Y. et al. (2015). Flaxseed oil intake reduces serum small dense low-density lipoprotein concentrations in Japanese men: A randomized, double blind, crossover study. In: *Nutrition Journal*, 2015, 14(1), 39. doi: 10.1186/s12937-015-0023-2 (abgerufen am 17.02.2025).

Mitteilung Nr. 006/2015 des Bundesinstituts für Risikobewertung (BfR) vom 03.03.2015: »Neue Daten aus BfR-Humanstudie: Kein Cyanid-Risiko bei Verzehr von Marzipan und Persipan«. Mitteilung Nr. 006/2015 des BfR vom 3. März 2015. https://www.bfr.bund.de/cm/343/neue-daten-aus-bfr-humanstudie-kein-cyanid-risiko-bei-verzehr-von-marzipan-und-persipan.pdf (abgerufen am 10.02.2025).

Villarreal-Renteria, A. I. et al. (2022). Effect of flaxseed *(Linum usitatissimum)* supplementation on glycemic control and insulin resistance in prediabetes and type 2 diabetes: A systematic review and meta-analysis of randomized controlled trials. In: *Complementary Therapies in Medicine*, 70 (2022) 102852. PMCID: PMC6986243 PMID: 32158249 (abgerufen am 17.02.2025).

Wang, S. et al. (2024). Lignan Intake and Type 2 Diabetes Incidence Among US Men and Women. In: *JAMA Network Open*, 2024; 7(8): e2426367. doi: 10.1001/jamanetworkopen.2024.26367 (abgerufen am 17.02.2025).

Wu, D., Thompson, L. U., Comelli, E. M. (2024). Cecal microbiota and mammary gland microRNA signatures are related and modifiable by dietary flaxseed with implications for breast cancer risk. In: *Microbiology Spectrum*, 2024 Jan 11; 12(1): e0229023. doi: 10.1128/spectrum.02290-23 (abgerufen am 17.02.2025).

»Summary of Health Canada's Assessment of a Health Claim about Ground Whole Flaxseed and Blood Cholesterol Lowering«. Bureau of Nutritional Sciences Food Directorate, Health Products and Food Branch Health Canada, January 2014. www.canada.ca/en/health-canada/services/food-nutrition/food-labelling/health-claims/assessments/ground-whole-flaxseed-blood-cholesterol-lowering-nutrition-health-claims-food-labelling.html (abgerufen am 10.02.2025).

»Warum tragen Leinsamen manchmal einen Warnhinweis?« Essen, Trinken und Genuss – hätten Sie's gewusst? https://www.verbraucherzentrale-bayern.de/wissen/haetten-sies-gewusst/warum-tragen-leinsamen-manchmal-einen-warnhinweis-88898 (abgerufen am 17.02.2025).

Rosmarin

Hase, T. et al. (2019). Rosmarinic acid suppresses Alzheimer's disease development by reducing amyloid β aggregation by increasing monoamine secretion. In: *Scientific Reports*, Vol. 9, 8711. doi: 10.1038/s41598-019-45168-1 (abgerufen am 17.02.2025).

Hosking, A. M., Juhasz, M., Atanaskova Mesinkovska, N. (2018). Complementary and Alternative Treatments for Alopecia: A Comprehensive Review. In: *Skin Appendage Disorders*, 2019 Feb; 5(2), 72–89. doi: 10.1159/000492035. Epub 2018 Aug 21. PMID: 30815439; PMCID: PMC6388561 (abgerufen am 17.02.2025).

Moss, M., Oliver, L. (2012). Plasma 1,8-cineole correlates with cognitive performance following exposure to rosemary essential oil aroma. In: *Therapeutic Advances in Psychopharmacology*, 2012; 2(3), 103–113. doi:10.1177/2045125312436573 (abgerufen am 17.02.2025).

Ngo, Y. L., Lau, Ch. H., Lee, S. Ch. (2018). Review on rosmarinic acid extraction, fractionation and its anti-diabetic potential. In: *Food and Chemical Toxicology*, Vol. 121, 687–700. doi: 10.1016/j.fct.2018.09.064 (abgerufen am 17.02.2025).

Panahi, Y., Taghizadeh, M., Tahmasbpour Marzony, E., Sahebkar, A. (2015). Rosemary oil vs minoxidil 2% for the treatment of androgenetic alopecia: a randomized comparative trial. In: *SkinmedJournal,* 2015 Jan–Feb; 13(1), 15–21. PMID: 25842469 (abgerufen am 17.02.2025).

Salz

Jantsch, J. et al. (2015). Cutaneous Na^+Storage Strengthens the Antimicrobial Barrier Function of the Skin and Boosts Macrophage Driven Host Defense. In: *Cell Metabolism,* 21(3), 493–501. https://doi.org/10.1016/j.cmet.2015.02.003 (abgerufen am 10.02.2025).

Soll, D. et al. (2024). Sodium chloride in the tumor microenvironment enhances T-cell metabolic fitness and cytotoxicity. In: *Nature Immunology,* 25, 1830–1844. doi.org/10.1038/s41590-024-01918-6 (abgerufen am 17.02.2025).

Thymian

Antioxidative Kapazität von ausgewählten Lebensmitteln sowie Kräutern (ORAC = Oxygen Radical Absorption Capacity). www.orac-info-portal.de/orac_produkte/orac_vergleichslisten/ (abgerufen am 17.02.2025).

Kemmerich, B. (2007). Evaluation of efficacy and tolerability of a fixed combination of dry extracts of thyme herb and primrose root in adults suffering from acute bronchitis with productive cough. A prospective, double-blind, placebo-controlled multicentre clini-

cal trial. In: *Arzneimittelforschung*, 2007; 57(9), 607–615. doi: 10.1055/s-0031-1296656. PMID: 17966760 (abgerufen am 17.02.2025).
Kowlaczyk, A. et al. (2020). Thymol and Thyme Essential Oil – New Insights into Selected Therapeutic Applications. In: *Molecules*, 25(18), 4125. https://doi.org/10.3390/molecules25184125 (abgerufen am 11.02.2025).
Nolkemper, S., Reichling, J., Stintzing, F. C., Carle, R., Schnitzler, P. (2006). Antiviral effect of aqueous extracts from species of the Lamiaceae family against Herpes simplex virus type 1 and type 2 in vitro. In: *Planta Medica*, 2006 Dec; 72(15), 1378–1382. doi: 10.1055/s-2006-951719. Epub 2006 Nov 7. PMID: 17091431 (abgerufen am 17.02.2025).
Salmalian, H. et al. (2014). Comparative effect of thymus vulgaris and ibuprofen on primary dysmenorrhea: A triple-blind clinical study. In: *Caspian Journal of Internal Medicine*, 2014 Spring; 5(2), 82–88. PMID: 24778782; PMCID: PMC3992233 (abgerufen am 17.02.2025).
Wang, Z.-J., Heinbockel, Th. (2018). Essential Oils and Their Constituents Targeting the GABAergic System and Sodium Channels as Treatment of Neurological Diseases. In: *Molecules*, 2018 May 2; 23(5), 1061. doi: 10.3390/molecules23051061. PMID: 29724056; PMCID: PMC6099651 (abgerufen am 17.02.2025).

Wasser

Albrecht, H. (2003). *Verbesserung der Immunregulation durch Anwendung einer Serie vierwöchigen Wassertretens nach Kneipp.* Universitätsklinik und Poliklinik für Orthopädie und Physikalische Medizin an der Martin-Luther-Universität Halle-Wittenberg, Sektion Physikalische und Rehabilitative Medizin. https://opendata.uni-halle.de/bitstream/1981185920/10063/1/prom.pdf (abgerufen am 12.02.2025).
Corradini, St. G. et al. (2012). Beneficial effect of sulphate-bicarbonate-calcium water on gallstone risk and weight control. In: *World*

Journal of Gastroenterology, 2012 Mar 7; 18(9), 930–937. doi: 10.3748/wjg.v18.i9.930. PMID: 22408352; PMCID: PMC3297052 (abgerufen am 17.02.2025).

Goedsche, K. (2005). *Prospektive, kontrollierte klinische Studie zum Einfluss serieller Kaltwasserreize (Kneippscher Oberguß) auf die Lungenfunktion, die Immunabwehr und die Befindlichkeit von Patienten mit chronisch obstruktiver Bronchitis (COPD)*. https://nbn-resolving.org/urn:nbn:de:gbv:27-dbt-005217-6 (abgerufen am 12.02.2025).

Jacob, E. M., Volger, E. (2009). Blood pressure lowering by hydrotherapy: A randomised controlled trial in mild to moderate hypertension. In: *Physikalische Medizin, Rehabilitationsmedizin, Kurortmedizin*, 19(3), 2009: 162–168. doi: 10.1055/s-0029-1202769. https://www.kneippaerztebund.de/fileadmin/user_upload/pdf/ausbildung/psychosomatische_grundversorgung/hydrotherapie.studie.2009.pdf (abgerufen am 17.02.2025).

Pöhls, U. (2023/24). Qualität und Image von Trinkwasser in Deutschland. *Datenreport 2023/24*. https://www.bwb.de/de/assets/downloads/twis-report.pdf (abgerufen am 17.02.2025).

Stier-Jarmer, M., Throner, V., Kirschneck, M. et al. (2021). Effects of Kneipp Therapy: A Systematic Review of Current Scientific Evidence (2000–2019). In: *Complementary Medicine Research*, 28(2), 2021: 146–159. https://doi.org/10.1159/000510452 (abgerufen am 11.02.2025).

Yosuke, Y. et al. (2022). Variation in human water turnover associated with environmental and lifestyle factors. In: *Science*, 378, 909–915. doi:10.1126/science.abm8668 (abgerufen am 11.02.2025).

Zitrone

Bader, M. et al. (2018). Dynamic Proteome Alteration and Functional Modulation of Human Saliva Induced by Dietary Chemosensory Stimuli. In: *Journal of Agricultural and Food Chemistry*, 2018, 66, 22, 5621–5634.

Hemilä, H./Chalker, E. (2019). Vitamin C Can Shorten the Length of Stay in the ICU: A Meta-Analysis. In: *Nutrients*, 2019; 11(4): 708. https://doi.org/10.3390/nu11040708 (abgerufen am 17.02.2025).

Juraschek, St., Guallar, E., Appel, L. J., Miller, E. R. (2012). Effects of vitamin C supplementation on blood pressure: a meta-analysis of randomized controlled trials. In: *The American Journal of Clinical Nutrition*, 95(5), 1079–1088.

Kat, Y. et al. (2014). Effect on Blood Pressure of Daily Lemon Ingestion and Walking. In: *Journal of Nutrition and Metabolism*, 2014; 2014: 912684. doi: 10.1155/2014/912684. Epub 2014 Apr 10. PMID: 24818015; PMCID: PMC4003767 (abgerufen am 17.02.2025).

Klimek-Szczykutowicz, M., Szopa, A., Ekiert, H. (2020). Citrus limon (Lemon) Phenomenon – A Review of the Chemistry, Pharmacological Properties, Applications in the Modern Pharmaceutical, Food, and Cosmetics Industries, and Biotechnological Studies. In: *Plants* (Basel). 2020 Jan 17; 9(1), 119. doi: 10.3390/plants9010119. PMID: 31963590; PMCID: PMC7020168 (abgerufen am 17.02.2025).

Lbban, E. et al. (2023). Vitamin C supplementation showed greater effects on systolic blood pressure in hypertensive and diabetic patients: an updated systematic review and meta-analysis of randomised clinical trials. In: *International Journal of Food Sciences and Nutrition*, 2023 Dec; 74(8), 814–825. doi: 10.1080/09637486.2023.2264549. Epub 2023 Dec 12. PMID: 37791386 (abgerufen am 17.02.2025).

Minami, M., Kita, M., Nakaya, T., Yamamoto, T., Kuriyama, H., Imanishi, J. (2003). The Inhibitory Effect of Essential Oils on Herpes Simplex Virus Type-1 Replication In Vitro. In: *Microbiology and Immunology*, 47(9), 681–684. https://doi.org/10.1111/j.1348-0421.2003.tb03431.x (abgerufen am 11.02.2025).

Raimondo, St. et al. (2015). Citrus limon-derived nanovesicles inhibit cancer cell proliferation and suppress CML xenograft growth by inducing TRAIL-mediated cell death. In: *Oncotarget*, 2015 Aug 14;

6(23):19514-27. doi: 10.18632/oncotarget.4004. PMID: 26098775; PMCID: PMC4637302 (abgerufen am 17.02.2025).

Telang, P. S. (2013). Vitamin C in dermatology. In: *Indian Dermatology Online Journal*, 2013 Apr; 4(2), 143-146. doi: 10.4103/2229-5178.110593, PMID: 23741676; PMCID: PMC3673383 (abgerufen am 17.02.2025).

Toma, L. et al. (2020). Phenolic Compounds Exerting Lipid-Regulatory, Anti-Inflammatory and Epigenetic Effects as Complementary Treatments in Cardiovascular Diseases. In: *Biomolecules*, 10(4), 641. https://doi.org/10.3390/biom10040641 (abgerufen am 17.02.2025).

Watanabe, E. et al. (2015). Effects of Bergamot (*Citrus bergamia* (Risso) Wright & Arn.) Essential Oil Aromatherapy on Mood States, Parasympathetic Nervous System Activity, and Salivary Cortisol Levels in 41 Healthy Females. In: *Forschende Komplementärmedizin / Research in Complementary Medicine,* 2015 February 1; 22(1), 43–49. https://doi.org/10.1159/000380989 (abgerufen am 12.02.2025).

Zhou, Z. et al. (2022). Nomilin and Its Analogues in Citrus Fruits: A Review of Its Health Promotion Effects and Potential Application in Medicine. In: *Molecules*, 28(1), 269. https://doi.org/10.3390/molecules28010269 (abgerufen am 12.02.2025).

Bücher

Awender, Dieter: *Heile dich selbst mit deinen Händen.* Stuttgart 2025.
Bort, Rosemarie: *Honig, Pollen, Propolis.* Stuttgart 2010.
Breschke, Joachim: *Die heilenden Kräfte der Kamille.* Weyarn 2000.
Bühring, Ursel: *Praxis-Lehrbuch Heilpflanzenkunde.* Stuttgart 2014.
Chevalier, Andrew: *Das große Lexikon der Heilpflanzen.* München 2017.
Duke, James: *Heilende Nahrungsmittel.* München 2010.
Grimm, Hans-Ulrich: *Leinöl macht glücklich.* München 2012.
Huber, Roman/Michalsen, Andreas (Hrsg.): *Checkliste Komplementärmedizin.* Stuttgart 2014.
Meier, Resi: *Praktische Kneipp-Anwendungen.* Zürich 2005.
Mix, Detley: *Die Heilkraft des Honigs.* München 2018.
Perey, Ines: *Alleskönner Zitrone.* München 2023.
Prignitz, Horst: *Wasserkur und Badelust.* Leipzig 1986.
Rubin, Franziska: *Heilen mit Lebensmitteln.* München 2019.
Rubin, Franziska: *Die besten Hausmittel – was wirklich hilft.* Hilden 2020.
Rubin, Franziska: *10 Kräuter gegen 100 Krankheiten.* Hilden 2021.
Rubin, Franziska: *Einfach heilen mit Natur! Die wirksamsten Heilmittel – wissenschaftlich belegt.* München 2022.
Schmiedel, Volker/Augustin, Matthias: *Handbuch Naturheilkunde.* Stuttgart 1997.
Stohrer, Matthias: *Wellpoint – Schnelle Hilfe durch Akupressur.* Köln 2011.
Zimmermann, Gabriele: *Heilerde für ein gesundes Leben.* München 2010.
Zimmermann, Gabriele: *Heilen mit Wasser und Salz.* München 2015.
Zittlau, Jörg: *Ingwer, natürlich gesund mit der asiatischen Wurzel.* Freiburg 2009.

DR. MED. FRANZISKA RUBIN

ERSTE HILFE FÜR DIE WECHSELJAHRE

Meine besten ganzheitlichen Tipps

Ganzheitliche Hilfe aus der Natur für die Wechseljahre

Die beliebte Naturheilkunde-Ärztin Dr. med. Franziska Rubin versammelt in ihrer Kartenbox die wirksamsten Tipps, Übungen und Rezepte für die Wechseljahre. Ob Hitzewallungen, Gelenkschmerzen, Stimmungsschwankungen oder trockene Haut – die Booster unterstützen Sie dabei, diese Lebensphase mit weniger Beschwerden und viel mehr Energie und Zuversicht zu erleben. Das zugehörige Booklet liefert die wichtigsten wissenschaftlichen Informationen zu allem, was Frau über die Wechseljahre wissen kann.